智能交通研究与开发丛书
INTELLIGENT TRANSPORTATION

脑机接口与智慧交通

BRAIN-COMPUTER INTERFACE
AND SMART TRANSPORTATION

赵光辉 著

脑机接口（Brain-Computer Interface）作为一种跨学科技术，正逐渐改变着智慧交通的方方面面。它将人类的意识与计算机技术相结合，为实现人车交互、自动驾驶以及智能交通提供了新的可能。本书探讨了脑机接口与智慧交通的关系，分析其对智慧交通的影响，并介绍了脑机接口在交通领域的应用与操作。

　　脑机接口技术的快速发展，使得人们对于交通工具的认知和使用方式发生了深刻的改变。过去，驾驶员需要用双手操作方向盘、脚控制加速踏板和制动踏板，而现在，脑机接口让驾驶员能够通过意念控制车辆的行驶，使得驾驶更加便捷和安全。

　　脑机接口技术的引入，极大地提高了交通工具的智能化程度。通过脑机接口，车辆可以实时感知驾驶员的意图，自动调整行驶状态，避免了因人为操作失误而引发的交通事故。同时，脑机接口技术也提高了交通工具的运行效率，减少了拥堵现象。

　　目前，脑机接口在交通领域的应用主要包括人车交互、自动驾驶等方面。在人车交互方面，驾驶员可以通过脑机接口向车辆传递驾驶意图，车辆则可以通过脑机接口感知驾驶员的情绪和生理状态，实现更加人性化的服务。在自动驾驶方面，脑机接口技术可以使得车辆具备更高级别的自主驾驶能力，例如在高速公路或者城区道路的全自动驾驶。

　　脑机接口技术在智慧交通领域的应用具有巨大的潜力。它不仅能够提高交通的安全性和效率，还能提升人们的出行体验。未来，随着脑机接口技术的不断发展和完善，我们有理由相信，它将在智慧交通领域发挥更加重要的作用。

图书在版编目（CIP）数据

脑机接口与智慧交通／赵光辉著. -- 北京：机械工业出版社，2025.2. -- （智能交通研究与开发丛书）.
ISBN 978-7-111-77889-9

Ⅰ.F502；R338.2；R318.04

中国国家版本馆CIP数据核字第2025HH4134号

机械工业出版社（北京市百万庄大街22号　邮政编码100037）
策划编辑：李　军　　　　　责任编辑：李　军　高孟瑜
责任校对：潘　蕊　李　杉　　责任印制：邓　博
北京盛通数码印刷有限公司印刷
2025年4月第1版第1次印刷
169mm×239mm・15.75印张・2插页・231千字
标准书号：ISBN 978-7-111-77889-9
定价：129.90元

电话服务　　　　　　　　　　　网络服务
客服电话：010-88361066　　　　机　工　官　网：www.cmpbook.com
　　　　　010-88379833　　　　机　工　官　博：weibo.com/cmp1952
　　　　　010-68326294　　　　金　书　网：www.golden-book.com
封底无防伪标均为盗版　　　　机工教育服务网：www.cmpedu.com

序一

交通的未来，是智慧化的未来

这个时代的显著特征，是势不可挡地从匮乏迈向丰富的历史性转变。随着生产力的飞跃，我们能够在原子和分子层面进行分解与重组，加之数字经济的爆炸性增长、边际成本趋向于零，以及人工智能在研发领域的突破，实际上已不存在真正的资源短缺，唯有知识的暂时不足。人类的知识经济和生产力，甚至有可能重塑生物圈内所有生命的生存条件，引领它们与人类一同迈向无短缺的时代。

脑机接口、人工智能技术作为跨学科的前沿技术，正在逐步改变着我们的生活和工作方式，特别是在交通领域的应用，展现了其广阔的前景和深远的影响。当强大的人工智能成为"劳动力"的一部分，人类劳动的价值将趋近于零，进而推动商品和服务的成本降至极限。这一变革对财富分配模式提出了严峻挑战。在人类的历史长河中，脑机接口、人工智能技术将是继农业、工业和计算机技术革命之后的大趋势。

在医疗康复领域，那些因疾病或意外事故导致运动功能障碍的患者，能够通过脑机接口技术重新获得与外界交流的能力。在教育领域，脑机接口技术也带来了革命性的变化。通过分析大脑活动，教师可以实时了解学生的学习状态和情绪变化，从而调整教学方法和内容，实现个性化教育。学生也可以通过脑机接口设备进行更加高效的学习，例如通过思维控制虚拟现实中的学习场景，增强学习的互动性和趣味性。在娱乐行业，脑机接口技术同样展现出巨大的潜力。游戏开发者可以利用这项技术，创建出更加沉浸式的游戏体验。玩家通过思维控制游戏角色，甚至能够实现意念之间的对决，使得游戏体验更加真实和刺激。

脑机接口技术的前景令人充满期待。随着研究的深入和技术的完善，这项跨学科的前沿技术必将为人类社会带来更加深远的影响，改变我们的生活方式，提高生活质量，并在各个领域创造出前所未有的可能性。

赵光辉先生的新作《脑机接口与智慧交通》正是在这一背景下应运而生，为我们揭示了脑机接口技术在交通领域的独特魅力和实际应用。

赵光辉同志是我国交通科技领域的一位优秀的工作者，在学术和实践方面都有很深的造诣，长期致力于交通安全、智能交通和新技术应用等方面的研究。他以扎实的理论基础、丰富的实践经验和严谨的科学态度，深入探讨了脑机接口技术在交通中的多方面应用，为我们带来了一部内容翔实、视野开阔的专业著作。这本书不仅是对技术的介绍，更是对交通领域未来发展的深刻思考和展望。

在这本书中，我看到了脑机接口技术在提升交通工具智能化水平、优化交通流量、提高交通安全性和改善出行体验等方面的巨大潜力。赵光辉的独到见解和深刻洞察，巧妙阐述了脑机接口技术如何在智慧交通中发挥作用，并对未来的发展趋势进行了前瞻性的预测。这些内容让我感叹，他在这一研究领域的用心之深。

所以，我们相信这本书不仅能够丰富读者的学识，更为交通行业的从业者、研究者提供了宝贵的参考和启示。

作为在交通行业深耕多年的工作者，我深知交通行业的安全性和效率对社会发展的重要性，也越发感觉到现代科技力量的强大，交通强国、科技强国是我国高质量发展的必然举措，我衷心希望更多中国交通人能够为我国交通事业的发展倾心尽力，将个人之长转变为交通发展的实际行动。

这本书不仅展示了脑机接口技术的现状，还对其未来的发展趋势进行了深刻的思考和展望。作者以独到的见解和丰富的实例，向读者展示了脑机接口技术在未来交通中的广阔应用前景。通过对技术发展方向的分析，为我们勾勒出了一幅智慧交通的美好蓝图。这些前瞻性的观点，对于智慧交通发展有着诸多促进作用。

相信这本书的出版，能够推动脑机接口技术在交通领域的应用落地，提升交通行业的科技水平和管理效能，产生积极而深远的影响。在此，也感谢赵光辉的潜心付出，他严谨的科学分析和丰富的实践经验，向我们展示了这一技术在未来交通中的巨大潜力和广阔前景。

最后，我诚挚推荐这本书给所有关心交通科技发展的读者，它不仅能开阔我们的视野，增进对脑机接口技术的理解，更能激发大家对未来智慧交通的美好憧憬和期待。

倪军

上海交通大学薄渊未来技术学院院长

宁德时代新能源科技股份有限公司首席制造官

智能交通形成新质生产力

建设交通强国,要依靠科技进步,抓住新一轮科技革命和产业变革机遇,利用高端制造、人工智能、绿色低碳等新技术,面向交通工程建设、运输服务、运行维护、行业治理等各环节及全要素,促进行业向高端化、智能化、绿色化发展。

交通行业具有海量数据资源、丰富应用场景和大规模应用市场等多重优势,是应用前景最广、辐射范围最宽、带动作用最强的创新应用领域之一,也是大数据、云计算、互联网、人工智能等新技术攻关和应用的重要场景。

这些年,交通运输部等各部门一直大力支持数字交通、智慧交通尤其自动驾驶、自动化码头等技术和产业的发展,在相关的技术应用和产业培育方面持包容和审慎的积极态度,在交通数字化转型中取得了长足进展,也制定了具体部署。

我相信,未来的交通一定是智能化做得最深入的领域。在我国,目前各地在智慧公路、智慧航道、智慧港口等方面相继进行了有益探索。广东省交通运输厅通过智慧公路示范工程遴选,推进一批智慧高速公路已建成运行。我国已建和在建的自动化码头规模均居世界首位,高等级航道电子航道图覆盖率超过70%,新技术促进交通运输提效能、扩功能、增动能的成效逐步显现。

交通已经形成了新质生产力,成为推动经济发展、促进社会稳定、保障人民生活便利的强大支撑。智慧交通的建设,有着极为丰富的想象空间。

当我看到这本脑机接口与交通融合的研究书籍时，我为无数交通人在交通领域的不懈探索而感到欣慰。正是无数的探索和研究，才推动交通科技的往前发展。

这本书充分展示了脑机接口这一前沿科技对交通发展带来的影响与改变。从书中，我也感受到了赵光辉先生对交通科技发展的热情，对未来智慧交通的憧憬。他通过翔实的研究和大量的实践案例，为读者展示了脑机接口技术如何在交通领域发挥其独特作用。

在这本书中，作者详细介绍了脑机接口技术在智能交通中的具体应用场景，包括智能信号控制、自动驾驶技术、交通安全监测等。这些内容为行业从业者提供了宝贵的参考，更为未来交通科技的发展指明了方向。

我相信，《脑机接口与智慧交通》一书的出版，将对推动脑机接口技术在交通领域的应用和发展带来更多帮助，从作者的研究中我也看到了我国交通未来发展的美好蓝图。

我诚挚推荐这本书给所有关心交通科技发展的读者，希望它能为大家带来新的启示和思考，共同推动智慧交通的发展。

建设安全、便捷、高效、绿色、经济、包容、韧性的可持续交通体系，离不开无数交通人的努力，也离不开科技创新的融合。在不远的未来，以数据资源为关键要素，以信息通信技术融合应用，以全要素数字化转型为重要推动力，交通人必能推动交通行业流程再造、系统重塑、制度重构，以新质生产力不断塑造交通发展新动能、新优势。

谢振东

广东省智能交通协会会长

国际先进技术与工程院院士

前言
PREFACE

  脑机接口作为一种创新技术，正在逐渐改变交通系统的方方面面。其对交通工具的控制、交通信号的调控、交通规划的优化、交通信息处理效率的提升以及交通拥堵治理等方面产生了深远影响。

  在交通工具控制方面，脑机接口技术使得驾驶员能够通过意念直接操控交通工具，大大提高了驾驶效率和安全性。例如，驾驶员可以通过脑机接口直接控制汽车的加速、减速和转向等功能，避免了双手离开方向盘带来的安全隐患。此外，脑机接口还可以监测驾驶员的疲劳状态，并在驾驶员疲劳时发出提醒，从而降低交通事故的发生率。

  在交通信号控制方面，脑机接口技术使得交通信号灯能够根据实时交通状况进行智能调控。通过分析车辆数量、速度等信息，脑机接口可以精确地调整信号灯的绿灯时长，从而优化交通流量，减少拥堵现象。

  在交通规划方面，脑机接口能够为城市交通管理部门提供大量实时数据，帮助制定更加科学合理的交通规划。这些数据包括道路拥堵状况、车辆行驶轨迹等，有助于发现交通瓶颈，优化交通路线，提高交通效率。

  在交通信息处理方面，脑机接口技术使得驾驶员能够实时获取各类交通信息，如导航提示、道路状况等。这有助于驾驶员提前了解交通状况，选择最优行驶路线，避免拥堵。

  此外，脑机接口还在交通拥堵治理方面发挥作用。通过实时监测交通状况，脑机接口可以自动调整道路拥堵区域的信号灯配时，以缓解拥堵。同时，脑机接口还可以为公共交通系统提供数据支持，优化公共交通的运营效率。

在智能交通方面，脑机接口技术推动了自动驾驶技术的快速发展。自动驾驶汽车能够通过脑机接口与周围环境进行实时交互，实现自主行驶，减少了人为因素带来的安全隐患。

在城市规划方面，脑机接口技术为城市交通管理提供了新的可能性。城市规划部门可以利用脑机接口收集的交通数据，合理规划城市道路、公共交通设施等，实现城市交通的可持续发展。

总之，脑机接口技术已逐步改变智慧交通系统，使其更加智能、高效和安全。随着技术的不断发展和应用，脑机接口将在未来交通领域发挥更加重要的作用，为人类创造一个更加便捷、绿色的出行环境。除了上述应用，脑机接口还可能在以下方面进一步发展，从而更深入地影响交通系统的各个方面。

首先，随着脑机接口技术的不断进步，未来的交通工具可能实现更加智能化的控制。例如，通过脑机接口，车辆可以自动识别交通信号、障碍物以及其他车辆，从而自动调整行驶状态，避免潜在的危险。此外，脑机接口还可以与智能交通系统进行无缝对接，实现车与车、车与基础设施之间的实时信息交流，进一步提高交通效率。

其次，脑机接口在提升驾驶安全性方面具有巨大潜力。通过实时监测驾驶员的生理和心理状态，脑机接口可以在驾驶员出现疲劳、分心等危险情况时及时发出警告，甚至在必要时自动控制车辆，以避免潜在的安全隐患。此外，脑机接口还可以用于培训新手驾驶员，帮助他们更好地掌握驾驶技能，增强安全意识。

此外，脑机接口还可能为交通规划和管理提供更多创新的解决方案。例如，通过分析脑电波数据，可以更准确地了解驾驶员的出行需求和习惯，从而为城市交通规划提供更加科学和个性化的建议。此外，脑机接口还可以用于研究交通环境对驾驶员心理状态的影响，从而为改善交通环境提供依据。

最后，脑机接口还可能为未来的交通出行方式带来革命性的变革。例如，通过脑机接口与虚拟现实技术的结合，人们可能不再需要实际驾驶车辆，而是通过意念在虚拟环境中进行驾驶。这将彻底改变我们对交通出行的认知和体验，使出行变得更加便捷、舒适和安全。

脑机接口在交通领域的应用前景十分广阔。随着技术的不断进步和应用范围的扩大，我们有理由相信，脑机接口将为未来的交通系统带来更加智能、高效和安全的变革。

目录 CONTENTS

序一
序二
前言

上篇　基础层

第 1 章　脑机接口技术概述　　/ 002
  1.1　脑机接口的定义与发展历程　　/ 002
  1.2　脑机接口的工作原理　　/ 006
  1.3　脑机接口的类型和技术　　/ 009
  1.4　脑机接口的优势和局限性　　/ 012
  1.5　脑机接口在交通领域的潜在应用　　/ 015

第 2 章　智慧交通概述　　/ 018
  2.1　智慧交通系统的组成与运行原理　　/ 018
    2.1.1　智慧交通系统的组成　　/ 018
    2.1.2　智慧交通系统的运行原理　　/ 019
    2.1.3　高铁系统的构成要素与运作原理　　/ 022

2.2　智慧交通拥堵与安全问题　　　　　　　　　　　/ 023
2.3　智慧交通建设与潜在问题　　　　　　　　　　　/ 025
2.4　交通技术的发展历程　　　　　　　　　　　　　/ 029
2.5　Sora 与智能交通技术的发展趋势　　　　　　　 / 034

第 3 章　脑神经科学与交通行为概述　　　　　　　　　　　**/ 042**

3.1　人车交互　　　　　　　　　　　　　　　　　　/ 042
3.2　注意力与决策在交通行为中的影响　　　　　　　/ 046
3.3　脑机接口与交通心理学的关联　　　　　　　　　/ 049

第 4 章　脑机接口对智慧交通的影响　　　　　　　　　　　**/ 051**

4.1　脑机接口与交通安全　　　　　　　　　　　　　/ 051
4.2　脑机接口与交通拥堵治理　　　　　　　　　　　/ 054
4.3　个性化驾驶体验　　　　　　　　　　　　　　　/ 057
4.4　脑机接口与绿色出行　　　　　　　　　　　　　/ 059
4.5　脑机接口与政府政策供给　　　　　　　　　　　/ 061

中篇　操作层

第 5 章　脑机接口与交通控制　　　　　　　　　　　　　　**/ 068**

5.1　脑机接口与交通信号灯控制　　　　　　　　　　/ 068
　　5.1.1　脑机接口与公路信号灯控制　　　　　　　/ 069
　　5.1.2　脑机接口与水运信号灯控制　　　　　　　/ 071
　　5.1.3　脑机接口与铁路信号灯控制　　　　　　　/ 073
　　5.1.4　脑机接口与民航信号灯控制　　　　　　　/ 076

5.2 脑机接口在交通流量优化中的作用 / 077
    5.2.1 脑机接口对智能交通管理系统的流量优化 / 078
    5.2.2 脑机接口对多模式交通协调的流量优化 / 080
    5.2.3 脑机接口对个性化交通服务的流量优化 / 081

5.3 脑机接口在交通事故预防中的应用 / 083
    5.3.1 脑机接口对驾驶状态的监控 / 083
    5.3.2 脑机接口在事故预防技术中的集成 / 085
    5.3.3 脑机接口在教育培训中的应用 / 087
    5.3.4 脑机接口在事故分析中的应用 / 089

第 6 章 脑机接口与车辆、船舶、飞机操作 / 090

6.1 脑机接口与自动驾驶技术 / 090
    6.1.1 脑机接口在自动驾驶中的作用和优势 / 092
    6.1.2 脑机接口与车辆控制系统的集成 / 092
    6.1.3 脑机接口与自动驾驶融合的主要方向 / 094

6.2 脑机接口与驾驶员监测、辅助系统 / 096
    6.2.1 脑机接口对驾驶员监测 / 096
    6.2.2 脑机接口与驾驶辅助系统 / 098

6.3 脑机接口与车辆、船舶、飞机舒适性和便利性 / 099
    6.3.1 脑机接口为交通工具带来的舒适性提升 / 100
    6.3.2 脑机接口为交通工具带来的便利性提升 / 101

6.4 脑机接口在无人机控制中的应用 / 102

6.5 脑机接口在车辆、船舶、飞机控制中的潜在优势 / 103
    6.5.1 脑机接口带来的高级数据分析优势 / 104
    6.5.2 脑机接口带来的环境适应优势 / 105
    6.5.3 脑机接口促进无人机的脑控操作 / 106
    6.5.4 脑机接口促进无人机任务的智能规划与执行 / 109

第 7 章　脑机接口与交通信号灯控制　　/ 111

7.1　脑机接口与交通信号灯相位控制　　/ 111
7.1.1　交通信号灯相位系统的不足与局限　　/ 112
7.1.2　脑机接口与交通信号灯相位控制结合的优势与挑战　　/ 113
7.2　脑机接口与交通信号灯优先级控制　　/ 115
7.3　脑机接口与交通信号灯自适应控制　　/ 117

第 8 章　脑机接口与交通信息处理　　/ 120

8.1　脑机接口在交通信息识别中的作用　　/ 120
8.2　脑机接口在导航系统中的应用　　/ 123
8.3　脑机接口与交通数据分析　　/ 127
8.4　脑机接口与车辆间通信　　/ 131
8.5　脑机接口与交通规划　　/ 134
8.6　脑机接口与残障人士出行　　/ 139

下篇　应用层

第 9 章　脑机接口在交通安全中的作用　　/ 144

9.1　脑机接口与驾驶员疲劳检测　　/ 144
9.2　脑机接口与驾驶员分心检测　　/ 147
9.3　脑机接口与驾驶员情绪识别　　/ 149

第 10 章　脑机接口对驾驶员注意力的影响　　/ 151

10.1　脑机接口对驾驶员视觉注意力的影响　　/ 151

10.2	脑机接口对驾驶员听觉注意力的影响		/ 159
10.3	脑机接口对驾驶员空间注意力的影响		/ 164

第 11 章　脑机接口在智能交通系统中的应用　　/ 171

11.1　脑机接口与交通信息共享　　/ 171
  11.1.1　脑机接口在交通信息共享中的技术框架　　/ 172
  11.1.2　脑机接口在交通信息收集中的信号处理技术　　/ 174
  11.1.3　脑机接口在交通信息处理和分析中的高级算法　　/ 177
  11.1.4　脑机接口在交通信息共享平台中的系统集成　　/ 178

11.2　脑机接口与交通拥堵管理　　/ 180
  11.2.1　我国交通拥堵的现状及挑战　　/ 180
  11.2.2　脑机接口技术在解决交通拥堵领域的
     应用策略　　/ 184

11.3　脑机接口与交通规划和设计　　/ 186
  11.3.1　交通规划和设计的现状与挑战　　/ 186
  11.3.2　脑机接口技术在交通规划和设计中的应用　　/ 189

第 12 章　脑机接口技术对城市交通规划的启示　　/ 191

12.1　脑机接口对交通需求预测的影响　　/ 191
  12.1.1　交通需求预测是交通发展的风向标　　/ 192
  12.1.2　脑机接口技术在交通需求数据采集方面的
     独特优势　　/ 195

12.2　脑机接口对交通网络设计的影响　　/ 196
  12.2.1　交通网络设计的综合考量　　/ 197
  12.2.2　我国交通网络设计的现状　　/ 199
  12.2.3　脑机接口技术优化交通网络设计效果　　/ 202

12.3 脑机接口对交通政策制定的影响　　/ 204
　　12.3.1 交通政策促进交通发展　　/ 205
　　12.3.2 交通政策制定的关键因素　　/ 209
　　12.3.3 脑机接口技术对交通政策制定的影响　　/ 212

第 13 章　未来脑机接口技术对交通领域的影响展望　　/ 215

13.1 脑机接口技术的发展趋势　　/ 215
13.2 脑机接口在交通工具设计中的应用　　/ 217
13.3 脑机接口与可穿戴设备的结合　　/ 219
13.4 脑机接口在远程驾驶中的应用　　/ 221
13.5 脑机接口技术对交通行业和社会的影响　　/ 224

参考文献　　/ 226

上篇
基础层

第1章
脑机接口技术概述

1.1 脑机接口的定义与发展历程

脑机接口（Brain-Computer Interface）是一种直接在大脑与外部设备之间建立通信连接的技术。它允许用户仅通过使用大脑活动来控制设备或与计算机系统交互，而不需要传统的肌肉或语音输入。

脑机接口技术的出现，无疑为人类的未来打开了一扇崭新的大门。从医疗健康到日常生活，再到前沿科学研究，其应用领域广泛而深远。

在医疗健康领域，脑机接口技术为那些因各种原因而丧失行动能力的患者带来了新的希望。想象一下，那些因为中风、脊髓损伤或肌肉疾病而无法动弹的患者，他们现在可以通过脑机接口技术，仅仅依靠大脑活动就能控制假肢、轮椅或其他辅助设备，重新获得行动能力，回归正常生活。

在日常生活方面，脑机接口技术也为人们带来了前所未有的便利。例如，通过脑机接口技术，人们可以仅通过大脑活动就能控制智能家居设备，如灯光、空调、电视等，实现真正的"心想事成"。此外，脑机接口技术还可以用于教育、娱乐等领域，为人们提供更加丰富多样的体验。

在前沿科学研究方面，脑机接口技术更是具有巨大的潜力。通过实时监测和分析大脑活动，科学家们可以更加深入地了解人类大脑的工作原理，从而推动神经科学、认知科学等相关领域的发展。此外，脑机接口技术还可以用于研究人类意识、记忆、情感等复杂心理现象，为我们解开大脑之谜提供更多线索。

当然，脑机接口技术的发展也面临着诸多挑战和困难。例如，如何确保数据的准确性和安全性？如何降低设备成本和复杂性？如何守护用户隐私和伦理道德底线？这些问题都需要我们不断探索和解决。

如果梳理脑机接口的发展历程，我们可以根据其研究和发展的时间段，将其历程大致可以分为五个阶段，如图1-1所示。

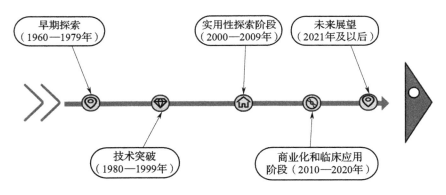

图1-1 脑机接口的发展历程

1. 早期探索（1960—1979年）

在这一时期，科学家们开始探索大脑电活动与外部设备之间的直接连接。早期的脑机接口研究主要集中在动物实验上，通过记录大脑的电信号来控制简单的外部设备。

随着时间的推移，脑机接口领域的研究逐渐从动物实验迈向了更为复杂的人类应用。科学家们不断探索着大脑与机器之间的神秘连接，寻求将人类的意识转化为实际行动的新途径。

人类的脑机接口研究最初面临的挑战是如何准确地读取和解析大脑的电信号。大脑是一个极其复杂的神经网络，产生的电信号往往难以捉摸。然而，随着技术的进步，研究者们开发出了更为精密的电极和算法，能够捕捉和解析出更多细微的脑电活动。

1964年，约瑟夫·卡米亚（Joseph Kamiya）在加州大学洛杉矶分校首次展示了人类能够通过意识控制脑电波，开创了脑波训练的研究。

1969年，艾伯哈德·费兹（Eberhard Fetz）在猕猴实验中证明了动物可以通过学习控制神经活动，这是脑机接口概念的重要前驱。

在这一过程中，科学家们发现，不同的脑区对应着不同的功能和任务。例如，运动皮层与身体的运动控制密切相关，而视觉皮层则负责处理视觉信息。通过精确定位这些脑区，并解析它们产生的电信号，研究者们能够更准确地理解大脑的工作机制，并开发出更为精准的脑机接口系统。

随着研究的深入，脑机接口系统的应用领域也逐渐扩展。

2. 技术突破（1980—1999年）

随着计算机科学和信号处理技术的发展，从脑电信号（EEG）中提取与心理任务相关的模式成为可能。这一时期的研究重点转向了开发能够解读和利用这些信号的系统。

在这一浪潮的推动下，研究者们不仅专注于提高信号解析的精度，还努力拓宽其应用场景。1988年，乔纳森·沃尔波（Jonathan Wolpaw）等人提出通过脑电图信号来控制计算机光标，这是早期脑机接口系统的一个关键进展。

20世纪90年代，研究发现P300脑电反应（由奇数球任务引起的一种事件相关电位）可以作为脑机接口的有效控制信号。在这一阶段，研究重心转向实验验证，通过解析脑电图和单神经元记录数据，逐步演示其在实践中应用的可能性，比如用于控制计算机光标等。

当然，脑电信号的解析技术还面临着许多挑战。首先，由于大脑活动的复杂性，准确解析脑电信号需要高度的专业知识和技术。其次，脑电信号的采集和处理过程中可能会受到多种因素的干扰，如电极位置、头皮油脂等，这都会影响解析结果的准确性。最后，如何将这些技术应用于实际场景中，并确保其安全性和可靠性，也是研究者们需要面对的问题。

3. 实用性探索阶段（2000—2009年）

在这一阶段，脑机接口技术开始从实验室走向实际应用。2004年，马修·纳格尔（Matthew Nagle）成为首个通过脑机接口系统操作计算机进行基本任务的四肢瘫痪病人，作为脑门（Brain Gate）系统的一部分。2006年，研究人员利用脑电信号数据，成功实现了用脑信号操控一个虚拟环境中的光标，这大大增加了脑机接口应用的可能性。

这一阶段，脑机接口技术逐步向实际应用靠拢，出现了更多实用的系统，如Brain Gate系统，同时侵入式和非侵入式这两类脑机接口技术都得到了快速发展。

随着脑机接口技术在实际应用中的不断推进，其潜力也在逐步被挖掘和放大。如今，脑机接口技术不仅局限于帮助残疾人士，它已经开始渗透到更广泛的领域，为人类的日常生活和工作带来了前所未有的便利。

4. 商业化和临床应用阶段（2010—2020年）

这个阶段，脑机接口技术的实际应用范围不断扩大，技术得到了进一步发展。2013年，Emotiv推出了消费级脑电信号头盔，标志着脑机接口技术开始进入消费市场。

2020年，马斯克主导的神经链接（Neuralink）公司发布了基于高通量神经探针的脑机接口系统，这种系统具备高分辨率和多通道信号获取能力。

这一阶段，脑机接口技术迎来了商业化和规模化的机遇。硬件的轻量化、便携化，以及机器学习算法的引入，显著提升了脑机接口系统的实用性和用户体验。

在医疗领域，脑机接口技术正被用于诊断和治疗各种神经系统疾病。例如，通过监测和分析大脑活动，医生可以更准确地诊断出癫痫、帕金森病等神经系统疾病，并据此制定更为精准的治疗方案。同时，脑机接口技术还能通过模拟正常的神经信号来辅助治疗这些疾病，为患者提供更为有效的治疗手段。

在教育领域，脑机接口技术也展现出了巨大的应用潜力。通过实时监测学生的学习状态，教师可以更准确地了解学生的学习需求和困难，从而为他们提供更为个性化的教学方案。此外，脑机接口技术还能帮助学生更好地管理自己的学习时间和注意力，提高学习效率。

在娱乐领域，脑机接口技术同样有着广泛的应用前景。通过大脑活动来控制游戏角色或虚拟场景，玩家可以获得更为真实和沉浸式的游戏体验。此外，脑机接口技术还能根据玩家的心理状态和情感变化来调整游戏内容和难度，使游戏更具挑战性和趣味性。

可以预见的是，随着脑机接口技术的不断发展和完善，它将在更多领域展现出其独特的价值和潜力。未来，我们有望看到更多基于脑机接口技术的创新应用，它们将为人类带来更为便捷、高效和智能的生活方式。

5. 未来展望（2021年及以后）

目前，脑机接口技术仍在不断发展中，未来的发展方向可能包括提高系统的便携性和用户友好性，以及扩展其在健康人群中的应用，如游戏、教育和工作场所的效率提升等。

2021年，Neuralink展示了无线脑机接口设备，让实验室中的被测猴子能够用脑信号控制游戏。2022年，更多研究团队尝试将脑机接口与其他技术（如AI、边缘计算等）结合，以提升系统的实时性和准确性。

当前阶段，脑机接口技术向更为前沿的方向发展，结合无线传输技术、全侵入式系统以及边缘计算和人工智能，力求在不远的将来能够实现更高效、更无创的脑机接口系统，并探索脑云接口等未来技术的可能性。

总的来说，脑机接口技术的发展历程体现了从基础研究到实际应用的转变，同时也展示了未来在改善人类生活质量方面的巨大潜力。

1.2 脑机接口的工作原理

脑机接口的工作原理基于对大脑活动的检测、解读和转换，以实现对外部设备的控制或与计算机系统的交互。脑机接口系统的一般工作原理包含以下内容。

1. 信号检测与采集

首先,脑机接口系统需要检测大脑活动产生的电信号。这通常通过放置在头皮上的电极来实现,这些电极可以记录脑电信号。在某些高级的脑机接口系统中,可能使用植入式电极来更精确地记录信号。

而信号采集是脑机接口工作的关键环节,其涉及从大脑中记录神经活动。这些信号可通过以下几种方式获取。

(1)侵入式方法

皮质内神经电信号(Intracortical Recordings)是一种通过手术植入电极直接记录神经元活动的方法,如图 1-2 所示。此方法能够提供高时间和空间分辨率的数据,从而深入解析神经系统的功能。然而,值得注意的是,由于需要手术植入电极,这一技术伴随着一定的感染风险。

(2)非侵入式方法

图 1-3 所示为非侵入式方法示意,常见的非侵入式方法有以下三种:

1)脑电图是一种非侵入式技术,通过佩戴外置电极帽来记录头皮上的电活动,该方法因其便捷性和广泛适用性而被广泛采用。

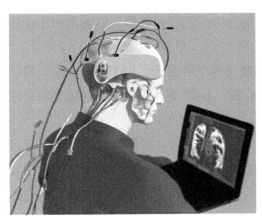

图 1-2 侵入式方法示意

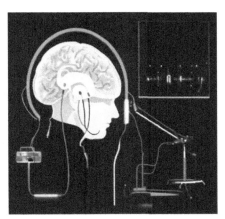

图 1-3 非侵入式方法示意

2）功能性磁共振成像（fMRI）则是一种通过检测脑部血流变化来间接测量脑活动的高级成像技术，其显著特点在于高分辨率，但实时性相对较弱。

3）近红外光谱成像（NIRS）则利用近红外光在脑组织中的吸收变化来监测脑活动，为脑科学研究提供了一种新的视角。

2. 信号放大与滤波

检测到的脑电信号非常微弱，因此需要通过放大器增强信号强度。同时，为了提高信号质量，会通过滤波器去除噪声和其他无关信号，如肌肉活动产生的电信号。

3. 信号处理

放大和滤波后的信号需要经过复杂的信号处理，以提取与用户意图相关的特征。这包括特征提取、模式识别和分类算法等步骤。这些算法能够识别出与特定思维活动或指令相关的大脑信号模式。

（1）特征提取

在信号处理与分析过程中，为了准确识别特定脑活动，我们需从预处理后的信号中精准提取出相关信息特征。常用的特征提取方法主要包括以下几种：

1）时域特征提取。它直接利用信号的时间序列数据，以捕捉脑活动随时间变化的动态特征。

2）频域特征提取。通过应用如快速傅里叶变换（FFT）等方法，我们能够从信号中提取出频率分量，如 α 波、β 波等，以揭示脑活动在频率域的特定模式。

3）空间特征提取。借助独立成分分析（ICA）等高级方法，我们可以进一步提取信号的空间分布特征，从而全面分析脑活动的空间布局与交互模式。

（2）模式识别和分类算法

模式识别技术旨在通过应用机器学习算法，对提取出的特征进行精确解码，并据此识别出相应的意图或指令。在实现过程中，常运用的算法包括以下几种：

1）线性判别分析（LDA）是一种线性方法，其核心功能在于对各类别进行有效分离。

2）支持向量机（SVM）算法在分类和回归问题中表现出色，被广泛采纳。

3）深度学习算法如卷积神经网络（CNN），在处理复杂模式识别任务时，其独特优势尤为显著。

4. 指令转换

识别出的脑电信号模式被转换为控制指令。这些指令可以是简单的命令，如移动光标或开关设备，也可以是更复杂的指令集，用于控制多自由度的机器人手臂或轮椅。

5. 设备控制或交互

转换后的指令被发送到外部设备，如计算机、轮椅、假肢或游戏控制器等，以实现用户的目的。例如，用户可以通过思维来控制轮椅的移动方向或使用计算机打字。

脑机接口的工作原理体现了多个学科领域的结合，包括神经科学、信号处理、计算机科学和生物医学工程等。随着技术的进步，脑机接口系统的性能和适用性正在不断提高，为残疾人士和健康人群提供了新的交互和控制的可能性。

1.3 脑机接口的类型和技术

脑机接口技术根据信号采集方式、信号处理方法和应用领域可以分为多种类型，如图 1-4 所示。

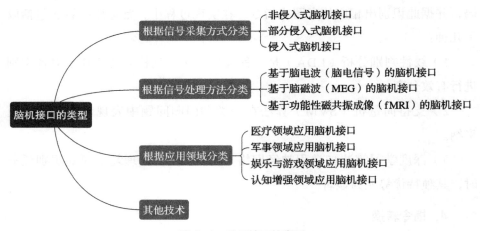

图 1-4　脑机接口的类型

1. 根据信号采集方式分类

非侵入式脑机接口技术采用外部设备（如电极帽）来捕获头皮上的脑电图信号。这种方法具备安全性和无创性的优势，但其信号分辨率相对较低。

部分侵入式脑机接口则通过在大脑皮层表面植入电极来收集信号。与非侵入式相比，这种方法能够获取更高质量的信号，但实施过程需要涉及开颅手术。

侵入式脑机接口技术则涉及将电极直接植入大脑内部，从而直接从神经元或神经群体中捕获信号。这种方法虽然能提供最高质量的信号，但相应的手术风险和经济成本也最高。

2. 根据信号处理方法分类

基于脑电波（脑电信号）的脑机接口技术，通过采集脑电信号作为输入，实现了对轮椅、计算机等设备的有效控制。此外，基于脑磁波（MEG）的脑机接口则运用了脑磁图技术，为研究人员提供了更高空间分辨率的脑活动信息。再者，基于功能性磁共振成像（fMRI）的脑机接口，则是利用了血氧水平依赖（BOLD）信号作为控制外部设备的手段。

3. 根据应用领域分类

1）医疗领域应用脑机接口：旨在协助残障人士，特别是针对瘫痪患者，通过该技术实现轮椅或通信设备的操控，从而提高其生活自主性和便利性。

2）军事领域应用脑机接口：为提升士兵作战效能而设计，通过脑机接口技术实现对无人机的远程操控或战场通信，增强作战指挥的灵活性和高效性。

3）娱乐与游戏领域应用脑机接口：创新性地应用于游戏控制和虚拟现实体验，为用户提供独特且沉浸式的人机交互方式，从而丰富娱乐体验。

4）认知增强领域应用脑机接口：专注于提高个体学习和工作的效率，通过实时监测注意力水平，优化学习环境和工作流程，实现认知能力的增强。

4. 其他技术

无线脑机接口技术通过利用无线传输技术，有效实现大脑信号的无线传递，从而显著提升了用户的移动自由度和便捷性。混合脑机接口技术则通过综合运用多种信号采集与处理手段，旨在优化系统性能并提升整体可靠性。脑–脑接口技术则进一步实现了大脑之间的直接通信，实现了脑到脑的信息高效传输。

在选择脑机接口技术时，需综合考虑具体的应用需求、成本效益、安全性以及用户的接受程度等因素。随着技术的持续发展与创新，脑机接口系统正逐渐展现出多样化的特点，其在各个领域的潜在应用价值也在不断被发掘和拓展。

5. 未来技术发展方向

（1）无线传输技术

为提升用户的舒适度和移动性，未来会将信号采集设备的设计转向无线化。这一改进不仅使用户能够在使用过程中更加自由便捷，还拓宽了信号采集的应用场景。

（2）多模态数据融合技术

通过结合脑电信号（脑电图）、功能性磁共振成像、近红外光谱等多种生理信号，可以显著提高脑机接口系统的稳定性和精度。这一技术的应用有助于更准确、更全面地反映用户的生理状态。

（3）高分辨率非侵入式技术

在信号采集领域，未来将致力于开发新型、非侵入性的信号采集方法。这些方法能够提供接近侵入式系统的信号质量，同时避免了侵入式方法可能带来的不适和风险。

（4）高效算法优化

为确保在资源受限的设备上依然能够具备高效的处理能力，未来将进一步优化信号处理和模式识别算法。这些算法的优化不仅可以提高数据处理的速度和准确性，还可以降低设备的能耗和成本。

1.4 脑机接口的优势和局限性

1. 脑机接口的优势

脑机接口技术发展迅猛，具有广泛的应用前景。目前来看，脑机接口技术有以下优势。

（1）医疗领域的潜力

脑机接口在医疗领域展现出极为广阔的应用前景。

在康复治疗领域，脑机接口技术能够显著助力瘫痪患者、脑卒中患者及其他神经系统损伤患者重新获得一定程度的自主运动能力。通过精确解析患者的脑电信号，该技术能够控制假肢或轮椅等辅助设备，进而提升患者的生活质量。

在神经修复方面，脑机接口技术展现出其促进神经可塑性的潜力，有望协助患者逐步恢复受损的大脑功能，为神经系统损伤的康复治疗提供新的思路。

此外，在癫痫监测和治疗领域，植入式脑机接口设备具备实时监测癫痫患者脑电活动的能力,能够提前检测并有效阻止癫痫发作,为癫痫患者带来福音。

(2)增强人机交互

通过引入脑机接口技术,可以显著增强人机交互的效能,并能提升残障人士的生活质量。这一技术允许肢体残障的个体借助脑信号实现对电子设备的精准控制,从而在日常生活中执行如打字、拨打电话等基本操作,极大地提升了他们的自主性和便利性。同时,脑机接口技术也为普通用户带来了全新的互动体验。它打破了传统的人机交互模式,使用户能够通过脑电信号自然、直观地控制计算机和虚拟现实系统,开创了更为先进和便捷的人机互动方式。

(3)娱乐和教育领域的应用

脑机接口技术可广泛应用于电子游戏领域,其提供的控制方式不仅增强了游戏的沉浸感,更为玩家带来了直观且高效的操作体验。在教育领域中,脑机接口技术的引入具有显著价值。通过该技术,能够实时监测学生的专注度及学习状态,进而为每位学生量身定制个性化的教育方案,以促进其学习效果的最大化。

(4)科研与认知科学

脑机接口作为一种前沿的科学工具,能被广泛应用于深入探究人类的认知处理流程以及情感状态的波动,以期能够更为准确地揭示大脑运作的复杂机制。通过脑机接口技术与先进的成像技术(例如 fMRI,即功能性磁共振成像)的紧密结合,我们能够获取到大脑活动的高精度、详细图像,这些图像数据为神经科学的研究提供了有力的支撑和依据。

(5)军事和航空航天应用

在军事和航空航天领域,脑机接口技术可以用于提高士兵和飞行员的作战效率,或在极端环境下进行通信和控制。

2. 脑机接口的局限性

当然,脑机接口正在迅猛地发展中,其也存在一些局限性。

（1）技术挑战

信号质量方面，尽管侵入式脑机接口技术能够提供高质量的信号，但手术操作带来的风险较高。而非侵入式脑机接口，如脑电图（脑电信号）技术，虽然安全性较高，然而其信号中噪声成分较大，且空间分辨率相对较低。

在实时性方面，实现高效的实时信号处理与解码是当前技术面临的一大挑战。尤其对于非侵入式脑机接口而言，其复杂的噪声背景会进一步影响信号处理的速度和准确性。

此外，鉴于每个人的脑电信号存在显著的个体差异，因此需要对每位用户进行个性化的校准和训练，这无疑增加了该技术的使用和推广难度。

（2）安全性和伦理问题

关于侵入性手术的风险，侵入式脑机接口技术的实施涉及手术植入电极的步骤，这一过程可能伴随着感染、组织损伤等潜在风险，同时，手术的费用也往往较为高昂。

在数据隐私方面，脑电信号作为一种高度个人化的生物数据，其收集、存储和使用必须遵循严格的隐私保护措施，以确保用户信息的安全性和私密性。

此外，关于脑机接口技术的广泛应用，我们必须审慎考虑可能引发的伦理问题。这些问题包括但不限于对人体隐私的潜在侵犯、对个体自主意识的潜在操控等，需要我们在技术发展的同时，积极探讨和解决相关的伦理挑战。

（3）应用局限

在面临适应性方面的挑战时，脑机接口系统常常要求用户维持高度集中的注意力，这在实际应用中成为一大限制，因为在诸多应用场景下，用户可能难以长时间保持专注，从而影响了系统的使用效果。

此外，关于持续性训练的问题，许多脑机接口系统需要用户进行长期的使用和训练，这无疑增加了用户的负担，并对该技术在更广泛领域的推广形成了障碍。

在设备设计方面，目前大多数脑机接口设备依然面临着复杂性高、体积笨重的问题，这在实际应用中给用户带来了佩戴和使用的诸多不便。

1.5 脑机接口在交通领域的潜在应用

脑机接口技术在交通领域有着广阔的应用前景。尽管这一领域的研究和应用仍在初期阶段，但已经显示出了许多潜在的应用场景和优势。图 1-5 所示为脑机接口在交通领域的潜在应用。

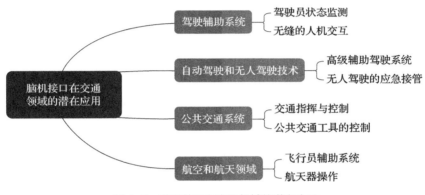

图 1-5　脑机接口在交通领域的潜在应用

1. 驾驶辅助系统

（1）驾驶员状态监测

脑机接口技术具备实时监测驾驶员脑电信号的能力，能精确评估其注意力集中程度、疲劳程度及情绪波动。基于这些数据的分析，脑机接口技术能够提供即时的反馈或干预措施，从而有效保障行车安全。

通过先进的脑电信号技术，我们能够精确捕捉到驾驶员的脑波活动，进而准确识别出驾驶员的疲劳状态。一旦系统检测到驾驶员处于疲劳状态，将立即触发安全警报，及时提醒驾驶员进行必要的休息，或自动启动自动驾驶模式，以接管车辆的驾驶权，从而最大限度地避免潜在的安全风险。脑机接口技术可以识别驾驶员的情绪状态，如愤怒、焦虑或压力过大。根据这些信息，车辆可以自动调整车内环境（如音乐、温度）来帮助驾驶员放松，从而提高驾驶安全。

（2）无缝的人机交互

通过引入脑机接口技术，可以实现更为自然且直观的车辆控制方法，进而显著降低驾驶员的认知负荷。在车辆功能控制方面，脑机接口技术允许驾驶员借助脑电信号直接操控车内的多媒体系统、导航系统、车窗及空调等设备，显著减少了手动操作的需求，从而极大地提升了驾驶的安全性和便捷性。在某些情况下，脑机接口技术可以允许驾驶员通过思维直接控制车辆的一些功能，如转向、加速或制动。这对于行动不便的驾驶员来说尤其有用。

2. 自动驾驶和无人驾驶技术

（1）高级辅助驾驶系统

脑机接口技术可以广泛应用于高级辅助驾驶系统（ADAS），旨在为用户带来更为智能化的驾驶体验。其中，驾驶模式的切换功能尤为突出，驾驶员仅凭脑电信号指令，即可实现手动驾驶、辅助驾驶及自动驾驶模式之间迅速且高效的转换，无须借助传统的按键或语音命令操作，显著提升了驾驶的便捷性和智能化水平。

（2）无人驾驶的应急接管

在自动驾驶车辆面临紧急状况，需要人工干预以确保行车安全时，脑机接口技术以其快速且流畅的控制方式展现出显著优势。具体而言，当自动驾驶系统监测到潜在危险且未能及时做出反应时，脑机接口系统能够迅速识别驾驶员的应激信号，例如紧张或惊恐状态，并立即接管车辆控制权，执行紧急制动操作，以确保行车安全。

3. 公共交通系统

（1）交通指挥与控制

脑机接口技术在交通指挥管理领域展现出显著的应用潜力，特别是在提升调度员的指挥效率方面。具体而言，在交通监控和指挥中心，调度员能够借助脑机接口技术，通过脑电信号实现对不同监控摄像头、交通信号灯以及预警系统的快速选择与控制，进而大幅提高反应速度和指挥效率，确保交通运行的流畅与安全。

（2）公共交通工具的控制

在特定场景中，例如针对残疾人群或特定运行环境，脑机接口技术展现出其独特的辅助功能，特别是在公共交通工具的控制方面，显著提升了通行的效率和舒适性。在智能公交车领域，脑机接口系统的应用，使得驾驶员或操作员在紧急情境或需要高度精准操作的情况下，能够通过脑电信号辅助控制公交车的行驶，这不仅增强了驾驶的安全性，也提升了应急响应的及时性。

4. 航空和航天领域

（1）飞行员辅助系统

脑机接口技术在飞行员辅助系统中具有显著的应用潜力，能提升飞行安全性并优化操作便利性。具体而言，飞行员可以借助脑机接口技术实现对飞机特定功能的控制，如自动驾驶模式的启动与退出、通信设备的操作等，从而有效减轻飞行员的操作负担，提高飞行任务的执行效率。

（2）航天器操作

在航天器操作中，脑机接口技术被设计用于在紧急情况下实现遥控操作或辅助系统的控制，以确保任务的顺利进行和宇航员的安全。对于空间站的操作而言，脑机接口技术允许宇航员在极端环境中进行一系列关键的基础操作，如设备检查和实验操作等。通过这项技术的应用，可以显著提高工作效率并降低操作风险，从而确保空间站的稳定运行和科研任务的顺利进行。

脑机接口技术在交通领域的潜在应用广泛，涉及驾驶辅助、自动驾驶、公路和航空交通管理等多个方面。从驾驶员状态监测到高级辅助驾驶系统，再到公共交通工具和航空航天器的控制，脑机接口技术能够提供更安全、高效和直观的控制方式。尽管现阶段这些应用还在探索和开发过程中，但随着技术的不断进步，脑机接口在交通领域的应用有望实现重大突破，提升整体交通系统的安全性和智能化程度。

第 2 章
智慧交通概述

2.1 智慧交通系统的组成与运行原理

2.1.1 智慧交通系统的组成

智慧交通系统是一个错综复杂的网络，由多种元素与尖端技术相互融合而构建。此系统的核心目标在于实现人员和货物的高效、安全运输。具体而言，它涵盖了以下几个关键环节。

1. 物理基础设施

道路和桥梁：例如，高速公路、城市道路、乡村道路等。
铁路系统：高速铁路、城市轨道交通（如地铁、轻轨）和普通铁路。
航空服务：机场、跑道、航站楼等。
海运设施：港口、码头、运河等。

2. 车辆和交通工具

汽车：乘用车、公共汽车、货车等。
火车：高速列车、地铁列车、货运列车等。
飞机：民航客机、货运飞机等。
船舶：货船、客轮、摆渡船等。

非机动车：自行车、电动滑板车等；包括步行在内的交通方式。

3. 运行管理系统

交通信号控制：包括信号灯、标志标线、信号控制系统等。

调度系统：特别是公共交通，使用实时调度系统来优化和管理车辆运营。

智能交通系统（ITS）：通过传感器、摄像头、GPS 和物联网技术，提供实时交通信息、导航和事故管理。

4. 支持服务

燃料和充电设施：加油站、电动车充电桩。

维修和保养：汽车维修站、检修中心。

车站、港口和机场：用来管理乘客和货物的中转和候车等待。

5. 其他

交通法规与执法：交通法规设定了交通参与者的行为规范，如速度限制、交通信号遵守等。执法机构负责确保这些法规得到遵守，并对违规行为进行处罚。

交通教育与培训：通过教育和培训增强交通参与者的安全意识和技能，包括驾驶员培训、交通安全教育等。

紧急服务：包括警察、消防、医疗等应急服务，它们在交通事故或其他紧急情况下提供快速响应和救援。

2.1.2 智慧交通系统的运行原理

有了这些基础设施的支撑，就能保障基本的交通通行。而当下的交通是智慧化的交通，智慧交通系统通过综合利用多种技术和设施，实现交通资源的高效配置和管理，其基本运行原理包括以下方面。

1. 数据采集与分析

利用传感器、摄像头、GPS 等设备收集实时数据，分析交通流量、道路状况等。在智慧城市的脉动中，这些实时数据的洪流成为城市管理的神经末梢，不断为城市的智能决策提供精准的养分。随着大数据处理技术的飞速发展，我们不仅仅满足于数据的收集，更着眼于如何高效、准确地挖掘这些数据背后的价值。

通过构建先进的交通数据分析模型，我们能够实时预测交通拥堵的热点区域，并在第一时间通过智能交通系统向驾驶员推送避堵路线，有效缓解城市交通压力。同时，结合历史数据与天气预报，我们还能提前规划出可能受到恶劣天气影响的道路，并提前部署应急措施，确保市民的出行安全。

此外，利用高清摄像头与 AI 图像识别技术，我们还能够实现对交通违法行为的自动识别与记录，极大地提高了交通执法的效率与公正性。这些技术不仅减轻了交警的工作压力，也促使了广大驾驶员更加自觉遵守交通规则，共同营造一个更加安全、有序的交通环境。

在道路维护方面，GPS、北斗定位技术与传感器数据的结合更是发挥了巨大作用。通过实时监测道路的使用情况与损坏程度，我们能够及时发现并排除潜在的安全隐患，确保道路设施的完好与通行顺畅。这种基于数据的预防性维护策略，不仅降低了道路维护的成本，也提升了市民的出行体验。

2. 信息通信技术

通过采用无线网络与卫星通信等先进技术，我们能够实现车辆与基础设施，以及乘客之间的信息高效、准确地交换。智慧交通不仅仅满足于车辆间的即时通信，更将目光投向了更广阔的互联领域。通过深度融合物联网（IoT）技术，每一辆汽车都成为智慧城市中的移动节点，它们不仅能够与道路、桥梁、交通信号灯等基础设施进行无缝对接，还能实时感知并适应城市环境的微妙变化。

3. 自动控制与自动化

如自动驾驶技术、自动调度系统，用以提高运行效率和安全性。智慧交通不仅仅局限于自动驾驶技术和自动调度系统，更多前沿的技术应用正逐步渗透到我们生活的各个角落，特别是在提升运行效率和安全性方面。

如智能预测与优化系统广泛应用，它能够基于大数据分析，对交通流量、天气变化、乘客出行习惯等多种因素进行精准预测，并据此动态调整交通线路、车辆配置乃至基础设施的维护计划。例如，在节假日或大型活动前夕，系统能够提前识别人流高峰区域，自动增派车辆，减少乘客等待时间，同时避免交通拥堵。此外，对于可能出现的极端天气条件，系统也能提前预警，采取预防措施，确保公共交通服务的连续性和安全性。

4. 智能优化

利用大数据和人工智能技术，对交通调度、路线规划等进行优化，从而缓解交通拥堵，提高工效。

例如，IoT 技术的深度融合将进一步提升公共交通的智能化水平。通过为车辆、站点，甚至路面安装传感器和通信设备，我们可以实时获取车辆运行状态、乘客上下车情况、路面交通状况等关键信息，如图 2-1 所示。这些信息经过云计算平台处理分析后，能够生成更加精细化的运营策略，如根据实时路况动态调整行驶路线，减少不必要的绕行；或者根据乘客需求预测，提前在热门站点安排更多的运力。同时，物联网技术还能助力实现车辆远程监控与维护，提前发现并解决潜在故障，提高车辆出勤率和运行效率。

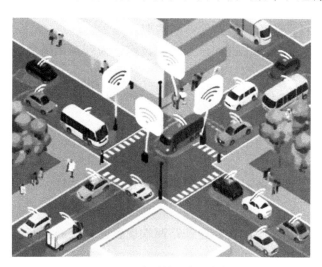

图 2-1 实时获取交通信息

2.1.3 高铁系统的构成要素与运作原理

以我国高铁系统为例，可以明确展示智慧交通系统的构成要素及其运作原理。具体而言，该系统由以下几个核心部分组成。

1. 物理基础设施

高速铁路轨道：作为列车行驶的基础，其设计、建造和维护均达到高标准，确保列车高速、平稳运行。

车站：作为乘客集散地，不仅提供舒适的候车环境，还集成了多种服务功能，如购票、安检、候车等。

桥梁与隧道：穿越复杂地形，连接各个站点，构成高速铁路网络的重要组成部分。

2. 交通工具

高速列车，以"复兴号"和"和谐号"为代表，采用先进技术和设计理念，实现高速、安全、舒适的运输服务。

3. 运行管理系统

列车调度系统：依托计算机和通信技术，实现对列车运行的实时监控和高效调度，确保列车运行秩序和线路畅通。

信号系统：采用最先进的信号控制技术，为列车提供准确的运行指令和保障，确保列车运行安全。

票务系统：集电子售票、网上订票和自动检票于一体，简化了购票流程，提升了乘客的出行体验。

4. 支持服务

车站内的餐饮服务：为乘客提供多样化的餐饮选择，满足乘客在旅途中的饮食需求。

公共交通对接设施：在高速铁路两端设置公共交通接驳设施，方便乘客与其他交通方式的无缝衔接。

顶级的维保服务：定期对列车和基础设施进行维护和保养，确保列车运行的安全性和可靠性。

2.2 智慧交通拥堵与安全问题

现代社会中，交通拥堵和安全问题是全球各大城市普遍面临的严峻挑战。这些问题不仅影响人们的出行体验，还对经济效率和公共健康产生负面影响。交通拥堵不仅带来资源浪费、环境问题，还会造成安全问题。

1. 交通拥堵问题

是什么造成了交通拥堵问题呢？原因有这样几个，如图2-2所示。

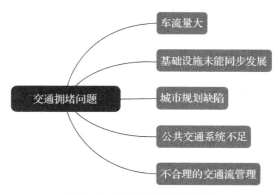

图2-2 交通拥堵问题的原因

（1）车流量大

随着经济的飞速发展和城市人口的急剧增长，汽车作为一种便捷的交通工具，其保有量呈现出快速上升的趋势。这导致了道路上的车流量不断增加，甚至已经超出了道路的正常承载能力。在某些繁忙时段和路段，交通拥堵现象变得日益严重，给人们的出行带来了极大的不便。

（2）基础设施未能同步发展

在很多地方，交通基础设施建设长期以来存在滞后于车辆增长和城乡发展速度的问题。道路、桥梁、隧道等交通设施的建设规模和质量，无法满足日益增长的交通需求。这导致了交通拥堵问题的频发，严重影响了人们的出行效率和生活质量。

（3）城市规划缺陷

在现代城市扩展过程中，功能区的划分往往不够合理，导致居民在上下班高峰期，交通流量集中于某些路段。这种现象加剧了交通拥堵的问题，使得城市交通运行压力增大。

（4）公共交通系统不足

虽然现代公共交通系统取得了一定的发展，但整体来看，公共交通网络还不够健全，无法有效分担私家车的交通压力。在一些城市，公共交通的覆盖范围和运营效率仍有待提高。

（5）不合理的交通流管理

在交通管理方面，部分地区的信号灯设置不合理、交通指引标志不清晰等问题依然存在。这些问题会导致交通拥堵，增加交通事故的发生概率。

上述导致交通拥堵的原因，对我们的生产、生活有着巨大的影响。例如：时间消耗，驾驶员与乘客在路途上耗费了大量宝贵的时间；燃油消耗量的增加、运营成本的攀升，以及交通事故所引发的间接经济损失，均对经济造成了显著的负面影响；在交通拥堵的情况下，车辆排放的废气与噪声污染问题更为突出，对环境造成了严重的污染。长期的交通拥堵状况，已导致居民普遍感到焦虑与疲劳，进而对其生活质量产生了不利的影响。

这些交通拥堵问题亟待解决，而新的交通技术、大数据技术、人工智能等，都是解决交通拥堵的良好方式。

2. 交通安全问题

交通拥堵与交通安全，是交通运行过程中的关键问题，也是交通管理部门核心要解决的问题。智慧交通系统通过大数据、云计算、人工智能等方式，去努力解决这些安全问题，为驾驶员与乘客提供更安全的交通环境。

我们去探究交通安全的原因，无外乎以下几个方面。

1）驾驶行为不规范，如违章驾驶、酒驾、超速、疲劳驾驶等。

2）道路设计不合理，如弯道过窄、视线不良等设计缺陷，以及标志标线不清晰。

3）交通工具维护不足，如车辆自身缺陷或者疏于维护，导致车辆性能不佳，甚至失控。

4）行人及非机动车不遵守交通规则，如乱穿马路、闯红灯、逆行等行为，增加了交通事故风险。

5）天气和环境因素，如恶劣天气如雨雪、大雾等会导致道路湿滑、视线不良。

这些导致交通不安全的因素，给人们的生命财产造成巨大损失，医疗成本、维修成本、保险赔付增加，以及交通事故处理占用大量公共资源。驾驶员与乘客的心理状态也受到极大影响。

而如今的智慧交通、脑机接口等新技术的应用，力争解决这些问题。如2024年百度大量投放无人驾驶出租车"萝卜快跑"，在给用户提供便利通行的同时，更让道路通行更加安全。通过对新技术的探索和应用，可以有效减缓交通拥堵，提高道路安全，为公众提供一个更便捷、舒适、安全的出行环境。

2.3 智慧交通建设与潜在问题

智慧交通是利用先进的信息技术、通信技术、控制技术等来优化交通管理、提高交通效率、改善出行体验的重要手段。它涵盖了一系列高新技术应用，如智能交通系统（ITS）、车联网、大数据分析和自动驾驶等。智慧交通的建设在全球范围内取得了显著进展，在我国，车联网、自动驾驶等新的技术已经得到了快速落地应用。

1. 智慧交通建设的现状

（1）智能交通系统（ITS）

1）交通监控与管理。许多城市已经部署了视频监控、传感器和智能控制系统来实时监测和管理交通流量。如我国的"天网"工程，通过摄像头和传感器网络实现全方位监控。

2）智能信号控制。针对不同路段和时间段的交通流量，智能信号系统可以动态调整信号灯时长，提高路口通行效率。如高德地图已经能在导航时实时显示信号灯时长，在拥堵时为车主提供其他线路绕行规划等。

3）实时交通信息服务。利用移动互联网和导航软件，向驾驶员提供实时的交通信息、路线规划和交通预警。如谷歌地图，能提供实时交通信息、路线规划和预计到达时间，帮助用户避开拥堵。

（2）车联网（Vehicle-to-Everything，V2X）

车–车通信（V2V）实现车辆之间的信息互通，预警即将发生的事故、路面状况等。车–路通信（V2I）车辆与交通基础设施如信号灯、道路标志进行信息交互，优化交通流量。例如，在行车过程中，高德地图会通过大数据分析，提醒车主后方有货车急速靠近，前方有交通事故小心驾驶等，这些功能都为车主的安全提供了很好的保障。

（3）大数据分析

交通流量预测使用大数据技术分析历史交通数据，预测未来的交通流量及拥堵情况。个性化出行服务基于用户行为数据，提供个性化的出行建议和路线规划。

（4）自动驾驶

从高级驾驶辅助系统（ADAS）到高度自动驾驶的各种技术正在迅速发展。一些城市和企业已经开始测试无人驾驶车辆，特斯拉的 Autopilot 系统可以在特定条件下实现自动驾驶，提高行车安全。我国的百度无人驾驶出租车已经在很多城市投放运行。

2. 潜在问题与挑战

智慧交通建设为我们提供了便利、高效、安全的出行环境，但凡事都有两面，智慧交通也给我们带来了潜在的问题与挑战，如图2-3所示。

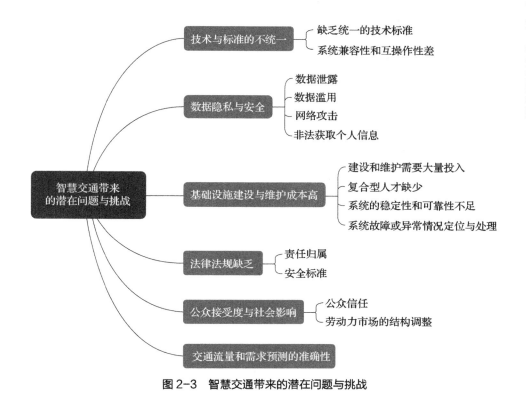

图 2-3　智慧交通带来的潜在问题与挑战

（1）技术与标准的不统一

智慧交通涉及众多技术领域，各国之间、不同企业之间缺乏统一的技术标准，导致系统兼容性和互操作性差。例如，车联网和自动驾驶技术需要全球统一的通信协议和安全标准。

虽然国际组织如联合国国际电信联盟（ITU）、国际标准化组织（ISO）以及国际汽车工程师学会（SAE）等，正积极促进跨国界的技术标准制定工作，它们正在共同研究并制定出车联网、自动驾驶等领域的国际通用标准。但目前来说，进展还不够迅速。

各企业间，也存在标准不一的情况。一些企业之间存在竞争关系，会在标准统一的过程中没有那么积极。

（2）数据隐私与安全

大量数据采集和使用必然带来隐私与数据安全的风险。数据泄露、滥用以及系统受到网络攻击可能导致严重后果。在利益驱动下，一些不法分子可能利用技术手段非法获取、加工、出售个人信息，严重侵犯了公民的隐私权。

例如，2016 年，Uber 遭受了一次严重的数据泄露事件，黑客获取了 5700 万名用户和驾驶员的个人信息，包括姓名、电子邮件地址、电话号码。涉事数据包括大约 60 万名驾驶员的驾照数据。Uber 在事件发生一年后才向公众披露此事，并被发现曾向黑客支付 10 万美元以要求删除被盗数据并隐瞒事件。

（3）基础设施建设与维护成本高

智能交通系统的建设和维护需要大量投入，特别是对现有道路和基础设施的升级改造。此外，随着自动化、大数据、云计算等先进技术的深度融合，智能交通系统对专业人才的需求日益增长。既懂技术又了解交通管理的复合型人才目前还很缺少。

另外，在维护和优化方面，系统的稳定性和可靠性、快速响应机制、系统故障或异常情况的迅速定位并处理，都是面临的挑战。

（4）法律法规缺乏

自动驾驶和车联网等新技术涉及一系列新的法律问题，如责任归属、安全标准等，目前全球范围内仍处于探索和试验阶段。

（5）公众接受度与社会影响

新技术需通过大量实践和教育来获得公众信任。同时，新技术的普及可能带来劳动力市场的结构调整，例如传统出租车驾驶员的就业问题。

（6）交通流量和需求预测的准确性

尽管大数据技术有助于提升预测准确性，但大规模非线性的交通流量变化仍然是一个复杂的问题，需要持续优化和改进。

智慧交通的建设是一个逐步推进和不断优化的过程，尽管面临诸多挑战，但随着技术的不断进步和社会的逐渐适应，它将为人们的出行带来极大便利和巨大的社会经济效益。

2.4 交通技术的发展历程

交通的发展，离不开技术的支撑。不论是古代的车马，还是近现代的机械化，交通技术和交通如影随形。交通技术是交通发展最重要的支撑，随着时代的发展，新的技术、新的应用，都会融入交通中，为我们的交通改善和效率提升提供了强有力的支撑。

我们梳理下近现代的交通技术发展历程，也就能从中窥到脑机接口等新技术的由来。

1. 机械化与基础设施建设阶段（19世纪—20世纪初）

从19世纪开始，直至20世纪的初期，人类在交通技术领域取得了显著的成就，这些成就主要集中在铁路运输、汽车发展和道路建设等方面。

在铁路运输领域，技术的进步和应用的显著提升主要体现在蒸汽机车的发明和铁路系统的广泛建设上。以1825年英国斯托克顿与达灵顿铁路的开通为标志，这是世界上首条公共铁路，它的开通标志着铁路交通的新纪元的开始。随后，铁路网络迅速扩展，这种扩展不仅极大地推动了工业革命和城市化进程的加速发展，而且还对整个社会经济产生了深远的影响。

铁路运输的变革，极大地提升了货物和人员的运输效率，使得物资的流通变得更加便捷，同时也促进了贸易的繁荣和经济的蓬勃发展。这种便捷的交通方式，使得各地的联系变得更加紧密，也为后来的经济发展奠定了坚实的基础。总的来说，19世纪到20世纪初期的交通技术发展，特别是铁路运输的发展，对于推动社会经济的发展和进步起到了重要的作用。

在汽车与道路建设领域，技术领域的一项关键性飞跃在于内燃机的诞生，而福特汽车公司所开创的流水线生产模式则堪称汽车制造业的一次革命性创新。以1908年福特公司推出的T型车为典范，该生产方式极大地削减了生产成本，促使汽车这一曾被视为奢侈品的商品逐步转化为普通家庭可触及的消费品范畴。这一历史性的转变，直接驱动了城市道路及高速公路网络的迅猛扩张与完善。

汽车工业的蓬勃发展，不仅加速了城市化的历史进程，更在深层次上重塑了人们的生活与工作格局。它引领了新型城市交通体系的诞生，极大地提升了人们的出行效率与便捷性，同时也为城市的持续发展与繁荣注入了强劲的动力与活力。

2. 电子化与自动化阶段（20世纪中期）

20世纪，电子化技术经历了飞跃性的发展，其变革性的进步不仅深刻地改变了人类社会的面貌，也为各个领域的发展注入了强大的动力。自动化技术在这一时期也得到了长足的发展，并成功渗透进了交通领域，为人类出行带来了前所未有的便捷与安全。航天技术领域更是迎来了革命性的变化，航空与雷达技术的突破性进展，使得人类飞向蓝天的梦想得以更加便捷和迅速地实现。

具体来说，在第二次世界大战结束之后，喷气式飞机的诞生以及雷达技术的巨大飞跃，对飞行安全性和速度的提升起到了决定性的作用。喷气式飞机以其更快的速度和更高的安全性，开启了民航新时代。在这个时期，波音和空客等航空业的巨头，开始将更多的精力投入到民用客机的设计与制造中，它们的产品不仅大大提升了全球航空业的整体水平，也对人们的出行方式产生了深远的影响。这一系列的技术变革，极大地缩短了世界各地之间的旅行时间，为全球范围内国际贸易的蓬勃发展，以及不同文化的广泛交流，提供了强有力的技术支撑和保障。

在交通信号控制方面，电子交通信号灯的普及和早期自动化交通信号控制系统的引入，象征着交通管理技术的一次重大飞跃。以20世纪60年代为例，美国各大城市开始大规模采用电子交通信号灯，并成功研发出初步的交通信号控制系统。这些系统的引入，旨在通过科学的管理，优化城市交通流量，提高交通效率。这一举措，不仅显著提升了城市交通的管理效率，有效缓解了交通拥堵问题，还大大降低了交通事故的发生率。这些技术的应用，对于提高公众的生活质量，保障道路交通安全，具有无法估量的价值。

3. 信息化阶段（20世纪末 — 21世纪初）

从20世纪的后半叶到21世纪初，信息化时代迎来了其充满活力和生机的黄金发展期。在这个时期，科学技术的发展速度可以用日新月异来形容，许多新兴的技术如雨后春笋般涌现出来，并且迅速渗透到交通领域中，其中最为突出的就是定位技术和气象技术。

对于全球定位系统（GPS）技术来说，它与应用卫星定位技术结合，并正式开放给民用，标志着一个新的时代的开始。以1995年美国解除对GPS的民用限制为例，这一举措直接催生了汽车导航系统以及智能手机GPS应用的快速普及。这一变革不仅实现了对车辆导航和路线规划的精准化，更在很大程度上推动了物流业的发展，同时也提高了个人车辆出行的效率。

智能交通系统作为信息技术在交通领域的深入应用，也取得了显著的进步。以1995年日本推出的道路交通信息通信系统（VICS）为例，该系统通过收集实时交通数据和气象信息，为驾驶员提供即时、准确的交通信息，从而实现了对交通流量的有效优化。这一技术的应用，不仅有助于缓解交通拥堵问题，提高了道路的使用效率，还显著增强了交通管理的智能化水平。

4. 互联网和大数据阶段（21世纪初至今）

随着自动化、信息化的发展，互联网时代已经到来。新的科学技术不断进入交通领域落地应用，互联网、大数据、云计算等，为交通设施建设、交通工具改进等提供了更多的想象空间。

互联网技术在交通领域的深入应用，实现了技术与实际需求的紧密结合，特别是通过构建互联网与移动应用为基础的共享出行平台。以Uber和Lyft等为代表的共享出行服务，通过智能手机应用程序作为媒介，成功地将乘客与驾驶员紧密连接，从而颠覆了传统的出租车服务模式，为公众出行带来了革命性的变化。

在大数据分析领域，技术的运用同样展现出了强大的潜力。通过整合传感器数据、详尽的交通流量记录以及用户行为数据，我们得以进行深度而全面的分析。这一过程中,诸如谷歌地图、高德地图、百度地图等应用发挥了至关重要的作用,它们利用用户的实时位置信息以及丰富的历史交通数据,为公众提供了高度准确的实时路况概览及最优路线规划建议。

大数据分析技术的广泛应用,不仅显著提升了日常交通的运行效率,更为城市交通系统的长远规划与科学决策提供了坚实的数据支撑与理论依据。这一变革性的进步,无疑为现代城市的可持续发展与交通管理模式的创新开辟了新的道路。

5. 物联网(IoT)与智能化阶段(今后)

在信息化、自动化、互联网以及大数据等核心技术的支撑下,我们的交通体系正逐步迈向更加人性化和智能化的新阶段。随着公众对智慧交通需求的日益多元化,在城市群集聚发展的背景下,人们对交通智能化的要求也达到了前所未有的高度。面对交通安全与交通拥堵等紧迫问题,新技术的引入已成为亟待解决的关键。

车联网技术作为关键一环,实现了车辆与车辆、车辆与基础设施以及车辆与网络(Vehicle-to-Network,V2N)之间的无缝通信。以特斯拉汽车的自动驾驶功能为例,该技术通过车联网平台,实现了车辆间的实时信息共享与基础设施的交互,从而显著优化了驾驶体验并增强了道路安全性。

车联网技术的广泛应用,不仅推动了自动驾驶技术的发展,还为实现事故预警、提升交通效率等提供了有力支持。展望未来,该技术有望彻底重塑交通格局,引领交通行业的深刻变革。

此外,智慧城市与智能交通系统的融合发展,更是将物联网、大数据、云计算及人工智能等前沿技术深度融合于城市交通管理之中。以杭州智慧交通系统为例,通过遍布城市的传感器与摄像头网络,结合大数据分析技术,实现了对城市交通的全方位实时监控与精准调控。该系统通过优化信号灯信号配时、调整交通流量分配等措施,有效提升了城市交通的运行效率与管理水平,极大地缓解了城市交通拥堵问题,为城市居民提供了更加便捷、安全、舒适的出行环境。

6. 人工智能与自动驾驶阶段

在现今的时代背景下，人工智能和自动驾驶技术正逐渐成为我们日常生活中不可或缺的一部分，尤其是在交通运输领域，自动驾驶技术的应用已经成为一种融合了人工智能技术、传感器技术以及实时数据处理的创新性成果，它正在推动着交通工具向高度自动化和智能化的方向发展。

以 Waymo 公司研发的自动驾驶汽车为例，这款汽车配备了多种传感器和先进的 AI 算法，能够准确应对各种复杂的道路情况，进行高效的路径规划和路况判断。特斯拉的 Autopilot 系统也是自动驾驶技术的一个重要里程碑，它展示了自动驾驶技术巨大的应用潜力。我国的问界汽车、比亚迪等汽车厂商，上市了多款辅助驾驶汽车，百度在多个城市投放了自动驾驶出租车，这都是自动驾驶方面的积极探索。

自动驾驶技术的推广和使用，预计将带来许多积极的影响。第一，它有望大幅降低交通事故的发生率，提高道路的安全性；第二，通过优化运输流程，提高运输效率，为社会的经济发展注入新的活力；第三，自动驾驶技术为那些因为身体条件限制而无法驾驶的人提供了新的出行方式，体现了科技的人文关怀。展望未来，自动驾驶技术可能会彻底改变私人出行和公共交通的现有模式，开启智慧交通的新纪元。

在交通预测和管理领域，机器学习和人工智能技术的结合应用正在逐渐成为主导趋势。通过构建先进的 AI 算法模型，我们能够实现对交通流量的精确预测和科学管理。例如，DeepMind 和英国政府合作利用 AI 技术实时监控和预测交通流量的变化，从而实现智能信号灯控制和交通流量的优化，有效地缓解了交通拥堵问题。更精确的交通预测不仅提高了交通管理的效率和精确度，还为城市规划提供了有力的科学依据，助力构建更加智慧、高效的交通系统。

总体来看，随着交通技术的不断进步，交通系统变得越来越复杂和智能。通过各个阶段的发展及其典型应用案例，我们可以看到技术进步对社会经济、城市发展及个人生活的深远影响。未来，随着技术的逐渐进步，交通系统将继续变革，朝着更加高效、安全、环保和智能的方向发展。

2.5 Sora 与智能交通技术的发展趋势

随着科技的不断发展，我们正在见证智慧交通领域经历一场前所未有的变革。从互联网的普及，到人工智能的应用，再到无人驾驶技术的出现，交通行业正在迎来数字化转型的新时代。在这个新时代中，科技的进步正在深刻地改变着我们的出行方式，使我们的生活更加便捷、高效。

互联网的普及极大地提高了交通行业的效率。交通系统与互联网结合，形成了新的交通形态。通过智能交通系统，我们可以实时获取路况信息，规划最优出行路线，避免拥堵，从而节省时间。此外，在线购票、预约出行等便捷服务也使我们的出行更加轻松。

人工智能技术的应用为交通领域带来了更多创新。例如，自动驾驶汽车的研发和测试正在全球范围内展开，有望解决驾驶疲劳、酒驾等安全隐患；智能交通信号控制系统可以根据实时交通状况调整信号灯的配时，从而优化道路资源分配，提高通行效率。

大数据和物联网技术在交通领域的应用也日益广泛。通过收集和分析海量数据，我们可以更好地了解交通需求和供给，为城市交通规划提供有力支持。同时，智能交通管理系统可以实时监控交通状况，对突发状况进行快速应对，保障道路交通的顺畅。

此外，我国正在积极推进新能源汽车的发展，以应对空气污染和能源短缺等问题。新能源汽车技术的不断创新，使得电动汽车的续驶里程、充电速度等关键指标不断提高，进一步推动新能源汽车在市场上的普及。

无人机、共享单车等新型交通工具的出现，为短途出行提供了更多选择。无人机在物流领域的应用，可以实现快速、安全的物品配送，降低物流成本。共享单车则为广大市民提供了绿色、便捷的出行方式，有利于缓解城市拥堵问题……

智慧交通在互联网、大数据、区块链、人工智能等技术的加持下，焕发出勃勃生机，让人无限憧憬。从互联网＋交通，到 Sora+ 交通，我们感受到了新技术带来的便利、安全、便捷和高效。

1. 互联网技术融入交通领域，奠定了智慧交通的新基础

互联网的普及和发展为智慧交通带来了全新的变革。在这个时代，互联网技术已经渗透到我们生活的方方面面，尤其是在交通领域，它的融入奠定了智慧交通的新基础。我们可以从以下 4 个方面来看待这一变革。

（1）出行方式的多样化

随着互联网技术的发展，人们的出行方式也变得更加多样化。如今，共享单车、共享汽车等新型出行方式应运而生，它们充分利用了互联网技术，为人们提供了便捷、绿色的出行选择。这些新型出行方式在很大程度上缓解了城市交通压力，改善了环境质量，促进了低碳出行。

（2）实时交通信息的获取与传递

智能手机的普及和移动互联网的发展，让人们可以随时随地通过手机 App 实时查询交通信息、规划路线、预订车票等。这样，人们在出行前就能够了解路况、拥堵情况，提前规划最佳路线，大大提高了出行的便利性和效率。

（3）交通管理部门的大数据支持

互联网技术为交通管理部门提供了大数据支持，实现了交通信息的实时监控和分析。通过大数据分析，交通管理部门可以更加准确地了解城市交通状况，为交通管理提供了更加科学的依据。此外，这些数据还可以为城市交通规划提供参考，有助于优化交通资源配置，提高道路利用率。

（4）智能交通系统的应用

互联网技术在智能交通系统中的应用也日益广泛。智能交通系统可以实现自动驾驶、车联网等功能，进一步提高交通的安全性、效率和便捷性。自动驾驶技术有望减少交通事故，降低交通拥堵，而车联网技术可以让驾驶员实时获取交通信息，提前避开拥堵路段，提高出行效率，这样一来，不仅提

高了出行的便捷性，还能有效减少燃油消耗和尾气排放，有利于环境保护和节能减排。

2. 智能交通系统的崛起，引领交通出行迈向新纪元

在互联网技术的基础上，智能交通系统应运而生。通过集成先进的信息技术、通信技术、传感器技术等，智能交通系统可以对交通状况进行实时监测和预测，为出行者提供最优路线规划，缓解交通拥堵问题。此外，自动驾驶技术的不断发展，使得无人驾驶汽车逐渐走向现实，未来智能交通系统将更加高效、安全、环保。

我国高度重视智能交通系统的发展，将其列为战略性新兴产业的重要组成部分。近年来，我国在智能交通领域的研究投入不断加大，关键技术取得重大突破。在此基础上，我国智能交通系统逐步建立起完善的产业链，包括基础设施、通信技术、智能终端等多个环节。

智能交通系统的发展对于经济社会的发展具有重要意义。首先，智能交通系统可以提高道路运输效率，缓解交通拥堵，进而提高城市运行效率。其次，智能交通系统可以优化资源配置，促进物流业的发展，降低物流成本。此外，智能交通系统还可以为政府决策提供数据支持，提高交通管理的科学性和准确性。

然而，智能交通系统的发展也面临诸多挑战。一是技术挑战，包括系统集成、数据处理、信息安全等方面的技术难题；二是政策挑战，需要政府出台相关政策法规，规范和引导智能交通系统的发展；三是社会挑战，需要提高公众对于智能交通系统的认知和接受程度。

未来，我国将继续加大对智能交通系统的投入和研究力度，推动关键技术的创新和突破。此外，我国还将加强国际合作，引进国外先进技术，推动智能交通系统的发展。到2025年，我国智能交通系统建设将取得重大进展，为人民群众提供更加便捷、舒适的出行环境。

智能交通系统的发展也将对汽车产业产生深远影响。随着自动驾驶技术的成熟，无人驾驶汽车将成为现实。这将有助于减少交通事故，提高道路安

全性。同时，无人驾驶汽车也有助于降低能源消耗，减少环境污染，符合绿色出行的理念。此外，无人驾驶汽车还将为出行服务产业带来新的商业模式，如共享出行、车载广告等。

3. 新能源汽车的推广，助力低碳环保出行

随着环境污染日益严重，新能源汽车逐渐成为交通领域的一大趋势。政府积极推动新能源汽车产业的发展，通过补贴、政策扶持等手段，鼓励消费者购买和使用新能源汽车。新能源汽车产业已经得到了广泛的关注和支持。从国家层面来看，政府制定了一系列政策措施，为新能源汽车产业的发展提供了有力保障。例如，政府出台了关于新能源汽车推广应用、充电基础设施建设、动力电池回收利用等方面的政策，明确了新能源汽车产业的发展方向和目标。此外，政府还加大了财政补贴力度，降低了新能源汽车的生产成本和消费门槛，促进了新能源汽车市场的快速发展。

在技术创新方面，我国新能源汽车产业取得了显著成果。近年来，国内外企业在新能源汽车领域加大了研发投入，推动了新能源汽车技术的不断创新。新能源汽车的性能、续驶里程、充电速度等方面都得到了显著提升，使得新能源汽车逐渐成为消费者的优选出行工具。

与此同时，新能源汽车充电基础设施建设也在加快完善。政府鼓励社会资本投入充电桩建设，扩大了充电桩的覆盖范围并提高了其利用率。目前，我国充电桩数量位居世界首位，为新能源汽车的普及和推广奠定了基础。

4. 共享出行模式的兴起，创新城市出行方式

近年来，共享单车、共享汽车等共享出行模式纷纷涌现，成为城市出行的一大亮点。共享出行模式充分利用现有资源，提高交通工具的利用率，降低出行成本，方便市民绿色出行。同时，共享出行模式还能有效缓解城市拥堵问题，促进城市可持续发展。

然而，共享出行模式在带给人们便利的同时，也面临着诸多挑战。一是市场竞争激烈，各企业为争夺市场份额，大量投入资金和人力，可能导致资源浪费；二是共享出行工具的乱停乱放现象日益严重，影响了市容市貌和交

通秩序；三是安全隐患不容忽视，如共享单车被盗、共享汽车事故等；四是用户隐私泄露问题，企业在提供服务过程中可能收集到用户个人信息，如何确保信息安全成为一大挑战。

面对挑战，共享出行企业也在努力寻求突破。一方面，通过引入人工智能、大数据等技术，提高共享出行服务的智能化水平，为用户提供更便捷、个性化的服务。另一方面，积极探索多元化发展，如共享单车企业引入共享电动车、共享自行车等业务，共享汽车企业尝试分时租赁、长短租等业务，以满足不同用户的出行需求。

5. 无人机配送业务的拓展，开启物流新篇章

无人机在物流领域的应用，为传统物流行业注入了新的活力。无人机可以快速、安全地将货物送达目的地，尤其在偏远地区和紧急情况下，无人机配送具有显著优势。随着无人机技术的不断成熟，无人机配送业务将逐步拓展，成为未来物流行业的一大发展趋势。

无人机配送能够提高物流效率。在传统物流过程中，货物运输受到地形、交通等因素的制约，而无人机则可以克服这些限制。无人机可以轻松穿越复杂地形，快速将货物送达目的地，大幅缩短了运输时间。此外，无人机还可以实现批量配送，进一步提高物流效率。

无人机配送降低了物流成本。无人机相较于传统运输工具，如汽车、火车等，具有更低的运营成本。无人机不需要燃料、驾驶员，且维护成本较低。此外，无人机还可以实现精确配送，减少物流过程中的损耗，降低物流成本。

无人机配送有助于实现绿色物流。无人机采用清洁能源，碳排放量较低，有助于减少环境污染。同时，无人机配送可以减少道路拥堵，降低交通事故发生率，从而减少能源消耗，实现绿色物流的目标。

此外，无人机配送还具有数据采集和监测能力。无人机在配送过程中，可以实时采集物流信息，为物流企业提供准确的数据支持。同时，无人机可以监测货物运输过程中的环境变化，如温度、湿度等，确保货物质量。

6. 交通领域的深度融合，构建未来出行生态圈

随着 5G、物联网等技术的不断发展，交通领域将与其他产业实现深度融合，构建起未来出行的生态圈。在此背景下，出行将变得更加便捷、智能、个性化，人们可以根据自己的需求选择合适的出行方式。同时，产业链上下游企业将共同推动交通领域的创新与发展，实现绿色、低碳、高效的出行目标。

出行领域的创新还将带动相关产业链的发展。例如，智能交通系统、车联网、大数据分析等技术的应用将催生一批新兴产业，为创业者提供广阔的发展空间。同时，出行服务提供商可以通过跨界合作，提供一站式出行服务，包括出行规划、预订、支付、数据分析等，提升用户体验。

为保障交通领域的安全与稳定，各方需共同努力，加强网络安全防护，防范黑客攻击和数据泄露等风险。同时，完善法律法规，规范市场秩序，保障消费者权益。

总之，随着 5G、物联网等技术的不断发展，交通领域将实现与其他产业的深度融合，构建起未来出行的生态圈。在此过程中，政府、企业和社会各界应携手共进，推动交通领域的创新与发展，实现绿色、低碳、高效的出行目标，为人们创造更美好的出行生活。

7. Sora 技术在交通领域可能的应用

在交通领域，Sora 技术可以应用于智能交通系统、智能车联网等方面，通过深度模拟真实物理世界，提高交通系统的效率和安全性。

（1）智能驾驶辅助系统

Sora 可以作为智能驾驶辅助系统的重要组成部分，通过实时监测道路状况、分析驾驶员行为和预测行车风险，为驾驶员提供智能化的驾驶建议，提高行车安全性。

（2）智能交通管理系统

Sora 可以应用于智能交通管理系统，通过对交通数据的实时分析，为交通管理部门提供优化交通信号控制、提高道路利用率等策略，从而实现城市

交通的智能化管理。

（3）公共交通智能化

Sora可以协助实现公共交通的智能化，如预测公交乘客流量、优化公交线路规划、实时监控公交车运行状况等，提高公共交通的服务质量和效率。

（4）智能出行服务

Sora可以为用户提供个性化的智能出行服务，如路径规划、出行时间预测、停车场预约等，方便市民出行，提高出行体验。

新技术的涌现，总能以非常快的速度融入我们的生活中，而这种融入在交通出行中表现得非常明显。回顾智慧交通与互联网、大数据、云计算、人工智能等技术的融合发展历程，我们能看到很多机遇和创新点，能看到交通因创新而更加美好和高效、便捷。

8. 脑机接口等新技术对未来交通影响畅想

脑机接口等新技术可以将交通运输引向更加智能、高效和环保的方向。通过引入先进的技术和数据分析，优化交通流量、提高交通安全和减少交通拥堵。脑机接口通过采集相关信息，Sora可以协助自动驾驶汽车更好地识别道路状况、预测行人行为以及判断其他车辆的行驶意图。通过深度学习算法和海量数据训练，Sora能够实时分析复杂的道路环境，并提供精确的驾驶建议。这将大大提高自动驾驶汽车的安全性，降低交通事故的发生率。

在自动驾驶方面，新兴技术将极大地解放人类，人们的行动将更加自由，从某地去往某地，自动驾驶将安全、高效地完成任务。但在一定程度上，这也可能导致驾驶员岗位的减少，从而引发就业问题。因此，在推广自动驾驶技术的同时，政府和企业需要加大对驾驶员培训和再就业的投入，帮助受影响的驾驶员顺利转型。

脑机接口调用各种信息，数据安全和隐私保护问题就会比较突出。在自动驾驶过程中，车辆需要不断收集和分析各种数据，以保障行驶安全。这意味着大量个人信息和敏感数据可能被泄露或滥用。因此，相关法律法规和技术的完善至关重要，以确保用户数据的安全和隐私得到充分保护。不管是国内，还是国外，政府必然要通过各种法律法规去约束相关参与者。

在公共交通领域，新技术可以助力打造更加智能、高效的出行服务。例如，地铁、公交等公共交通工具可以借助新技术进行实时调度，根据乘客需求和交通状况调整运行计划。这样一来，乘客的出行体验将得到大幅提升，出行时间更加准确。

脑机接口等新技术还会让交通规划更加合理、高效。交通部门在进行交通规划和建设时，通过分析历史数据和实时数据，AI可以预测未来一段时间内的交通需求，从而协助政府和企业制定合理的交通政策。例如，在新建道路、交通枢纽等方面，AI可以为决策者提供有力的数据支撑。

此外，脑机接口等新技术会让人类的交通视野更加宽广，人们足不出户而遍览全宇宙的梦想将得到实现。人们会乐于星级旅行，感受世界奇妙。

第3章
脑神经科学与交通行为概述

3.1 人车交互

脑神经科学与交通行为之间存在着复杂而多层次的关系,因为驾驶行为不仅依赖于个体的认知功能和心理状态,还受到各种神经系统机制的调控。研究脑神经科学有助于理解驾驶员的行为模式,从而改善交通安全、提升驾驶体验和优化交通管理。

1. 驾驶行为中的认知过程

驾驶是一项复杂的任务,涉及各种认知过程,包括注意力、视觉处理、决策、记忆和运动控制等。

(1)注意力

驾驶需要持续的注意力集中,分心会增加事故风险。脑神经科学研究表明,驾驶时前额叶、枕叶和顶叶皮层密切参与注意力调控。注意力不集中、疲劳或受到干扰(如智能手机使用)都会影响驾驶表现和安全。认知负荷较高的情况下,大脑活动模式也会发生变化,这对交通管理和驾驶员培训有重要启示。

(2)视觉处理

驾驶时,视觉信息是主要的信息来源。视觉皮层和相关处理区域负责解码道路状况、车辆运动和交通标志等信息。研究发现不同光照条件、天气状况对驾驶员视觉感知的影响，以及如何通过提升视觉辅助手段（如增强现实技术）来改善驾驶表现。

（3）决策与风险评估

驾驶需要快速判断和决策，其中涉及前额叶皮层和相关神经网络。神经科学研究显示了大脑在复杂情况下平衡风险和收益的工作过程，如在高密度交通中换道、过十字路口等。理解决策过程有助于开发 ADAS，提升自动驾驶系统的智能化水平。

2. 神经系统与驾驶压力

驾驶行为常伴有压力和情绪波动，这些都受到神经系统的影响。

高强度的交通环境（如高峰期拥堵）会引发压力和负面情绪，激活杏仁核等脑区。长时间高激情状态下驾驶员的决策能力和反应速度都会下降，增加事故风险。心理与脑神经科学结合的研究可以探索如何通过心理干预、优化驾驶环境（如提高车内舒适性）来降低驾驶员压力。

3. 脑科学在交通科技中的应用

脑神经科学的研究结果已经开始应用于改进交通管理和驾驶体验。

（1）驾驶员监控系统

通过脑电图和其他生理信号监测驾驶员的注意力、疲劳状态和情绪波动，实时调节驾驶辅助系统，防止事故发生。例如，使用前额叶的脑电图信号实时监测驾驶员的认知负荷，适时提醒休息或调整驾驶方式。

（2）认知需求优化和培训

研究驾驶员在不同驾驶任务中的认知需求，可以帮助设计更有效的驾驶培训课程和考试内容。基于脑科学的模拟驾驶培训可以更好地提升新手驾驶员的注意力和反应能力。

（3）自动驾驶与人机交互优化

脑科学研究可以帮助理解人类在驾驶过程中的决策和行为模式，为开发智能化和人性化的自动驾驶系统提供参考。设计更符合人类认知特点的人机交互（HMI），使驾驶员能够更自然地与自动驾驶系统进行互动，例如在交接控制权时做到平滑过渡。

驾驶疲劳是交通事故发生的一个重要诱因。为了应对这一问题，众多现代车辆已开始配备先进的疲劳监测系统。

这些系统利用脑电图信号技术，实时监测驾驶员的脑电波模式，以判断其是否处于疲劳状态，图 3-1 所示是人的脑电图中的几种波形。当系统检测到驾驶员的脑波中出现与疲劳紧密相关的特定信号模式，如 α 波（频率范围为 8~13Hz）和 θ 波（频率范围为 4~7Hz）的显著增加时，将立即向驾驶员发出休息提醒，并在必要时自动激活辅助驾驶功能，以减轻驾驶员的负担。

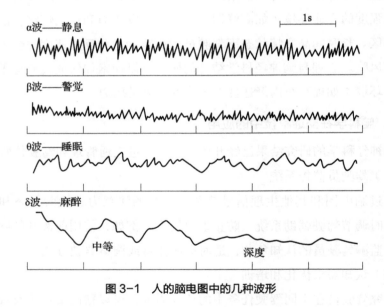

图 3-1　人的脑电图中的几种波形

值得注意的是，部分高端车型还进一步引入了摄像头技术和面部表情识别功能，与脑电波数据相结合，从而实现了更为精准的疲劳检测。

这些技术的应用，有效降低了由驾驶疲劳引发的交通事故风险，显著提升了驾驶过程的安全性。

这个过程就是一个非常典型的人车交互场景。

人车交互是指驾驶员与汽车之间的信息交换和沟通方式。它涵盖了从传统的仪表盘、方向盘、踏板、按键等物理界面，到触摸屏、中控显示器、ADAS等数字化和智能化界面的各个方面。有效的人车交互可以提高驾驶的安全性、舒适度和便利性。

以特斯拉为例，特斯拉的中控屏幕集成了车辆的诸多功能，如导航、娱乐、空调设置、车辆状态监控等，是主要的人车交互界面。我们能通过声控、触控和方向盘上的按键实现多模态交互。

特斯拉的人车交互有很多特点：界面直观简洁，其中控大屏设计简洁，功能分区明确；多模态交互，其触摸屏和语音交互融合，提供了多种交互手段；从导航到车辆控制，功能的无缝衔接提升了驾驶体验。用户可根据个人喜好调整界面布局和功能设置，提高使用便利性。

在使用自动驾驶功能时，系统会时刻监控驾驶员状态，确保其随时能接管车辆。在疑似分心或系统检测到无法安全自动驾驶的情况下会发出警告并逐级递进干预。

人车交互在智能驾驶的今天，应用范围越来越广。不过也存在一些难点。

4. 人机交互的难点

（1）人机交互界面设计复杂度

例如，信息过载问题需得到妥善解决，关键在于平衡显示信息的丰富性与驾驶员实际处理能力之间的关系，以确保驾驶安全，避免驾驶员因信息过多而分心。

同时，多模态交互技术的发展，融合了触摸、语音、手势等多种交互方式，为提升用户体验提供了新途径。然而，如何实现这些交互方式之间的无缝切换，并融入人性化设计理念，仍是一个亟待解决的重大挑战。

（2）用户体验与驾驶安全

在人机交互的实时性与响应效率方面，交互系统的设计必须强调高实时性与低延迟特性，以确保驾驶员能够迅速且准确地做出反应。在界面的设计过程中，应注重其直观性与易用性，特别是在驾驶环境中，复杂或烦琐的操作可能严重分散驾驶员的注意力，从而增加安全隐患。因此，界面的布局与操作流程需经过精心规划，以确保驾驶员能够轻松、快捷地完成各项操作。

（3）个性化与普适性

出于用户差异性考虑，在设计交互方式时，应充分考虑不同用户的驾驶习惯、身体条件（例如身高、视力等）以及个人偏好，以确保提供个性化的用户体验。在法规与标准方面，鉴于不同国家和地区在安全标准和法规方面存在的差异，设计过程中必须严格遵守并符合各个市场的特定要求。此外，人车交互设计需要考虑如何利用人的多个感官通道（如视觉、听觉、触觉）进行信息传递，同时避免通道间的干扰。

（4）技术集成与可靠性

系统的集成与兼容，涉及多个复杂系统（如导航、娱乐、通话等）的高效集成和兼容性调试。此外，系统必须高度可靠，避免在关键时刻出现故障，影响驾驶安全。

脑神经科学的研究成果为深入理解驾驶过程中人类认知和神经系统的运作机制提供了科学依据，进而为提升驾驶安全性和驾驶体验贡献了重要的技术手段。这不仅对个体驾驶员的安全具有直接意义，还对整个交通系统的效能优化和事故预防产生了深远的积极影响。

3.2 注意力与决策在交通行为中的影响

注意力与决策在交通行为中的影响是多方面的，关系驾驶员的反应速度、判断准确性和整体驾驶安全性。

1. 注意力在交通行为中的影响

注意力是心理资源的集中分配，帮助个体从环境中有效地提取必要信息并做出反应。在驾驶过程中，注意力需要长期保持集中，以应对复杂、动态且不可预测的交通状况。

（1）注意力分散

为什么会出现注意力分散的情况？从外部干扰因素看，这包括手机铃声的响起、其他乘客的交谈声，以及外界环境光线的变化等。从内部干扰因素看，主要是心理层面，具体表现为心理疲劳、情绪波动以及思维的暂时放空等状态。

多任务处理的情况也需被纳入考虑范畴，尤其是那些需要互动的任务，如导航过程中的操作、同时听音乐或进行电话通话，尤其是使用手机进行打字等任务，均可能对驾驶员产生一定的干扰。

反应时间的延长以及注意力的分散会显著增加驾驶员对突发状况（诸如前方车辆的紧急制动或行人的突然出现）的响应时间。此外，这种状态还可能导致驾驶员在决策上产生失误，例如违反交通信号指示或未能准确判断与周围车辆及行人的距离和速度等。

进一步地，驾驶员在注意力不集中时，其行车轨迹可能会偏离正常道路或车道，从而增加交通事故的风险。

（2）驾驶行为中的注意力管理

驾驶过程中，视觉注意非常关键，因此视觉搜索和注视点管理是注意力资源分配的重要方面。驾驶员需要在车道、后视镜、仪表盘和导航设备之间分配视线，合理的注意力分配可以提高驾驶安全性。

而长时间驾驶会导致心理疲劳，注意力持续衰退。脑神经科学研究发现，持久的疲劳状态会显著降低前额叶皮层的活跃度，这与认知能力下降直接相关。

2. 决策在交通行为中的影响

交通行为中的决策，直接关乎交通安全。驾驶需要快速、高效的决策能力。例如，在高速公路上变道、避让障碍物、应对前车紧急制动等情况下，驾驶员必须在短时间内做出决断。

而要短时间内做出决策，就需要强大的多重信息处理能力。例如速度、车距、交通信号、天气状况等，这要求驾驶员具备较强的感知和信息处理能力。

那么，是哪些因素在影响驾驶员的决策呢？如图 3-2 所示，影响驾驶员决策的因素有 3 种。

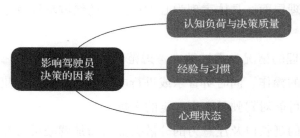

图 3-2　影响驾驶员决策的因素

首先是认知负荷与决策质量。当认知负荷过大时，决策可能不准确或反应延迟。研究显示，在高压力或复杂环境下，驾驶员容易产生"隧道视觉"现象，即注意焦点缩窄，忽略周边信息。

其次是经验与习惯。有经验的驾驶员通常能做出更准确的决策，因为他们能更好地预测和应对复杂的交通状况。但是，习惯性的错误决策也可能对交通安全构成威胁。

最后是心理状态。驾驶员的情绪和心理状态（如焦虑、愤怒等）会影响决策的准确性和反应时间。负面情绪可能导致过度激进或过于犹豫的决策行为。

3. 注意力与决策的交互作用

注意力与决策在交通行为中展现出显著的互补与互动关系。具体而言，当驾驶员能够保持注意力的高度集中并进行合理地分配时，他们便能够迅速且准确地捕捉到关键信息，进而做出有效且恰当的决策。反之，若驾驶员的注意力发生分散或资源分配不足，则可能导致关键信息的提取变得不充分，进而使得决策所依据的信息不完整或不准确，这无疑会极大地增加误判和交通事故的风险。

优秀的决策能力可以缓解某些情况下注意力不足带来的负面影响。例如，有经验的驾驶员在面临突发事件时，即使注意力有短暂分散，也能依靠快速反应和经验做出合理决策。

注意力和决策在交通行为中相辅相成，密不可分。通过深入理解这两个因素，以及它们如何相互影响，我们可以设计更安全、更高效的驾驶环境和辅助系统，有效减少交通事故的发生。脑神经科学和认知心理学的研究成果，为改进注意力与决策机制提供了科学依据和技术手段。

3.3 脑机接口与交通心理学的关联

脑机接口与交通心理学的关联为提升驾驶安全性和驾驶体验提供了新的思路和技术手段。脑机接口通过直接读取和解释大脑信号，能够在驾驶中应用于注意力监控、情绪调节和驾驶辅助等多个方面。

1. 脑机接口在交通心理学中的应用

脑机接口通过对驾驶员注意力的监控，能够通过一些方式、方法去改善驾驶员的情绪状态。

脑机接口可以实时监测驾驶员的注意力水平，检测分心、疲劳等不良状态。当系统检测到驾驶员进入放松状态（高 α 波活跃）或疲劳状态（θ 波频繁出现）时，可以发出警告信息，提醒驾驶员休息或重新集中注意力。

通过结合其他传感器信息（如眼动追踪、心率监测），脑机接口系统能够更准确地判断驾驶员的注意力状态，并提供个性化的干预措施，如调整车内环境（灯光、音乐）或启动自动驾驶模式。

这是初步的干预，接下来，脑机接口通过读取驾驶员前额叶皮层和其他情绪相关脑区的信号，就能够实时了解驾驶员的情绪状态，如焦虑、愤怒或疲劳。系统可以识别出可能影响驾驶行为的负面情绪，并主动采取措施如播放舒缓音乐或调整车内氛围。

此外，脑机接口系统还可以与驾驶员的情绪管理训练结合使用，通过反馈机制帮助驾驶员学会如何在驾驶过程中控制情绪，保持冷静和专注。

如果是在复杂的驾驶情境（如高密度交通、恶劣天气）下，脑机接口可以辅助驾驶员进行决策。通过直接读取大脑信号，判断驾驶员的意图（如换道、加速）并提供辅助决策。脑机接口系统还可以通过脑信号检测驾驶员的反应时间和决策质量，适时切换至自动驾驶模式，减少事故风险。

当驾驶员出现突发健康问题（如癫痫发作、突发晕厥）时，脑机接口系统能够迅速检测并自动接管车辆控制，确保驾乘安全。

2. 脑科学与交通心理学的交叉研究

研究发现，交通心理学通过研究驾驶员在不同驾驶任务中的认知负荷，理解其对决策效率和驾驶行为的影响。脑机接口能够实时监测和评估驾驶员的认知状态，提供数据支持，帮助优化驾驶界面和自动驾驶系统。

例如，结合脑机接口技术，设计更符合人脑认知负荷的人机交互（如增强现实抬头显示），降低驾驶员的认知负荷，提高驾驶安全性。

另外，还可以进行神经反馈与驾驶培训。利用脑机接口系统，驾驶员可以通过神经反馈训练（Neurofeedback）提升注意力、反应速度和情绪管理能力。这种训练方式通过实时反馈脑电波变化，帮助个体学会调控自身脑功能。例如，新手驾驶员在模拟驾驶训练中可以获得实时脑电波反馈，逐步学会如何在复杂驾驶情境中保持注意力集中。

此外，通过脑机接口结合驾驶模拟器，可以建立一个更逼真的训练环境，让驾驶员在安全、可控的环境下进行高强度训练。系统可以记录和分析驾驶员的脑电波数据，提供定制化的训练方案，逐步提升驾驶技能和应急反应能力。

脑机接口技术与交通心理学的结合，为提高驾驶安全性和提升驾驶体验提供了新的可能。通过实时监控与干预，加强驾驶员的注意力和情绪管理，并辅助决策和自动化控制，有望减少交通事故，提升整体交通系统的效能。尽管面临技术和伦理挑战，但随着科学技术的发展和社会认知的提升，脑机接口在交通领域的应用前景将越来越广阔。

第4章
脑机接口对智慧交通的影响

4.1 脑机接口与交通安全

在当前的交通系统中，驾驶员的注意力、反应速度以及生理状态是影响交通安全的关键因素。而脑机接口技术，通过实时监测驾驶员的大脑活动，能够精准地评估其当前的注意力水平、疲劳程度以及心理状态，从而提前预警潜在的驾驶风险。例如，当驾驶员出现分心、疲劳或情绪波动时，脑机接口系统可以立即发出警报，提醒驾驶员注意行车安全，甚至通过自动驾驶辅助系统接管车辆控制权，避免事故的发生。

1. 专注力与疲劳监测

脑机接口可以实时监测驾驶员的脑电波活动，及时检测出驾驶员的注意力状态和疲劳程度。通过分析这些数据，系统可以自动发出预警，甚至采取一定的自动化措施（如启动自动驾驶功能、调整车内环境等）来提高安全性。

例如，长途货车驾驶员常常面临长时间驾驶和夜间行车，容易出现疲劳驾驶。一个装配了脑机接口系统的货车可以实时监测驾驶员的脑电波，当系统检测到驾驶员的注意力下降或疲劳迹象时，可以做出相应的反应，如发出声光提醒，让驾驶员意识到自己需要休息。通过触觉反馈（如座椅振动）使驾驶员保持清醒。在极端情况下，激活自动驾驶模式，接管车辆的控制，把车安全地停靠在路边休息区。

广东工业大学的研究团队与吉利汽车合作，进行了一项关于脑机接口技术在汽车驾驶中的应用研究。他们通过脑电波信号和车辆的驾驶辅助系统结合，开发了一套智能驾驶系统，在驾驶员疲劳时能够自动进行干预。这种技术在实验中的表现很好，例如，在检测到驾驶员注意力低下或即将入睡时，可以发出警报或试图通过调整车内环境（如增加音乐音量）来保持驾驶员的清醒状态。

2. 紧急情况下的自动响应

在突发情况或驾驶员失去意识时，脑机接口可以立即感知到异常，并进行快速响应。例如，在驾驶员心脏停搏或昏厥的瞬间，脑机接口系统可以立刻接管车辆的控制权，将其安全地停靠在路边，从而避免二次事故的发生。

假设一位有癫痫病史的驾驶员在行车过程中突然发作，失去了对车辆的控制能力。脑机接口系统实时监测到异常的脑波活动，检测出驾驶员可能出现了异常情况。系统立即切换到自动驾驶模式，稳定车辆，减速并寻找合适的停车地点，将车安全地停在路边。同时，系统通过联网功能向医疗急救系统自动发出警报，提供车辆和驾驶员的定位信息。

例如，日产（Nissan）公司进行了多项涉及脑机接口的研究，旨在提升驾驶安全性和驾驶体验。其中的"Brain-to-Vehicle"技术，通过监测驾驶员的脑活动，可以在驾驶员做出操作意图之前提前 0.5s 执行车辆控制。这种提前响应可以显著提高反应速度和驾驶安全性。例如，日产的实验数据显示，在防止追尾碰撞和提高车道保持精度方面，脑机接口技术展现了明显的优势。

3. 更智能的驾驶辅助系统

脑机接口还可以帮助改进现有的驾驶辅助系统。通过更精确的脑电波监测，系统可以更好地理解驾驶员的意图，从而在驾驶过程中提供更智能的辅助功能，如车道保持、自动停车、避障等。

例如，在城市驾驶中，驾驶员需要频繁做出转向、停车、避让等操作。脑机接口系统监测驾驶员的脑波活动，结合外部的传感器数据，如摄像头和雷达，实时理解驾驶员的意图。当驾驶员有转向或变道意图时，系统会提前做出判断并辅助完成转向。在复杂的交通情境下，系统可以自动调整车速、转向角度并实时避障，降低交通事故的发生概率。

4. 交通事故的责任判定

在发生交通事故后，脑机接口记录的脑电波数据可以作为一种新的证据类型，帮助法院或保险公司更准确地判定事故责任。这类数据能够提供真实的驾驶员状态信息，如是否存在注意力分散、酒驾或毒驾等行为。

假设两辆车在十字路口相撞，双方驾驶员各执一词，都声称自己没有违规。调取事故前后几分钟内脑机接口系统记录的脑电波数据，分析双方驾驶员在事故发生时的注意力状态和反应情况。如果发现某一方驾驶员在事发前注意力显著下降或有疲劳迹象，则可以作为这方驾驶员的过失证据。结合车辆的行车记录仪数据，就可以实现更加公正、科学的事故责任判定。

5. 恢复驾驶能力

对于那些因残疾或疾病而丧失驾驶能力的人，脑机接口可能提供一种新的驾驶方式。例如，通过脑波控制车辆的起动、加速、转向等操作，使部分残疾人员重新获得驾驶的能力。

例如，一位因交通事故瘫痪的驾驶员希望能重新获得驾车出行的能力。脑机接口系统通过头戴式装置监测该驾驶员的脑波，并翻译成车辆的控制信号。驾驶员通过脑波指令控制车辆的起动、加速、制动和转向，实现基本的驾驶操作。车辆配备的自动辅助系统，在必要时提供辅助支持，确保驾驶的安全性。通过脑机接口系统，这位下肢瘫痪的驾驶员就可以重新获得驾驶的能力，大大提高其生活质量和社会参与度。

6. 交通安全教育与训练

脑机接口技术可用于模拟驾驶环境，通过监测受训者的脑电活动来评估其驾驶技能和决策能力。这种训练方式更接近真实驾驶体验，有助于增强驾驶员的安全意识和应对紧急情况的能力。

脑机接口技术在交通安全领域具有广阔的应用前景，但也需要克服不小的技术和伦理挑战。随着技术的不断进步和社会接受度的提升，这一领域将迎来更多的发展与创新。

4.2 脑机接口与交通拥堵治理

脑机接口在交通拥堵治理方面同样具有潜力，尽管这方面的研究和实践还在初期阶段。通过将脑机接口技术与智能交通系统（ITS）相结合，可以实现更多元化和精准化的交通拥堵治理方案。

1. 智能导航与实时决策

在诸多情况下，交通拥堵的成因并不仅限于道路容量本身的局限性，还深受驾驶员的反应速度、决策效率及路线选择策略等多重因素的综合影响。脑机接口技术作为一种创新解决方案，能够实时追踪并分析驾驶员的注意力集中程度及认知负担状态。该技术结合详尽的交通感知数据与先进的预测模型，为驾驶员提供高度动态且精准的导航指引。

当系统检测到驾驶员处于高认知负荷状态时，尤其是在面对复杂交叉路口或严重拥堵路段时，该系统将自动介入，优化当前行驶路径，选择更为畅通无阻的替代路线，以此减轻驾驶员的心理压力与身体疲劳。

此外，通过即时且直观的信息展示与语音提示机制，系统能够辅助驾驶员更加全面、准确地预判即将遭遇的交通状况，进而促使其做出更为科学合理的路线决策。

智能导航系统的实施，不仅有效提升了整体交通的流畅度，减少了因驾驶员不当决策所引发的次生拥堵现象；还显著增强了驾驶过程中的舒适度与安全性，为降低交通事故的发生率做出了积极贡献。

2. 交通管理与即时反馈

对于城市交通指挥中心而言，脑机接口在交通管理中的应用显得尤为关键。交通指挥中心肩负着实时监控与高效调度庞大城市交通网络的职责。借助脑机接口设备，交通管理人员能够显著提升对突发事件及交通流动态变化的响应速度。

脑机接口系统还能够协助监控中心精确捕捉交通管理人员的注意力焦点，于关键时刻提供增强的感知能力及决策支持。再融合大数据分析与人工智能技术的优势，可进一步实现交通信号控制的精准化及紧急应对措施的高效执行。

由此可见，脑机接口在提升城市交通管理的整体效率与准确性、有效缩短交通拥堵时间、增强道路通行能力方面有广阔的应用场景。而在遭遇突发事件时，脑机接口技术还能够加速应急响应流程，优化资源调度，确保迅速有效的应对措施得以实施。

3. 共享出行与优化调度

共享出行服务（如 Uber 和滴滴）在城市交通体系中占据举足轻重的地位，其调度效率与运营策略对于整体交通状况具有显著影响。为确保高效运营并优化用户体验，共享出行平台正积极探索并应用先进技术，其中脑机接口技术便是重要一环。

具体而言，通过脑机接口技术，平台能够实时监测驾驶员的驾驶状态与反应速度，从而更精准地评估其驾驶能力，为车辆调度策略的制定提供科学依据。在此基础上，平台结合 AI 模型对海量脑机接口数据进行深入分析，以预测乘客需求的高峰期，并据此提前进行车辆配置与路径规划，以实现资源的最大化利用。

在运营过程中，系统还具备实时调整调度策略的能力，通过智能算法迅速响应市场变化，减少因调度不当而导致的车辆空驶现象，进而缓解道路拥堵问题。此举不仅提高了共享出行服务的运营效率，还显著提升了用户的出行体验。

更为重要的是，通过更加精准的调度与路径优化，共享出行服务在减少城市道路上车辆数量的同时，也有效缓解了城市交通拥堵状况，提升了整体交通的流动性与效率。这一系列创新举措不仅展示了科技在改善城市交通方面的巨大潜力，也为未来城市交通的可持续发展提供了有力支持。

4. 区域交通协同与分流

大城市面临的交通拥堵问题，主要集中于特定区域与时间段。针对此问题，交通管理部门可借助脑机接口技术，精准监测特定情境下驾驶员的行为模式与心理状态，从而优化区域交通流动策略，实现精细化管理。

具体措施包括：动态调整交通信号灯配时、灵活实施交通分流与限行政策、有效引导车辆绕行拥堵区域、减轻交通负担。同时，配置智能指示牌与导航设备，实时为驾驶员提供最优行车路线，确保信息传达的及时性与准确性。

脑机接口在缓解关键区域的交通压力、提升整体交通系统的运行效率方面有很大的想象空间。此外，脑机接口还有助于增强驾驶员在复杂交通环境下的应变能力与安全意识，共同营造更加安全、顺畅的交通环境。

5. 自适应巡航与交通协同

自适应巡航控制（ACC）系统在车辆间距与速度控制方面展现出了显著的优势，然而，其性能仍有进一步优化的潜力。

为了充分挖掘这一潜力，我们提出将脑机接口技术与自适应巡航控制系统相结合的创新方案。该方案旨在通过实时监测驾驶员的意图与注意力焦点，实现对车辆速度与距离设置的精准优化。具体而言，系统将整合脑机接口数据以及交通环境感知数据，进行综合分析，并据此动态调整巡航速度。这一策略能够有效避免不必要的加速与减速操作，从而削弱交通波效应，使交通流更加平稳。

通过上述措施，我们不仅能够显著提升道路通行效率，减少交通拥堵现象，还能够在一定程度上降低油耗，促进绿色出行。此外，脑机接口技术的引入还极大增强了驾驶员的感知能力与决策支持，使得驾驶过程更加舒适与安全。

随着脑机接口技术的发展和应用场景的扩展，其在交通拥堵治理中的潜力值得期待。通过多方努力和创新，未来将逐渐看到更多实际应用案例和成效。

4.3 个性化驾驶体验

脑机接口技术在个性化驾驶体验方面具有巨大的潜力。通过读取和分析驾驶员的脑电波信号，它可以实时适应驾驶员的需求和情绪状态，从而提升驾驶舒适性、安全性和整体体验。

1. 个性化娱乐系统

在驾驶过程中，选用恰当的音乐与媒体内容对于显著增强驾驶体验具有积极作用。脑机接口能够即时监测驾驶员的脑电波活动，精确评估其情绪状态，包括但不限于放松、紧张及疲劳等情绪。

基于这些情绪状态的实时反馈，系统能够智能化地推荐并播放与当前情绪状态相匹配的音乐或媒体内容。具体而言，当系统检测到驾驶员处于疲劳状态时，将自动播放轻松愉悦的音乐，以缓解疲劳，提升驾驶员的精神状态；而当系统识别到驾驶员注意力高度集中时，则会选择播放更为激动人心的音乐，以进一步激发其驾驶激情与专注力。

这不仅有效提升了驾驶员的情绪愉悦度与整体驾驶体验，还通过音乐的调节功能，助力驾驶员保持高度的警觉性与注意力集中，从而在根本上预防了因疲劳驾驶可能引发的安全隐患，确保了驾驶过程的安全与顺畅。

2. 动态座舱环境调整

座舱环境的舒适度，涉及包括但不限于温度、亮度以及座椅位置等因素，对于提升驾驶体验具有至关重要的作用。脑机接口系统具备实时监测驾驶员舒适度与疲劳状态的能力，并能据此自动对座舱环境进行精细化的调节。

具体而言，脑机接口系统能够捕捉并分析驾驶员的脑电波信号，进而智能地调整座椅的角度，激活加热或冷却功能，以最大限度地提升驾驶员的舒适度。此外，系统还能根据驾驶员的精神状态，动态地调节车内的照明亮度与温度，营造出一个更加宜人的驾驶环境。

这不仅显著提高了驾驶员在行驶过程中的舒适度与整体驾驶体验，还有效地缓解了驾驶疲劳，从而进一步增强了驾驶的安全性。

3. 个性化驾驶模式

不同驾驶员展现出各异的驾驶风格与偏好。

脑机接口系统能够精准解析驾驶员的脑电波信号，深入洞察其驾驶倾向，无论是倾向于稳定驾驶还是追求激烈驾驶体验。

基于这些个性化分析，系统可智能调节车辆的动力输出、优化稳定控制系统及悬架设置，以完美匹配驾驶员的独特偏好。例如，在检测到驾驶员偏好激烈驾驶时，系统即刻提升动力响应速度，赋予车辆更澎湃的驾驶性能；而若驾驶员倾向于享受舒适的驾驶环境，系统则自动调整为更为平顺的驾驶模式，确保旅途的惬意与放松。这不仅显著提升了车辆的可操控性，增加了驾驶乐趣，还深刻满足了不同驾驶员的个性化需求，全面升级了驾车体验的愉悦度。

4. 个性化导航与路径规划

传统导航系统在设计路径时，往往仅聚焦于最短或最快路径的算法，却忽视了驾驶员的情感状态及个性化偏好这一重要维度。

而脑机接口系统则可以为导航系统注入全新的活力。它具备监测驾驶员情绪与个性化偏好的能力，诸如对沿途风景的喜好或是避开城市复杂交通的意愿，均能被其精准捕捉。

在此基础上，脑机接口系统可以巧妙融合实时路况信息与驾驶员的情绪状态，实现了路径规划的深度个性化。具体而言，当系统感知到驾驶员情绪放松且时间充裕时，它会倾向于推荐那些风景如画的道路，让驾驶之旅更加惬意；反之，若驾驶员心情紧张且时间紧迫，系统则会迅速调整为最优的快捷路径，确保行程的高效与顺畅。这不仅极大地提升了驾驶过程中的舒适度与愉悦感，更深刻地体现了对驾驶员个性化需求的尊重与满足，有力推动了导航技术向更加智能化、人性化的方向发展。

尽管脑机接口技术在个性化驾驶体验中的应用处于初期阶段，但已有一些相关研究和试验表明其巨大潜力：

1）日产汽车公司开发的 B2V 技术通过读取驾驶员的脑电波信号分析驾驶意图，并提前调整车辆参数。例如，这项技术可以在驾驶员即将转向或制动前几毫秒内提前准备，从而实现更流畅和响应更快的驾驶体验。这项技术有潜力显著提升驾驶舒适度和安全性。

2）现代汽车采用脑机接口技术研发了一种情绪识别系统，通过分析驾驶员的脑电波信号实时监控其情绪状态。这套系统可以根据驾驶员的情绪自动调整车内环境，如改变音乐、调节座椅和温度设置，从而提供个性化的驾驶体验。

未来，随着脑机接口技术的不断进步和日益成熟，以及多方力量的共同努力，脑机接口在个性化驾驶体验中的应用将逐渐成为现实，为驾驶员提供更加安全、舒适和个性化的驾驶体验。

4.4 脑机接口与绿色出行

脑机接口技术在推动绿色出行方面有着巨大的潜力。通过实时监测和解读用户的脑电波信号，其不仅可以优化驾驶体验，还能促进更环保和节能的出行方式。

1. 智能驾驶与能源管理

自适应驾驶模式对于优化车辆的能耗与排放具有显著作用。具体而言，该模式通过集成先进的脑机接口技术，实现对驾驶员意图与情绪状态的精准监测，包括但不限于高效驾驶、舒适驾驶及运动驾驶等多种驾驶风格。基于这些实时数据，系统能够智能地动态调整车辆的驾驶模式与能源管理策略，以确保驾驶过程与驾驶员的当前状态高度匹配。

进一步地，系统还具备强大的自我优化能力，能够依据驾驶员的即时反馈，精细化调控动力输出、能量回收效率以及空调系统的运行策略，以实现能源利用的最大化与能耗的最小化，从而达到最佳的节能效果。

自适应驾驶模式不仅显著提升了能源利用效率，有效降低了燃油消耗与尾气排放，还为用户提供了更为个性化的驾驶体验，有力推动了环保出行理念的普及与实践。

2. 智能导航与路径优化

生态驾驶导航系统是一种创新的导航解决方案，旨在超越传统导航系统对最短路径或最快路径的单一追求，而更加注重生态友好性的考量。

生态驾驶导航系统引入脑机接口技术，通过监测并分析驾驶员的脑电波信号，深入理解其对于环境保护的态度及偏好，特别是对于节能路径的偏好。这一独特功能使得系统能够更为精准地捕捉驾驶员的环保意愿。

在综合考虑实时交通数据、地理信息以及驾驶员的环保意愿后，该系统将智能地推荐最为节能的行驶路径。例如，它可能会引导驾驶员避开拥堵严重的路段，转而选择交通更为顺畅且地形相对平坦的道路，以减少车辆行驶过程中的制动和加速次数，从而达到节能减排的目的。

3. 环保意识与驾驶行为矫正

驾驶员在驾驶过程中的行为习惯对车辆的能耗及排放状况具有显著的影响。为了提升驾驶效率与环保性，脑机接口可以监测并分析驾驶员在驾驶过程中的各类行为模式，包括但不限于频繁急加速、急制动等不当操作。

通过集成实时反馈机制，包括但不限于视觉提醒与声音提示，脑机接口系统及时向驾驶员传达其驾驶行为的评估结果。这可以帮助驾驶员及时识别并纠正不良的驾驶习惯，进而引导其采用更为平稳且节能的驾驶方式。通过持续的反馈与指导，该系统不仅有助于提升驾驶的安全性，更能在长远角度上实现车辆油耗与排放的显著降低。

驾驶行为反馈一方面有助于长期减少车辆的油耗与排放，为环境保护贡献力量；另一方面，它还能够有效延长车辆的使用寿命，降低车主的维护成本。更为重要的是，该系统在培养驾驶员的环保驾驶习惯、增强其绿色出行意识方面发挥着不可替代的作用。

4. 与共享出行平台的整合

共享出行作为推动绿色出行的重要途径，其成效显著，然而，当前共享车辆的使用效率与用户体验仍有待进一步提升与优化。

脑机接口技术深度融入共享出行平台之中，能够通过监测用户的情绪状态及具体出行需求，实现更为精准与个性化的服务。它能够实时捕捉并分析用户的生理与心理状态，结合其历史偏好与当前需求，动态调整并优化共享车辆资源的分配策略。

例如，在用户感到疲劳或不适时，系统能够迅速响应，自动调度距离最近的电动共享汽车，并依据路况信息与节能标准，为用户规划出最为合理的行驶路线。这样不仅有效提升了共享车辆的使用效率，更在极大程度上增强了用户的出行体验与满意度。

长远来看，智能共享出行平台与脑机接口的融合，将有力促进共享电动汽车的广泛普及与高效利用，进而减少整体交通领域的碳排放量，为实现绿色、低碳的出行方式贡献重要力量。

随着技术的不断进步和应用场景的扩展，脑机接口技术在推动绿色出行方面展现出巨大潜力。它不仅能够个性化和优化驾驶体验，还能通过智能能源管理、路径优化和驾驶行为矫正等方式，促进更为环保和节能的出行方式。

4.5 脑机接口与政府政策供给

习近平总书记强调："人工智能是引领这一轮科技革命和产业变革的战

略性技术，具有溢出带动性很强的'头雁'效应。"2017年，国务院印发的《新一代人工智能发展规划》明确提出，"到2030年人工智能理论、技术与应用总体达到世界领先水平，成为世界主要人工智能创新中心"。为实现这一目标，我国全面加大对人工智能的投入，推动智能制造、智能交通和城市管理等多个领域发生深刻变革。当前，人工智能已成为科技创新和经济转型的关键驱动力，脑机接口就是人工智能发展过程中一个关键要素。

随着科技的飞速发展，人工智能（AI）已逐渐成为推动社会进步的重要力量。然而，在人工智能迅猛发展的过程中，其潜在的安全风险也日益凸显。特别是脑机接口这样的技术，一方面会采集人的各种信息，另一方面要对人的相关信息做出反馈，这不但牵涉个人的隐私信息，更涉及个人安全与人类伦理。

这些风险不仅制约了人工智能技术的进一步发展，更对我国及全球的政治、经济和社会安全产生了负面影响。因此，如何同步推进人工智能技术与提升人工智能安全治理能力，已成为全球范围内的共识和紧迫任务。

在技术层面，脑机接口安全风险主要包括数据安全、算法安全和系统安全等。随着大量数据被用于训练AI模型，数据安全问题日益突出。一方面，数据隐私保护成为关键议题，企业和个人隐私信息安全受到威胁；另一方面，数据歧视、数据滥用等问题也可能导致不公平和社会矛盾。此外，AI算法的不透明、不可解释性以及潜在的偏见，使得算法安全成为不容忽视的问题。不合理或不公正的算法可能导致不公平的决策，进而影响社会稳定。同时，AI系统的安全也至关重要。一旦系统遭受黑客攻击或被恶意利用，可能对国家安全、公共安全等领域产生严重后果。

在政治层面，脑机接口影响下的人工智能安全风险将对国家政治稳定产生影响。一方面，敌对势力可能利用AI技术进行网络攻击、间谍活动和舆论操控，对我国政治安全构成威胁。另一方面，在全球范围内，AI技术的发展和应用可能导致新的数字鸿沟和政治不平衡。发达国家与发展中国家在AI领域的差距将进一步加剧国际政治竞争，甚至引发地缘政治紧张。

在经济领域，脑机接口影响下的人工智能安全风险主要体现在金融、能源、基础设施等方面。AI 技术的广泛应用使得关键基础设施更加智能化和互联化，但同时也增加了遭受网络攻击的风险。一旦关键基础设施受到破坏，可能导致国家经济衰退甚至社会动荡。此外，AI 技术在金融领域的应用也存在风险。例如，人工智能助手在金融投资、风险评估等方面的失误，可能导致金融市场波动和不稳定。

在社会层面，脑机接口影响下的人工智能安全风险将对民众的生活质量和心理健康产生负面影响。随着 AI 技术在教育、医疗、就业等领域的应用，人们越来越依赖智能设备和服务。然而，一旦 AI 系统出现故障或被恶意利用，可能导致民众生活受阻、医疗资源紧张以及失业等问题。此外，过度依赖 AI 技术可能导致人们的心理压力增加，人际交往能力减弱，进而影响社会和谐。

习近平总书记在十九届中共中央政治局第九次集体学习时强调，"要加强人工智能发展的潜在风险研判和防范，维护人民利益和国家安全，确保人工智能安全、可靠、可控"。人工智能安全已成为技术创新与社会发展的关键环节。因此，我们需要有效应对人工智能安全风险挑战，加快提升人工智能安全治理能力，确保人工智能健康有序安全发展，持续推动产业数字化智能化转型升级。

政府对脑机接口等人工智能技术，一方面是鼓励其发展，另一方面是规范化其发展，为其发展提供政策供给，通过法律法规制定相应的监管和保护措施。这不但能保障脑机接口等新技术的发展，更能对其健康发展提供约束力，以保障国家和人民的利益。

1. 脑机接口等人工智能法律法规体系会出台并完善

脑机接口技术的广泛应用，可能导致隐私泄露、安全隐患、社会伦理等问题。例如，在医疗领域，患者数据的安全和隐私保护至关重要。此外，随着技术的发展，黑客攻击脑机接口设备的风险也在增加。从伦理角度来看，脑机接口技术可能引发人类对自身身份和意识的思考。

为应对脑机接口技术带来的挑战和风险，我国政府将逐步出台相关法律法规，确保技术在合规、安全的轨道上发展。以下为可能的法律法规方向。

（1）数据安全和隐私保护

规范脑机接口设备收集、存储、处理和传输患者数据的行为，加大对泄露患者信息的处罚力度。

（2）产品质量和安全监管

制定脑机接口设备的生产、销售、使用标准，确保产品质量可靠，防止不合格产品进入市场。

（3）临床试验和伦理审查

加强对脑机接口技术临床试验的监管，确保试验过程合法、合规，充分考虑患者的权益。

（4）人工智能与人类协作

明确人工智能在医疗、教育等领域的职责和权限，规范人机协作模式，确保人类在决策过程中的主导地位。

（5）社会伦理和道德规范

引导脑机接口技术的研究和应用遵循伦理道德原则，防止技术滥用和不道德行为。

2. 在促进 AI 算法公平、透明和可解释，减少潜在的偏见和歧视方面，提供政策供给

（1）政策层面

我国政府高度重视 AI 算法公平、透明和可解释问题。相关部门会出台一系列政策法规，明确规定 AI 应用在数据收集、算法设计、技术研发等方面的要求。例如，针对金融、医疗等领域的 AI 应用，要求企业在数据采集和处理过程中遵循最小化、目的限制、同意原则等，确保数据安全和个人隐私不受侵犯。此外，还要求 AI 算法在设计过程中充分考虑公平、透明和可解释性，减少潜在的偏见和歧视。

（2）技术研发方面

会鼓励企业和科研机构加大投入，研发具有自主知识产权的 AI 算法。

通过技术创新，提高算法的准确性、可靠性和安全性，从而降低潜在的偏见和歧视。同时，鼓励企业采用可解释性 AI 技术，让算法在决策过程中更加透明，有助于消除公众对 AI 的疑虑和担忧。

（3）推动 AI 人才培养方面

提供政策供给，以提高整体行业水平。通过加强 AI 领域学科建设、设立相关专业、加大人才培养力度等举措，培养一批具备专业素质和伦理意识的 AI 人才。这些人才将成为推动 AI 算法公平、透明和可解释的重要力量，为我国 AI 产业发展提供坚实支撑。

（4）普及方面

对 AI 伦理和法律法规的宣传普及会加大力度，以提高全社会对算法公平、透明和可解释的认识。通过举办各类宣传活动、培训课程等，让广大民众了解 AI 伦理原则，引导企业、研究人员和公众共同关注 AI 算法公平、透明和可解释问题，形成良好的社会氛围。

3. 在提升 AI 系统安全、加强网络安全防护、防止黑客攻击和恶意利用方面出台相关法律法规

我国会进一步完善相关法律法规，明确黑客攻击 AI 系统的法律责任。对于违法行为，会依法严厉打击，切实保护脑机接口等 AI 系统的安全。此外，会加强对 AI 系统在数据处理、传输等方面的监管，确保数据安全。

此外，在国际合作方面，我国更会积极参与国际网络安全事务，加强与其他国家在脑机接口等 AI 系统安全领域的交流与合作。共同应对全球网络安全挑战，维护网络空间和平与稳定。

中篇

操作层

第 5 章
脑机接口与交通控制

5.1 脑机接口与交通信号灯控制

如今，脑机接口技术正迅速崛起，成为交通管理领域的创新力量。通过直接将人类大脑信号转化为计算机指令，脑机接口技术为交通信号灯控制带来了全新的智能化解决方案。未来，脑机接口技术有望大幅度提升交通流量的管理效率和安全性，彻底改变传统的交通控制模式。

交通信号灯作为交通管理系统的关键组成部分，其效率和响应速度直接影响整个交通网络的通行能力和安全性。传统信号灯控制方式依赖预设程序和人工干预，难以灵活应对实时变化的交通状况。而脑机接口技术通过实时采集和分析交通管理人员或驾驶员的脑电信号，能够即时调整信号灯的时长和切换频率，从而实现更为精准和动态的控制。这种智能化的控制方式，不仅有助于缓解交通拥堵，还能显著减少人为操作失误引发的交通事故。

在交通信号灯控制中，脑机接口技术的应用前景非常广阔。随着神经科学、人工智能和大数据技术的不断进步，脑机接口系统的精度和响应速度将进一步提升，应用范围也将不断扩展。脑机接口技术与其他智能交通系统

（如自动驾驶、车联网○等）的深度融合，将构建更加智能化和协同化的交通管理网络。多系统的协同工作，不仅能够提升整体交通管理效率，还能提供更加个性化和人性化的出行服务。

脑机接口技术在交通信号灯控制中的应用，还将推动智能交通的发展，提升交通系统的整体智能化水平。通过实时监测交通流量、天气状况和突发事件，脑机接口系统可以动态调整信号灯的控制策略，优化交通流量，减少车辆等待时间，提高道路通行能力。同时，通过监测驾驶员的疲劳和注意力状态，脑机接口系统能够提前预警并采取干预措施，进一步提升交通安全性。

然而，脑机接口技术的应用也面临诸多挑战。信号采集和处理的精度、系统的稳定性和响应速度等技术问题仍需进一步解决。同时，数据隐私保护和技术监管等法律和伦理问题也需得到重视和解决。尽管如此，脑机接口技术在交通管理中的巨大潜力和发展前景不可忽视。

下面，我们将深入探讨脑机接口技术在公路、水运、铁路和民航信号灯控制中的具体应用，通过熟悉这些不同交通领域的发展，以及脑机接口技术在这些领域的实际操作方法和应用效果，全面地了解脑机接口技术如何在智慧交通管理中发挥其独特的优势和作用。

5.1.1 脑机接口与公路信号灯控制

随着科技的迅猛发展，脑机接口技术逐渐成为交通管理领域的重要革新力量。通过直接读取和解读大脑信号，脑机接口技术为公路信号灯控制提供了一种智能化和人性化的解决方案。这种技术不仅提高了交通流量管理的效率，还大幅提升了交通安全性和响应速度。

在脑机接口应用于公路信号灯控制的过程中，需要充分考虑交通管理的

○ 车联网主要指，车辆上的车载设备通过无线通信技术，对信息网络平台中的所有车辆动态信息进行有效利用，在车辆运行中提供不同的功能服务。

复杂性和实时性。核心设备包括脑电波⊖采集设备、信号处理单元和信号灯控制器。脑电波采集设备通过非侵入式的头戴装置，实时捕捉交通管理人员或驾驶员的脑电信号，这些信号随后被传输到信号处理单元进行处理和分析。

　　脑机接口在公路信号灯控制领域的实施步骤主要包括三步。首先，在交通管理中心或重要路口安装脑电波采集设备和信号处理单元；其次，确保这些设备能够稳定地采集和传输脑电信号；最后，信号处理单元将解析后的信号转化为信号灯控制指令，并通过信号灯控制器执行这些指令。

　　其中，信号灯控制逻辑是脑机接口系统的核心，决定了如何将处理后的脑电信号转化为具体的信号灯控制指令。先进的控制算法不仅能够识别交通管理人员的意图，还能根据实时交通状况动态调整信号灯的切换频率和时长。

　　例如，在高峰时段，系统可以根据实时监测的数据，自动延长绿灯时间，减少车辆积压；在发生交通事故或紧急情况时，系统能够快速调整信号灯状态，为救护车等应急车辆提供优先通行权。这种动态调整不仅提高了交通流量管理的效率，还显著提升了交通安全性。

> 　　近年来，脑机接口技术的应用场景不断扩展，在山西转型综合改革示范区，每当渣土车、货车等重型车辆的驾驶员出现疲劳、分神驾驶等行为时，车内设备便会发出预警，最大限度地防止交通事故的发生。这套信号灯控制设备由山西帝仪通安科技有限公司（简称"帝仪科技"）研发，名为"便携式脑机接口驾驶安全智能防控系统"。
>
> 　　帝仪科技基于脑电、心电、肌电、血氧等多种生理电信号的便携

⊖ 脑电波（Electroencephalogram，EEG）是一种使用电生理指标记录大脑活动的方法，大脑在活动时，大量神经元同步发生的突触后电位经总和后形成的。它记录大脑活动时的电波变化，是脑神经细胞的电生理活动在大脑皮层或头皮表面的总体反映。脑电波来源于锥体细胞顶端树突的突触后电位。脑电波同步节律的形成还与皮层丘脑非特异性投射系统的活动有关。脑电波是脑科学的基础理论研究，脑电波监测广泛运用于其临床实践应用中。

式采集，利用生物传感器、便携式穿戴设备和信号处理技术，实时采集多维度生物信号，并通过人工智能技术进行分析，将驾驶员的生理、心理状态数字化，提供智能化的安全监控解决方案。

该系统由车辆驾驶室内的摄像头、测速雷达，驾驶员佩戴的便携式脑电帽、智能手环，以及后台监控预警平台组成。自 2020 年 6 月起，该系统在山西转型综合改革示范区的 48 家企业 866 辆重型车辆上陆续配置，构建了事前提醒预警、事中及时报警、事后有据可依的全方位驾驶安全预警体系。系统在触发预警后，会自动录制视频、抓拍照片，上传至监管平台，及时提醒驾驶员注意安全。

在应用过程中，帝仪科技不断优化产品功能，完善服务体系，提高系统的实用性和可靠性。2023 年，帝仪科技参与了公安部重点实验室课题"机动车驾驶人疲劳驾驶违法行为判断、预警、干预技术研究"，并参与起草和修订了公共安全行业标准《机动车驾驶人疲劳驾驶认定规则》。帝仪科技还对外宣布，未来将计划进一步拓展脑机接口技术在医疗康复健康领域的应用，形成全方位的智能化安全监控解决方案。

"便携式脑机接口驾驶安全智能防控系统"的应用成果展示了脑机接口技术在公路信号灯控制中的应用潜力，还表明了其在提升交通安全性、降低事故率方面的实际效果。通过这样的创新应用，脑机接口技术正在为智慧交通管理带来革命性的变化。

脑机接口技术在公路信号灯控制中的应用，展现了其巨大的潜力和广阔的前景。通过实时采集和处理脑电信号，脑机接口系统能够实现智能化和人性化的信号灯控制，不仅提升了交通管理效率，还大幅度提高了交通安全性。这一技术的成功应用，标志着交通管理迈入了一个全新的智能化时代，为未来交通系统的发展提供了强有力的技术支持。

5.1.2 脑机接口与水运信号灯控制

在科技强国战略目标指引下，如今各种新兴技术正在不断加强与社会发展的各个领域结合。交通作为强国基础，自然是重中之重，脑机接口的应用领域也在不断拓宽。水运作为交通的重要组成部分，如何通过智能化手段提高管理效率和安全性，也成了脑机接口技术针对性解决的问题。

水运是全球贸易流动的重要运输方式，其管理效率和安全性一直是关注的焦点。传统的水运信号灯控制主要依赖于预设程序和人工干预，面对复杂多变的水运环境，存在响应速度慢、灵活性差等问题。脑机接口技术的引入，为水运信号灯控制提供了一种全新的解决方案，能够根据实时脑电信号进行动态调整，提高管理效率和安全性。

脑机接口系统在水运信号灯控制中的应用逻辑与公路信号灯控制类似，都是通过在港口、船只等主要交通工具上安装信号采集设备，之后将接收到的信号上传到信息处理中心，由信息处理中心将其转化为控制指令，信号灯控制器再根据处理单元的控制指令，调整信号灯的状态。

在水运交通的实际应用过程中，船只、港口等脑电波采集设备通过电极捕捉操作员的脑电活动，将数据及时上传，智慧交通信号处理单元利用机器学习算法和神经网络模型对信号进行处理和分析，识别出操作员的意图，并生成相应的信号灯控制指令。这些指令通过控制器执行，调整信号灯的状态。

目前，在全球范围内虽然还没有大量公开的实际应用案例，但是业内一致认为脑机接口技术在水运信号灯控制中的潜在应用方向和前景非常广阔。这些应用方向主要集中在以下几个方面。

（1）动态航道管理

脑机接口技术可以实现对船舶操作员状态的实时监测，根据操作员的注意力和疲劳状态，动态调整航道信号灯，优化通行效率。尤其在高峰时段，可以通过延长绿灯时间减少拥堵，提高航道的通行能力。

（2）紧急情况处理

在突发紧急情况下，脑机接口系统能够快速识别操作员的紧张和应激反应，优先为救援船只提供通行权，确保紧急响应的高效和及时。

（3）自动化与智能化融合

脑机接口技术与自动驾驶船舶和智能导航系统的结合，可以实现全自动化的水运管理。例如，在无人船舶的远程控制中，通过操作员的脑电信号实现精确的远程操作和指挥。

（4）安全监测与预警

脑机接口技术可以实时监测操作员的健康和状态，当检测到操作员疲劳或分心时，系统会自动发出预警并调整信号灯状态，防止因操作失误引发的安全事故。

（5）环境监测与保护

脑机接口系统还可以集成环境监测功能，例如实时监测水质和气象条件，自动调整航道信号灯，确保航运活动的安全和环境保护。

随着脑机接口技术的不断进步，系统的性能和稳定性将进一步提升。未来，脑机接口系统有望与其他智能交通系统（如船舶导航系统、自动驾驶船舶等）深度融合，构建更加智能化和自动化的水运管理网络。

总之，脑机接口技术在水运信号灯控制中的应用，能够为现代水运管理提供全新的解决方案。通过实时采集和处理脑电信号，脑机接口技术能够实现水路交通运输的智能化和人性化的运输控制，及时提升水运管理效率和安全性。

5.1.3 脑机接口与铁路信号灯控制

在铁路交通管理领域，脑机接口技术的引入预示着铁路信号灯控制的未来将更加智能化和高效。通过脑机接口技术的应用，可以显著提高铁路信号灯的响应速度和控制精度，从而改善铁路运输的安全性和效率。

铁路信号灯控制系统在铁路运输中扮演着关键角色。传统的铁路信号灯控制依赖于复杂的硬件系统和人工操作，而数字时代来临后，大数据[⊖]、

⊖ 大数据（Big Data），或称巨量资料，指的是所涉及的资料量规模巨大到无法透过主流软件工具，在合理时间内达到撷取、管理、处理并整理成为帮助企业经营决策更积极的资讯。

人工智能①等前沿技术的应用极大提升了铁路管理系统的智慧性，而脑机接口技术的应用还会促使铁路发展的智慧升级。

从技术层面分析，以往大数据、AI等技术主要是针对铁路交通硬件设施的智慧性提升，而脑机接口技术则将这种智慧性提升范围扩展到了铁路操作人员，通过直接从操作员的脑电信号中提取意图，进行即时的信号灯控制，从而解决传统系统的延迟和响应不足的问题。

目前，全球各国都在加强脑机接口技术在铁路交通领域的应用测试，主要焦点是通过监测相关人员大脑活动进而对人员精神状态、精神健康进行测量和监控，同时分析相关人员的专注力和情感状态，以此让计算机更加理解和配合人类情绪。已经取得的最大成果为相关工作人员的疲劳程度和注意力分析检测，避免因为过度疲劳或精神负担带来的铁路交通危险。

在一些铁路研究项目中，全球多个实验室已经探索了脑电波信号在自动化控制中的应用。例如，一些实验利用脑电信号控制模型列车的运行，展示了脑机接口技术在高精度控制中的潜力。这些实验表明，脑机接口技术能够在高负荷操作环境中提供即时反馈，从而优化系统响应时间。

而一些铁路智能监控系统已经开始采用类似的技术进行状态监测和预警。这些系统通过监测操作员的生理和心理状态来提高安全性，虽然不是直接控制信号灯，但为脑机接口技术在铁路领域的应用奠定了基础。

相关信息显示，目前新加坡南洋理工大学、韩国三星公司、新加坡信息通信研究所、澳大利亚悉尼科技大学、北京理工大学、上海交通大学、北京航空航天大学、东北大学、北京工业大学、哈尔滨工业大学和华中科技大学等都在基于无创式脑机接口和机器学习进行研究和验证。通过相关研究分析，可以总结出脑机接口技术在铁路交通的应用场景与发展方向目前主要集

---

① 人工智能（Artificial Intelligence），英文缩写为AI，是新一轮科技革命和产业变革的重要驱动力量，是研究、开发用于模拟、延伸和扩展人的智能的理论、方法、技术及应用系统的一门新的技术科学。人工智能是智能学科重要的组成部分，它企图了解智能的实质，并生产出一种新的能以与人类智能相似的方式做出反应的智能机器。人工智能是十分广泛的科学，包括机器人、语言识别、图像识别、自然语言处理、专家系统、机器学习、计算机视觉等。

中在三个方面，如图 5-1 所示。

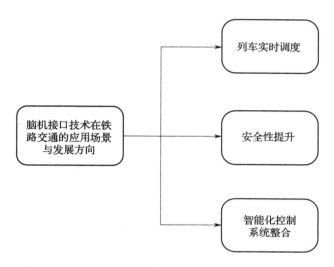

图 5-1　脑机接口技术在铁路交通的应用场景与发展方向

1. 列车实时调度

脑机接口技术可以实现对列车控制员状态的实时监测，自动调整信号灯状态以优化列车调度。例如，当操作员注意力集中度降低时，系统能够自动进行调整，避免人为因素导致的调度错误。

2. 安全性提升

脑机接口系统可以监测操作员的疲劳程度和情绪状态，并据此调整信号灯控制策略。例如，在操作员疲劳时，系统可以增强警示信号的频率，降低列车速度，以提高行车安全性。

3. 智能化控制系统整合

随着技术的发展，脑机接口技术可以与自动化列车控制系统和智能铁路调度系统进行整合，实现更高水平的智能控制。例如，结合机器学习算法，脑机接口系统可以不断优化信号灯控制策略，提高系统的整体效率和安全性。

总之，脑机接口技术在铁路信号灯控制中的应用，虽然目前尚处于探索阶段，但其潜力巨大。随着脑机接口技术的不断进步，其在铁路信号灯控制中的应用前景广阔。未来，脑机接口技术有望与更先进的传感器技术和人工智能系统结合，实现全面智能化的铁路交通管理。通过不断优化技术和系统设计，脑机接口技术将为铁路运输提供更加精准和高效的解决方案。

5.1.4 脑机接口与民航信号灯控制

在我国综合立体交通网络中，航空交通的地位不断提升，确保机场运行的高效和安全变得越来越重要。脑机接口技术作为一种新兴的智能控制手段，恰恰能够为民航信号灯控制带来智慧化升级。

机场信号灯系统主要用于引导飞机的起降和地面滑行。由于飞行环境的复杂性和高安全性要求，传统的信号灯控制系统在应对突发状况和实时变化的飞行环境时存在响应速度慢和灵活性不足的问题。脑机接口技术通过实时捕捉空管员的脑电信号，可以更快速地调整信号灯状态，增强对突发情况的应对能力。

在民航领域，脑机接口技术的应用主要针对飞行环境的复杂性和多变性。目前，这一技术的测试实验方向有以下3个：

1）脑电信号与环境数据融合：将脑电信号与实时环境数据（如天气状况、跑道情况等）相结合，脑机接口系统能够更智能地调整信号灯状态。例如，在恶劣天气条件下，系统可以根据空管员的紧张程度和环境变化，动态调整信号灯，确保飞行安全。

2）多维度信号处理：除了脑电信号，脑机接口系统还可以整合其他生理信号（如心率、皮电反应等），提供更全面的操作员状态监测。这种多维度信号处理能够提高系统的响应精度，及时发现操作员的疲劳或分心状态。

3）实时协同决策系统：脑机接口技术与机场的其他智能系统（如自动化地勤设备、智能导航系统等）协同工作，形成一个综合的决策支持系统。例如，系统可以实时调整信号灯，以配合地勤设备的运行，提高机场整体运行效率。

虽然目前脑机接口在民航信号灯控制中的实际应用还没有展开，但一些相关研究和实验已经展现了其应用潜力。爱尔兰科学基金会数据分析中心 Insight 公布了脑电波在复杂环境中的应用实验测试结果，其强调脑机接口技术在处理多变环境中具有独特的效果。这一研究为脑机接口技术在民航领域的应用提供了有力的理论支持。

基于脑机接口技术在交通领域的研究成果，我们可以看出该技术在民航信号灯控制中的应用虽然还处于初级阶段，但其未来发展潜力巨大，并且能在以下几个方面取得突出效果：

1）大规模数据分析：通过收集和分析大量脑电信号和飞行数据，优化信号处理算法，提升系统的智能化水平。这将有助于提高信号灯控制的准确性和响应速度。

2）深度学习与人工智能结合：利用深度学习和人工智能技术，对脑电信号进行更深入的分析和处理，提高系统的预测能力。例如，通过学习操作员的操作模式和行为特征，提前预测可能的操作失误，自动调整信号灯状态。

3）国际标准化：随着脑机接口技术在民航领域的应用逐渐增多，制定国际标准化的操作规范和技术标准，有助于推广和普及这一技术，确保其在全球范围内的安全应用。

脑机接口技术为民航信号灯控制提供了一个创新且具有前瞻性的解决方案。通过实时捕捉和解读空管员的脑电信号，脑机接口系统可以实现对机场信号灯的智能化控制，提升航班调度的效率和飞行安全性。虽然目前该技术的应用仍处于探索阶段，但随着技术的不断进步和完善，脑机接口将在民航管理中发挥越来越重要的作用，为现代航空系统的发展提供新的动力。

5.2 脑机接口在交通流量优化中的作用

脑机接口技术的迅速发展正在改变交通流量优化的方式。作为一种能够直接读取和解读大脑信号的技术，脑机接口不仅实现了人机交互的革命性突破，更为智能交通管理提供了新的解决方案。在交通流量优化中，脑机接口技术通过实时监测和分析驾驶员及交通管理人员的脑电信号，使得交通系统能够动态调整和优化其运作，从而显著提升了交通流量的效率和安全性。

脑机接口技术在交通流量优化中的重要性体现在多个方面。首先，脑机接口技术能够实时监测驾驶员的状态，包括注意力、疲劳程度和情绪变化等。这些信息对于调整交通信号灯和优化交通流量具有重要作用。例如，在驾驶员感到疲劳时，系统可以自动调整信号灯时间，减少疲劳驾驶引发的交通事故。其次，通过将驾驶员的脑电信号与其他交通传感器数据相结合，脑机接口系统能够提供更为精准的交通流量预测和管理建议，从而有效缓解交通拥堵。

此外，脑机接口技术在多模式交通协调中也发挥着关键作用。它能够实现不同交通方式之间的无缝衔接，提高整体交通系统的效率和灵活性。在紧急情况下，脑机接口系统能够优先为紧急车辆提供通行保障，提高应急响应能力和效率。个性化交通服务则是脑机接口技术的另一个重要应用领域，通过提供个性化的导航和停车解决方案，提升了用户体验和交通流量管理的灵活性。

脑机接口技术的多维度应用为交通流量优化带来了全新的视角和方法。下面，我们将深入探讨脑机接口在智能交通管理系统、多模式交通协调和个性化交通服务中的具体应用和优势。这些应用不仅展示了脑机接口技术的强大潜力，也为未来交通系统的发展指明了方向。

5.2.1　脑机接口对智能交通管理系统的流量优化

在智能交通管理系统中，脑机接口技术通过将人类大脑的即时反馈与高效计算能力结合，为交通流量优化提供了创新性的解决方案。

目前，脑机接口技术在交通领域的主要应用方向就是通过捕捉和分析驾驶员的脑电波，实时获取其注意力、疲劳状态和情绪变化等信息。脑机接口的应用效果对深度掌握交通运行情况有着极大影响。例如，当驾驶员处于疲劳状态时，智慧交通管理系统可以延长红灯时间，提醒驾驶员休息，减少疲劳驾驶引发的交通事故。

目前，美国的麻省理工学院（MIT）已经对此技术展开相关研究，该研究的主要思路为通过脑机接口技术应用，结合车辆传感器数据，掌控驾驶员的实时状态，且该研究的方向不仅针对提高交通安全，也针对自动驾驶技术的发展。其目的是将自动驾驶技术与脑机接口技术结合，提高车辆的智慧性，即当车辆感知驾驶员处于注意力不集中或疲劳状态时，可以及时启动自动驾驶功能，保障驾驶员安全的同时，确保交通通畅。

从应用层面分析，脑机接口技术能够为智慧交通管理带来极大促进，因为不同交通状态下，驾驶员的情绪存在巨大差别，而智慧交通发展的核心是为交通运营提供可靠、及时的智慧决策。目前，交通智慧性发展主要针对交通运行的客观情况，如根据车流量调节信号灯，或者提供停车导航服务，但针对驾驶员主观情绪的智慧交通服务并不多见。脑机接口技术的应用则可以加大这一领域的发展效果，这一技术可以深度分析驾驶员的实时情绪与状态（截至2024年，脑机接口技术还无法准确分析驾驶员的复杂思维目标），这便于智慧交通管理系统深度结合大数据、AI等前沿技术，根据驾驶员实际需求提供智慧服务。例如，在驾驶员出现焦急情绪时，智慧交通管理系统可以利用脑机接口技术判定驾驶员需求，为驾驶员提供其他导航方案。这种方式可以提升大数据、AI等技术的应用效果，且在交通智慧管理中提供更人性化的服务。

而在交通流量的优化方面，脑机接口技术的应用层面也非常多。目前主要的应用方向是根据脑机接口技术的分析结果，更加全面地利用交通资源。全球各国的现有脑机接口研究团队都已在思考如何将脑机接口技术融入现代智慧交通管理系统当中，通过这种技术的技术分析，交通管理部门能够更了解交通网络的实际运行情况，如哪些交通道路中驾驶员普遍处于焦急状态，哪些交通道路中驾驶员精神状态更轻松，然后根据分析结果进行交通道路的合理规划与调配，以此提升各交通道路的综合利用率，缓解交通流量压力。

总体而言，脑机接口技术能够提升现代智慧交通管理系统的人性化特点，同时提升道路安全性与驾驶员的驾驶体验，以及交通资源的合理利用率，缓解交通流量带来的城市运行压力。

5.2.2 脑机接口对多模式交通协调的流量优化

在现代城市交通系统中，交通方式的多样性和复杂性对交通管理提出了严峻挑战。公路、铁路、地铁、航空等多种交通方式的协调和优化，对于提升整体交通通行效率和减少拥堵至关重要。脑机接口技术作为一种先进的交互手段，同样可以为多模式交通协调提供便利，从而在交通流量优化中发挥重要作用。

传统的交通管理系统往往依赖于预设程序和人工操作，难以快速响应突发事件和复杂的交通状况。而脑机接口技术能够通过实时数据采集和分析，实现对交通流量的动态调整，提高系统的灵活性和响应速度。通过脑机接口技术，交通管理中心可以实时监控和调控不同交通方式之间的流量。例如，当公路交通流量过大时，系统可以通过脑电信号分析驾驶员的状态，自动调整信号灯，优先疏导部分车辆进入铁路或地铁系统，从而减少公路上的交通压力。这种跨系统的数据共享和协同工作，不仅可以提高整体交通系统的效率，还能有效缓解拥堵。

在多模式交通系统中，脑机接口技术主要通过以下几个方面实现交通流量的优化。

1. 实时数据共享和协同工作

脑机接口系统能够将驾驶员和交通管理人员的脑电信号与其他交通传感器的数据融合，形成一个综合的交通流量监控系统。通过实时数据共享和协同工作，系统可以实现不同交通方式之间的无缝衔接。例如，在高峰时段，系统可以根据脑电信号的变化，动态调整交通信号灯和交通枢纽的运行，优化交通资源的分配。

2. 紧急情况下的快速响应

在紧急情况下，脑机接口技术能够显著提升应急响应能力。通过实时监测紧急车辆驾驶员的脑电信号,系统可以快速识别紧急情况,并优先调整交通信号灯,为紧急车辆提供通行保障。例如,在发生交通事故或紧急救援任务时,系统能够迅速调整沿途交通信号灯,或者在沿途的交通信息电子屏幕上对某个车道进行规划提示,确保紧急车辆能够以最快速度抵达现场。

3. 智能交通枢纽的优化

脑机接口技术在智能交通枢纽中的应用,可以实现不同交通方式之间的无缝衔接。通过在交通枢纽(如火车站、地铁站和机场)安装脑电波监测设备,系统能够实时监测乘客的流动情况,并根据乘客的实时状态和需求,动态调整交通枢纽的运行。例如,当系统检测到大量乘客的焦虑情绪时,可以优化人流疏导,减少拥挤和延误,从而提高整体交通通行的效率。

4. 公共交通和特殊车辆的优先通行

脑机接口技术还可以为公共交通车辆和其他特殊车辆(如校车、货运车辆等)提供优先通行保障。通过实时监测驾驶员的脑电信号,系统可以识别出这些特殊车辆,并动态调整交通信号灯,确保其能够快速通行。这不仅提高了交通通行的效率,还提升了公共交通的服务质量和乘客的出行体验。

随着技术的不断进步,脑机接口系统在多模式交通协调中的应用前景广阔。未来,脑机接口系统将进一步整合大数据和人工智能技术,实现更加智能化和自动化的交通管理。

5.2.3 脑机接口对个性化交通服务的流量优化

智慧交通系统发展的一个重要目标是为每个用户提供量身定制的服务,从而提高整体交通流量的效率和用户体验。目前,大数据、云计算⊖、AI、

⊖ 云计算(Cloud Computing)是分布式计算的一种,指的是通过网络"云"将巨大的数据计算处理程序分解成无数个小程序,然后,通过多部服务器组成的系统进行处理和分析这些小程序得到结果并返回给用户。

区块链㊀等各种前沿技术都在这一领域发挥了重要作用，脑机接口技术自然也不会例外。而且相比其他前沿技术，脑机接口技术能够更加直观地采集、分析用户的实际需求，从而提供更准确、更灵活的人性化服务决策，这也让交通发展有了更高的智慧性。下面，我们就来详细分析脑机接口技术如何通过满足更多的个性化交通服务需求，来优化交通流量。

1）脑机接口技术能够提供更人性化的导航需求。基于脑机接口技术的应用，导航软件能够根据驾驶员的实时状态提供最佳行驶路线。例如，当系统检测到驾驶员的脑电信号显示疲劳时，可以自动调整导航路线，避开繁忙路段，推荐最近的休息站。这种实时调整不仅能够减轻驾驶员的疲劳，还能优化整体交通流量，避免因突发状况导致的交通拥堵。

2）脑机接口技术可以结合实时交通数据，为驾驶员提供动态的路线建议。例如，在交通高峰期，系统可以根据交通状况和驾驶员的状态，提供替代路线，减少等待时间和拥堵。这种动态导航的方式，能够显著提升交通通行的效率和驾驶员的出行体验。

3）脑机接口技术可以优化城市中心的停车状况。停车位一直是交通管理中的一大难题，脑机接口技术通过实时监测驾驶员的状态，能够优化停车位的分配和使用。例如，系统可以在驾驶员接近目的地时，根据其脑电信号提前预订停车位，并指引最优的停车路线。这样的智能停车管理，不仅提高了停车效率，还减少了因寻找停车位而导致的交通拥堵，改善了城市中心的交通流量。

4）脑机接口技术能够运用到公共交通服务，以此提升乘客体验，优化交通流量。其主要方式为通过实时监测乘客的脑电信号，城市公交调度系统可以动态调整公共服务，例如公交车和地铁的发车频率和路线安排。乘客的情绪和需求可以直接反映在脑电信号中，系统根据这些信息，提供个性化的服务建议和信息提示，提升乘客满意度。

㊀ 区块链（Blockchain 或 Block Chain）是一种块链式存储、不可篡改、安全可信的去中心化分布式账本，它结合了分布式存储、点对点传输、共识机制、密码学等技术，通过不断增长的数据块链（Blocks）记录交易和信息，确保数据的安全和透明性。

当然，虽然脑机接口技术在个性化交通服务中的应用前景广阔，但也面临一些挑战。数据隐私和安全是首要问题，如何保护用户的脑电数据不被滥用，是技术发展中必须解决的问题。此外，技术的可靠性和稳定性也需要进一步提升，确保系统在复杂和多变的交通环境中能够稳定运行。

相信随着人工智能和大数据技术的不断进步，脑机接口系统将在个性化交通服务中实现更高的智能化和自动化，并且深入大众生活，为大家定制、提供更多符合实际需求的出行方案。由此可以想象，未来脑机接口技术的多维度应用，将为全球交通系统的个性化服务和流量优化做出重要贡献。

5.3 脑机接口在交通事故预防中的应用

交通安全是交通发展的重中之重，而利用科技力量提升交通安全保障能力也一直是我们交通高质量发展的主要策略。在脑机接口技术与交通发展融合的过程中，这一技术正在为提升道路交通安全、减少事故发生提供新的途径和手段。

脑机接口技术的核心优势在于其能够直接读取和解析人类大脑的信号，提供比传统传感器和监控设备更为精准和即时的反馈。无论是在驾驶状态监控、事故预防技术集成，还是在教育培训和事故分析中，脑机接口都展现出巨大的潜力和应用价值。这一技术的引入，不仅有助于提升驾驶员的安全意识和驾驶技能，还能为交通管理部门提供更为科学的数据支持和决策依据。

随着技术的不断发展，脑机接口在交通事故预防中的应用前景广阔。未来，随着人工智能、大数据和物联网等技术的进一步融合，脑机接口系统将变得更加智能化和自动化，为构建更加安全、高效的交通系统提供强有力的技术支撑。

5.3.1 脑机接口对驾驶状态的监控

脑机接口技术为驾驶状态监控提供了一种全新的方法，突破了传统监控手段的限制。通过实时监测驾驶员的脑电信号，脑机接口技术能够准确识别驾驶员的注意力水平、疲劳状态和情绪变化，从而进行深度监控，这对预防交通事故的发生非常有效。

注意力集中是安全驾驶的基本前提之一。传统的驾驶状态监控方法，如摄像头和传感器，虽然可以捕捉驾驶员的面部表情和头部运动，但往往无法深入了解驾驶员的内在心理状态。脑机接口技术通过实时监测脑电信号，能够精确识别驾驶员的注意力水平。例如，当驾驶员的注意力开始下降时，脑电信号会出现特定的变化，脑机接口系统可以及时发出警报，提醒驾驶员恢复注意力，从而避免因分心导致的交通事故。

疲劳驾驶是导致交通事故的主要原因之一。传统的疲劳监测方法，如摄像头监测眼睛闭合状态或头部位置，虽然在一定程度上有效，但仍存在滞后性和准确性不足的问题。脑机接口技术通过监测脑电波中的慢波活动和其他疲劳相关信号，能够提前识别驾驶员的疲劳状态。研究表明，当驾驶员感到疲劳时，脑电波中的慢波活动增加，α 波㊀和 θ 波㊁的变化也会显现出来。脑机接口系统可以根据这些信号，提前发出休息建议，从而预防疲劳驾驶引发的交通事故。

驾驶员的情绪状态也直接影响驾驶安全。愤怒、焦虑和压力等负面情绪可能导致危险驾驶行为。脑机接口技术能够实时监测驾驶员的情绪变化，通过分析脑电信号中的特定波段活动，识别驾驶员的情绪状态。例如，当驾驶员情绪波动较大时，脑电波中的 β 波活动会显著增加。脑机接口系统可以根据这些信号，提醒驾驶员平复情绪，或建议其暂时停车休息，以避免因情

㊀ α 波是四种基本脑波之一。通常所指的潜意识状态，即人的脑波处于 α 波时的状态。α 波是连接意识和潜意识的桥梁，是仅有的有效进入潜意识的途径，能够促进灵感的产生，加速信息收集，增强记忆力，是促进学习与思考的最佳脑波。当大脑充满 α 波时，人的意识活动明显受到抑制，无法进行逻辑思维和推理活动。此时，大脑凭直觉、灵感、想象等接收和传递信息。

㊁ θ 波是指持续时间为 1/8~1/4s 的一种脑电波成分。把频率为 4~8Hz 的脑电波节律称为 θ 节律（θ Rhythm）。正常成人脑电图一般混有少量 θ 波，其频率为 4~7 次/s，波幅 20~40μV，呈散在性分布，主要见于额、颞部，指数小于 20%，其他部位指数小于 10%。而电压较高的 θ 波见于成年人时多属病理性。

绪失控导致的交通事故。

目前，脑机接口技术在驾驶状态监控中的应用，已经在一些实验和研究中得到了验证。例如，我们在前面提到的，帝仪科技在山西转型综合改革示范区开发的"便携式脑机接口驾驶安全智能防控系统"，就取得了突出效果，由此可见脑机接口技术在减少交通事故方面具有独特的优势。

不过，脑机接口技术的应用价值虽然得到了印证，但实际应用中仍然面临一些挑战，如脑电信号的噪声干扰、设备佩戴的舒适性和系统的实时性等问题。为克服这些挑战，研究人员正在不断优化脑机接口系统的算法，提高信号处理的准确性和速度。同时，新的脑电信号采集设备也在不断开发，以提高设备的舒适性和便携性。例如，轻便的脑电波帽和无创脑电传感器的出现，使得脑机接口技术在实际驾驶中的应用变得更加可行。

相信在不久的将来，脑机接口技术在驾驶状态监控中的应用，为交通事故预防提供了一种革命性的工具。通过实时监测和分析驾驶员的脑电信号，准确识别注意力、疲劳和情绪状态，及时预警并采取相应措施，从而显著提高驾驶安全性，为构建更加安全的交通系统做出重要贡献。

5.3.2 脑机接口在事故预防技术中的集成

脑机接口技术在交通事故预防中的应用，不仅限于单一的驾驶状态监控，还能通过与其他预防技术的集成，构建一个综合性的智能交通安全系统。通过整合多种先进技术，脑机接口能够提供更加全面和精准的事故预防方案，从而大幅提升道路交通安全性。具体应用表现可以体现在以下几个方面。

1. 脑机接口与预警系统的结合

在事故预防中，脑机接口技术与预警系统的结合是其重要的应用方向之一。脑机接口技术通过实时监测驾驶员的脑电信号，能够及时发现潜在的风险因素，并通过预警系统迅速发出警报。更为重要的是，这种预警系统可以进一步与自动干预系统集成，在必要时直接介入驾驶过程。例如，当驾驶员因注意力不集中而无法及时反应时,系统可以自动启动制动或转向操作,甚至启动自动驾驶功能,以避免碰撞事故的发生。

2. 脑机接口与传感技术的结合

脑机接口技术与其他传感技术㊀的融合,可以实现综合事故预防。通过将脑电信号与车辆传感器(如雷达、激光雷达㊁和摄像头)的数据相结合,车辆的智能系统能够获得更加全面的环境感知能力。这种多传感器融合技术,可以提供精确的环境信息和驾驶员状态,从而更好地预测和防范潜在的交通事故。例如,当雷达检测到前方有障碍物,而脑机接口系统同时识别到驾驶员注意力不集中时,系统可以提前发出警报并采取制动措施,避免碰撞。

3. 脑机接口与智能交通集成设施的结合

在智能交通基础设施中,脑机接口技术的集成可以实现更加智能化的交通管理。通过将驾驶员的脑电信号与交通信号控制系统、智能道路和车联网(V2X)技术相结合,交通管理系统能够动态调整信号灯时间、车道使用和交通流量,以预防事故的发生。例如,当系统检测到某一路段的多名驾驶员出现疲劳状态时,可以自动调整该路段的信号灯时间,减少交通流量,降低事故风险。

4. 人机交互的优化

脑机接口技术还可以通过优化人机交互,提高事故预防的效果。传统的

㊀ 传感技术同计算机技术与通信一起被称为信息技术的三大支柱。从物联网角度看,传感技术是衡量一个国家信息化程度的重要标志。传感技术是关于从自然信源获取信息,并对之进行处理(变换)和识别的一门多学科交叉的现代科学与工程技术,它涉及传感器(又称换能器)、信息处理和识别的规划设计、开发、制/建造、测试、应用及评价改进等活动。

㊁ 激光雷达(Laser Radar),是通过发射激光束探测目标的位置、速度等特征量的雷达系统。其工作原理是向目标发射探测信号(激光束),然后将接收到的从目标反射回来的信号(目标回波)与发射信号进行比较,做适当处理后,就可获得目标的有关信息,如目标距离、方位、高度、速度、姿态、甚至形状等参数,从而对飞机、导弹等目标进行探测、跟踪和识别。

驾驶辅助系统⊖虽然能够提供多种辅助功能，但其操作界面和提示方式往往难以在关键时刻引起驾驶员的注意。脑机接口技术通过直接读取驾驶员的脑电信号，可以实现更为直观和高效的人机交互。例如，系统可以根据驾驶员的实时状态，调整提示信息的呈现方式和时机，使其更加符合驾驶员的认知习惯，从而提高预警的有效性和及时性。

目前，脑机接口技术在事故预防技术中的集成应用，已经在全球各国进行了相关实验和研究，而我国也有诸多研究项目，例如，北京交通大学展开的"基于脑机接口的嵌入式 RSVP 系统研究"、西南交通大学展开的"基于脑机接口的汽车座舱声振体验研究"等，都在推动这一技术在交通领域的应用。

虽然目前的研究方向明确，但其在实际应用领域依然存在一些挑战。例如，现有的研究成果大多在可靠性和实时性上需要进一步提升，以确保在各种复杂交通环境下的稳定运行；相关研究设备的舒适性和用户接受度也需要不断改进，以便更好地融入日常驾驶。

不过，目前的整体发展趋势已经证明，脑机接口技术通过与多种事故预防技术的集成，为构建综合性的智能交通安全系统提供了新的思路和方法。随着技术的不断进步和优化，脑机接口技术在事故预防中的应用前景将越来越广阔，为智慧交通系统的安全发展带来更多保障。

5.3.3 脑机接口在教育培训中的应用

交通驾驶安全与个人驾驶习惯存在很大关系，而个人驾驶习惯与驾驶技术的学习存在直接关系，所以改善驾驶技术的教育培训效果，同样能够提升交通安全性，而脑机接口技术恰恰能够运用在这一领域。

脑机接口技术在教育培训中的应用，可以为提升驾驶员的技能和安全意识提供保障。通过实时监测和分析学员的脑电信号，脑机接口技术不仅能够提高培训的效果和效率，还能为个性化教学和培训方案的制定提供科学

⊖ 驾驶辅助系统包括车道保持辅助系统、自动泊车辅助系统、制动辅助系统、倒车辅助系统和行车辅助系统。

依据。

在驾驶培训中，汽车驾驶模拟器^㊀如今已经得到大幅普及。然而，传统的驾驶模拟器主要依赖于视觉和操作反馈，难以全面了解学员的心理状态和反应能力。脑机接口技术通过实时监测学员的脑电信号，能够深入了解其注意力、压力和情绪状态，从而提供更全面的反馈和指导。

脑机接口技术在驾驶模拟训练中的应用，能够实时监测学员的脑电信号，并根据其注意力集中程度和情绪变化，动态调整训练难度和内容。例如，当系统检测到学员注意力分散时，可以增加训练难度，提高其集中注意力的能力；当检测到学员压力过大时，可以适当降低训练强度，避免过度紧张影响学习效果。这种个性化的训练方式，有助于提高学员的驾驶技能和应对复杂交通状况的能力。通过对脑电信号的分析，脑机接口技术可以帮助教练更好地了解学员的学习状态和进度，提供针对性的指导和建议，以此提升驾驶员的教育培训效果。

除了驾驶技术的强化，脑机接口技术在安全意识培训中也有广泛应用。通过模拟各种驾驶情景和紧急情况，脑机接口系统能够帮助学员在安全的环境中体验和学习如何应对实际驾驶中的风险和挑战。脑机接口技术可以在模拟训练中设置各种突发事件和危险情景，通过实时监测学员的脑电信号，评估其风险感知和应对能力，并及时做出相应指导，帮助驾驶员增强风险意识和应对能力，养成良好的驾驶习惯。

脑机接口技术在模拟驾驶中的应用，还可以让学员在各种危险环境中反复演练各种预防措施和应急操作，强化其应对突发事件的能力。这种基于实际数据的演练方式，有助于提高学员在实际驾驶中的应急处理能力和安全驾驶意识。

㊀ 汽车驾驶模拟器座舱由驾驶舱座椅、视景计算机、显示屏（19in 显示器，1in=0.0254m）、操作传感器、数据采集卡、耳机和送话器等组成。座舱包含与真实车辆相同的操作部件：五大操纵机构，即方向盘、离合器、制动踏板、加速踏板和驻车制动器；真车变速器，即倒档、一档、二档、三档、四档、五档和空档（自动档只含前进档、倒档和驻车档）；真车操作开关，即左转向灯、右转向灯、危险警告灯、喇叭、点火开关、总电开关、安全带、车门、刮水器、远光灯、近光灯、远近光交替。模拟器既可以进行联网训练，也可以进行单机训练。

总之，通过脑机接口技术，任何交通工具的驾驶教练，以及培训机构都可以有效提升驾驶员的培训和教育效果，从而培养出更多优秀的驾驶员，从基础操作层面提高交通安全性。

5.3.4 脑机接口在事故分析中的应用

脑机接口技术不仅在预防交通事故中发挥着重要作用，还在事故分析方面发挥了重要作用，从而为改进交通安全措施提供科学依据。

在交通事故分析中，了解驾驶员在事故发生前的状态是关键。传统的事故分析方法通常依赖于现场勘察和事后调查，难以全面掌握驾驶员的心理状态和行为过程。脑机接口技术通过实时监测驾驶员的脑电信号，能够记录其在事故发生前的注意力、疲劳状态和情绪变化。这些数据对于了解事故发生的原因具有重要价值。例如，通过分析事故前几分钟的脑电波，研究人员可以确定驾驶员是因为疲劳导致反应迟钝，还是因为注意力分散导致未能及时采取措施。

在事故发生的瞬间，驾驶员的反应速度和决策能力对事故结果有直接影响。脑机接口技术则能够记录驾驶员在事故发生时的脑电活动，分析其反应过程和决策路径。通过对这些数据的分析，可以评估驾驶员在紧急情况下的反应速度和决策质量。这种深入的分析有助于了解驾驶员在事故中的具体表现，从而为改进驾驶培训和安全教育提供依据。

通过对大量事故数据的收集和分析，脑机接口技术能够为交通安全措施的改进提供数据支持。例如，通过对多起类似事故的脑电信号分析，可以识别出常见的事故诱因和驾驶员的共性反应模式，这些信息可以用于改进交通安全法规和驾驶员培训课程；如果发现多数事故是驾驶员在特定环境下注意力不集中导致的，可以针对这种情况制定更严格的交通法规，或者在驾驶培训中增加相关情景的模拟训练。

由此可见，脑机接口技术能够从驾驶员的主观角度分析事故发生的影响因素，为交通事故的深入研究提供新的实践，有助于改进交通安全措施和驾驶员培训课程，还为提高整体交通系统的安全性提供了科学依据。

第6章
脑机接口与车辆、船舶、飞机操作

6.1 脑机接口与自动驾驶技术

上一章我们就提到了，脑机接口技术与自动驾驶技术的结合，其实这不仅是现代智慧交通发展的一种趋势，也是智慧交通升级的一次重要机会。这种结合不仅能提升驾驶安全性和系统的决策能力，还能开拓更加智能和个性化的驾驶体验。

目前，我国自动驾驶技术虽然在高速发展，但截至 2024 年依然没有达到完全自动驾驶的 L5 级别。当前运行的自动驾驶车辆中，百度联合北汽极狐进行深度定制化开发的无人驾驶车辆 Apollo Moon[一] 是目前自动驾驶级别最高的车型，这一车型也在交通领域率先打开了自动驾驶的新品牌——萝卜快跑[二]，如图 6-1 所示。不过传统自动驾驶技术依然以辅助性为主，必须在

[一] Apollo Moon 属于百度 Apollo 发布的第五代无人车。采用了全新一代的自动驾驶套件，整体成本可达 48 万元，达到网约车运营成本区间，具备完全无人驾驶能力。Apollo Moon 依托百度 Apollo 全球领先的自动驾驶技术积累，采用 "ANP-Robotaxi" 架构，不仅让无人车套件轻量化，还可与智能驾驶汽车数据共生共享，打造超强数据闭环。在领航辅助驾驶 ANP 车型基础上，增加 1 颗定制激光雷达和相应无人驾驶冗余，即可实现完全无人驾驶能力。

[二] 萝卜快跑是自动驾驶出行服务平台，已于全国 11 个城市开放载人测试运营服务，实现超一线城市全覆盖。此外，萝卜快跑已经开始在北京、武汉、重庆、深圳、上海开展全无人自动驾驶出行服务与测试。截至 2024 年 4 月 19 日，萝卜快跑在开放道路提供的累计单量超过 600 万，稳居全球最大的自动驾驶出行服务商。

指定区域，依靠大数据、云计算等技术支撑运行，还不能达到完全自主的状态，也无法满足驾驶员（乘客）的定制需求，而脑机接口技术恰恰能够弥补这一领域的重要技术缺口，并且提升自主驾驶的安全性与灵活性。

图6-1 萝卜快跑

从趋势来看，随着人工智能、大数据和物联网[⊖]技术的快速发展，脑机接口与自动驾驶技术的融合将越来越紧密。未来，这种融合不仅可以应用于私人车辆，还将在公共交通、物流运输等领域发挥重要作用。脑机接口技术通过提升自动驾驶系统的智能化水平和人机交互体验，将推动自动驾驶技术的普及和应用，为构建更加安全、高效的智能交通系统做出重要贡献。

此外，脑机接口技术在自动驾驶中的应用还具有重要的社会意义。它不仅提高了道路交通安全性，减少了交通事故，还通过提供个性化的驾驶体验，提升了用户的满意度和舒适度。随着技术的不断进步，脑机接口与自动驾驶技术的结合将逐步实现从实验室研究到实际应用的转变，为未来智能交通的发展描绘出更加美好的蓝图。

⊖ 物联网（Internet of Things，IoT）起源于传媒领域，是信息科技产业的第三次革命。物联网是指通过信息传感设备，按约定的协议，将任何物体与网络相连接，物体通过信息传播媒介进行信息交换和通信，以实现智能化识别、定位、跟踪、监管等功能。

6.1.1 脑机接口在自动驾驶中的作用和优势

脑机接口通过直接读取和解读驾驶员的脑电信号，提供了实时的驾驶员状态反馈和控制能力，增强了自动驾驶系统的决策能力和安全性，这能够为自动驾驶技术的发展带来一种质的改变，仅从这一点出发，脑机接口技术就在自动驾驶中拥有独特的优势和价值。

前面我们曾提到，脑机接口技术能够实时监测驾驶员的脑电信号，评估其注意力集中程度、疲劳状态和情绪变化。这种实时监控在自动驾驶过程中尤为重要，尤其在自动驾驶发展的现阶段，这种技术拥有更广的应用空间。因为目前的自动驾驶技术主要体现为辅助驾驶，这种降低驾驶员操作频率的技术虽然能够提供一定便利，但也会导致驾驶员的注意力下降，所以如果车辆自动驾驶系统能够通过脑机接口技术实时掌控，则可以根据驾驶员的实际情况匹配相应的辅助驾驶服务。

以当前很多车辆配备的紧急避让自动驾驶功能为例，该功能其实是汽车制动辅助系统的一种，它主要通过细致分析驾驶员的制动行为，在关键时刻提供额外的制动力，大幅缩短制动距离，从而实现紧急避险的效果。虽然这一功能在日常驾驶中也会尊重驾驶员的判断，但其介入时机往往是在车辆各项数据出现危急情况时才启动，这就代表此时驾驶员和车上的乘客已经面临危险。但脑机接口技术与自动驾驶技术融合后则可以产生不同的效果，它能够在上述前提下再加入驾驶员的状态数据，综合分析危险情况的发生概率，这就预测了可能发生的危险情况，之后通过语音、文字提醒方式，或者介入驾驶的方式提前规避各种危险的发生。

目前，随着脑机接口技术的研究应用加深，其与自动驾驶技术正在不断融合，这一技术将推动自动驾驶技术的普及和应用，构建更加安全、高效的智能交通系统。

6.1.2 脑机接口与车辆控制系统的集成

脑机接口及技术与自动驾驶技术的融合主要体现在与车辆控制系统的集

成当中，这也是实现车辆智能化和个性化升级的关键。这种集成不仅提升了自动驾驶系统的响应速度和辅助驾驶能力，还为驾驶员提供了更加灵活和个性化的控制方式。

从理论层面分析，脑机接口技术的神经反馈机制通过实时分析驾驶员的脑电信号，能够优化车辆的控制算法。通过对驾驶员脑电波的监测，车辆自动驾驶系统可以识别驾驶员的驾驶习惯和偏好，从而调整车辆的速度、转向和制动策略。这种个性化的控制方式，能够提高驾驶员和乘客的舒适性，还能在紧急情况下提供更快速的反应。

另外，脑机接口技术能够让车辆的自动驾驶能力更贴合驾驶员的驾驶习惯，从而提升驾驶员和乘客的驾乘体验。脑机接口技术能够长期对驾驶数据进行分析，识别出驾驶员的特定行为模式，并据此优化控制算法，从而优化驾驶决策，即脑机接口技术能够让驾驶员在车辆自动驾驶时感觉更像自己在开车，进而提升驾驶员对自动驾驶的满足感。

最后，脑机接口技术还能实现与增强现实（AR）技术[⊖]的结合，为驾驶员提供更加个性化的信息提示。通过实时监测驾驶员的脑电信号，系统可以在 AR 显示中呈现出最相关的信息，提升驾驶体验的便捷性和安全性。例如，当驾驶员注意力不集中时，系统可以在 AR 显示中突出显示前方的障碍物和路况信息，帮助驾驶员及时做出反应。

从硬件层面分析，脑机接口技术与其他传感器技术的融合，能够显著提高自动驾驶系统的环境感知能力。通过将驾驶员的脑电信号与激光雷达、摄像头和超声波传感器的数据相结合，系统可以获得更加全面和精确的环境信息。这种多传感器数据融合技术，提高了自动驾驶系统的感知能力，且能在复杂路况下提供更加精准的决策支持。例如，当雷达检测到前方车流量增加时，而脑机接口系统同时识别到驾驶员注意力不够集中时，系统可以提前发

⊖ 增强现实（Augmented Reality，AR）技术是指借助光电显示技术、交互技术、多种传感器技术和计算机图形与多媒体技术将计算机生成的虚拟环境与用户周围的现实环境融为一体，使用户从感官效果上确信虚拟环境是其周围真实环境的组成部分。增强现实具有虚实结合、实时交互、三维注册的特点。

出警报并采取相应措施，避免潜在的危险发生。

脑机接口技术与车辆控制系统的集成是当前自动驾驶技术研究发展的一大重点，通过控制算法优化和多传感器数据融合，脑机接口技术能够显著提升自动驾驶系统的智能化水平和驾驶体验，这一技术在自动驾驶领域拥有广阔的应用前景和发展空间，这也是加速自动驾驶普及落地的关键技术。

6.1.3 脑机接口与自动驾驶融合的主要方向

如今，脑机接口技术在自动驾驶中的应用展现出广阔的前景。脑机接口技术通过自身独有的优势和特点，正在为自动驾驶系统提供更多可能性和创新方向。通过对这一技术与自动驾驶技术融合现状的分析，可以看出脑机接口技术与自动驾驶的融合主要体现在以下几个方向当中。

1. 人机共驾模式

人机共驾模式是脑机接口与自动驾驶技术融合的重要方向之一。在自动驾驶技术主要发挥辅助驾驶作用的今天，驾驶员仍然需要保持一定的注意力，以便在必要时接管控制。脑机接口技术通过实时监测驾驶员的脑电信号，能够实现自动驾驶与手动驾驶的无缝切换。当系统检测到驾驶员注意力集中时，可以自动切换到手动驾驶模式；反之，则切换回自动驾驶模式。这种无缝切换机制不仅提高了驾驶安全性，还增强了驾驶员对车辆的控制感。

另外，在自动驾驶过程中，脑机接口系统还可以为驾驶员提供辅助功能。当驾驶员在自动驾驶模式下遇到复杂路况或紧急情况时，脑机接口系统可以通过脑电信号监测其反应，并提供及时的辅助操作。这种人机协同的方式，可以有效减轻驾驶员的负担，提升驾驶体验和安全性。

2. 全自动驾驶与半自动驾驶的结合

在半自动驾驶模式中，脑机接口技术的应用能够显著提高驾驶安全性。通过监测驾驶员的脑电信号，系统可以实时了解其注意力和疲劳状态，并在必要时提供辅助控制。在全自动驾驶模式中，脑机接口技术主要用于监测和应对突发情况。尽管全自动驾驶车辆具有高度的自主性，但在某些复杂或紧急情况下，仍需要驾驶员的参与。脑机接口系统通过实时监测驾驶员的脑电信号，能够在紧急情况下迅速唤醒驾驶员并提供必要的辅助操作。

3. 脑机接口与智能交通基础设施的协同

自动驾驶技术不仅需要在车辆上安装相应的硬件设施，还需要在交通基础设施上进行相应的技术升级，而脑机接口技术与智能交通信号的结合，是自动驾驶技术全面落地的关键。

交通基础设施通过监测驾驶员的脑电信号，可以与智能交通信号系统协同工作，根据实时数据动态调整交通信号灯的时间和频率，优化交通流量，减少交通拥堵。

脑机接口技术还可以通过与车联网（V2X）和物联网（IoT）技术的结合，提升自动驾驶系统的智能化水平。通过实时监测和数据共享，脑机接口系统可以与其他车辆和基础设施进行信息交流，实现全局优化和协同工作。例如，在大型物流车队中，脑机接口系统可以实时监测每个驾驶员的状态，并根据整体交通状况和驾驶员的状态，动态调整车辆的行驶路线和速度，提高物流运输的效率和安全性。

截至 2024 年 8 月，脑机接口技术与自动驾驶技术的融合已经在全球范围展开了深入研究，且已经有多个项目正在进入落地阶段。

> 早在 2022 年，福特便公布了一项脑机接口专利：通过脑机接口和驾驶员监控传感器融合的底盘输入意图预测。该专利是"一种使用脑机接口设备控制车辆的方法"。脑机接口技术通过监测脑电波活动，帮助车辆系统预测驾驶员行为，进而帮助车辆驾驶。不过目前该技术只能作为驾驶行为的增强，还并不能完全取代驾驶员的操作。

种种迹象表明，脑机接口技术与自动驾驶技术的融合已经定局，未来的自动驾驶技术不仅仅是车辆的自动驾驶，更是根据驾驶员习惯、情绪，甚至是个别想法提供的多样化、定制化驾驶服务。

6.2 脑机接口与驾驶员监测、辅助系统

在智慧交通安全管理中，驾驶员的状态监测和辅助系统扮演着至关重要的角色。随着自动驾驶技术的不断发展，驾驶员仍然是交通系统中的关键环节。脑机接口技术的引入，恰恰是解决自动驾驶技术与不良驾驶习惯冲突的关键。

脑机接口技术通过实时监测和分析驾驶员的脑电信号，能够精准识别其注意力水平、疲劳状态和情绪变化。这种实时监测不仅能够提供即时反馈，提醒驾驶员保持警觉，还能够在必要时进行干预，防止潜在的危险发生。相比于传统的监测手段，脑机接口技术具有更高的精度和响应速度，能够更加有效地提升驾驶安全性。

在辅助驾驶系统中，脑机接口技术的应用进一步提升了系统的智能化水平。通过与车道保持、盲点监测和自动紧急制动等系统的结合，脑机接口技术能够提供更加个性化和精准的驾驶辅助功能。

6.2.1 脑机接口对驾驶员监测

驾驶员是脑机接口技术在各种交通工具的应用主体。主要的应用主体不是车辆、船舶、飞机等交通工具，而是驾驶员本人，其提供的一切驾驶决策都是基于驾驶员的注意力水平、疲劳状态和情绪变化，所以脑机接口技术对驾驶员监测的效果决定其最后的应用效果。

从脑机接口技术的应用层面出发，这一技术目前在交通领域收集的数据主要针对注意力水平、疲劳状态和情绪三个方面，我们可以从这三个方面出发，确定脑机接口技术的应用策略。

1. 注意力监测

驾驶员的注意力集中程度是驾驶安全的基本保障。脑机接口技术通过实时监测驾驶员的脑电波，能够准确判断其注意力状态。具体来说，脑机接口系统通过电极采集脑电信号，分析与注意力相关的脑电波模式，如 α 波和

β波的变化。当驾驶员注意力集中时，β波活动增强；而当注意力分散时，α波活动增加。

当系统检测到驾驶员注意力开始下降时，会自动发出警报提醒驾驶员集中注意力，或采取其他干预措施。例如，当船舶配备了脑机接口集成的驾驶辅助系统后，当水面环境发生变化，或者驾驶员无法及时了解水面实际环境时，脑机接口技术可以针对驾驶员的注意力情况进行相关提醒，减少因主观疏忽出现的交通事故。

2. 疲劳监测

疲劳驾驶是引发交通事故的重要原因之一。传统的疲劳监测方法，如摄像头监测眼睛闭合状态或头部位置，虽然在一定程度上有效，但仍存在滞后性和准确性不足的问题。脑机接口技术通过监测脑电波中的慢波活动和其他疲劳相关信号，能够提前识别驾驶员的疲劳状态。例如，疲劳时，脑电波中的θ波和δ波活动增加，而α波活动减少。通过分析这些信号变化，系统可以识别出驾驶员的疲劳状态。

3. 情绪监测

驾驶员的情绪状态对驾驶行为有直接影响。负面情绪如愤怒、焦虑和压力，可能导致危险驾驶行为。脑机接口技术通过实时监测驾驶员的脑电信号，能够识别其情绪变化，并提供相应的调节措施。例如，情绪波动较大时，脑电波中的β波活动增加，而α波活动减少。通过分析这些信号，系统可以识别出驾驶员的情绪状态。

当系统检测到驾驶员的脑电波显示其情绪波动较大时，可以自动播放舒缓音乐或建议其进行深呼吸练习，以帮助其平复情绪。这种情绪监测和调节功能，不仅有助于减少因情绪失控导致的交通事故，还能提高驾驶员的整体驾驶体验和心理健康。

目前，脑机接口技术在驾驶员监测中的实际应用已经取得了一定的成效。例如，在日本，日产汽车公司（Nissan）正在研究一种名为"脑－驾驶接口"（Brain-to-Vehicle，B2V）的技术，通过实时监测驾驶员的脑电波，预测其驾驶意图并进行相应的车辆控制。这项技术不仅能够在驾驶员做出实际操作之前就进行车辆调整，还能根据驾驶员的脑电信号调整座椅、温度等，提高驾驶舒适性和安全性。实验结果表明，B2V 技术在减少反应时间和提高驾驶精确度方面表现优异，展示了脑机接口技术在实际驾驶环境中的巨大潜力。

总体而言，脑机接口技术在驾驶员监测中的应用，为提升驾驶安全性和用户体验提供了全新的手段。通过实时监测驾驶员的注意力、疲劳和情绪状态，脑机接口技术能够提供有效的预警和干预措施，显著减少交通事故的发生。

6.2.2 脑机接口与驾驶辅助系统

在智慧交通运输中，驾驶辅助系统已经成为提升安全性和操作效率的重要工具。传统的驾驶辅助系统依赖于传感器和预设程序，难以实时了解操作员的即时状态和需求。脑机接口技术的引入，则能够帮助交通工具的辅助驾驶系统深度了解驾驶员的实时需求，进而结合大数据、云计算、AI 等技术进行更到位的辅助决策，这对辅助系统的能力提升有很大促进作用。

目前，脑机接口技术与辅助驾驶系统的融合发展已经在多个层面展开，通过对现有研究的梳理可以发现，脑机接口技术在辅助驾驶系统的应用已经在多个领域取得了突出效果。

1. 车辆驾驶辅助系统

在车辆操作中，车道保持辅助系统是确保车辆行驶在正确车道上的关键功能。前面我们多次提到，脑机接口技术能够实时监测驾驶员的注意力和疲劳状态，提供及时的车道偏离预警。

除此之外，车辆的盲点区域是驾驶员视野中的死角，容易导致交通事故。脑机接口技术通过结合脑电信号和车辆传感器数据，能够实时监测车辆的盲点区域。当系统检测到盲点区域有潜在危险，而驾驶员未注意到时，可以发出警报提醒其注意盲点。同时，系统还可以在必要时提供辅助操作，如自动制动或调整方向，避免碰撞事故的发生。

脑机接口技术在自动紧急制动系统中的应用，能够有效防止碰撞事故的发生。通过脑电信号监测和其他传感器数据的融合，系统可以识别出前方潜在的碰撞危险。在驾驶员未能及时反应时，脑机接口系统可以自动进行紧急制动操作，避免或降低碰撞事故的严重程度。

2. 船舶操作辅助系统

在船舶操作中，除了根据驾驶员状态提供辅助驾驶服务，主要是根据船舶行驶的环境，对驾驶室人员进行相关的提醒或驾驶介入。例如，在夜晚、暴风雨等复杂环境下，脑机接口系统根据船舶行驶检测系统监测到的危险因素对驾驶员进行提前预警；或者在繁忙港口区域帮助驾驶员及时发现和避开其他船只，减少碰撞风险。从应用逻辑来说，脑机接口在船舶操作系统的应用与车辆领域相似，但在应对复杂环境方面能够提供更快速、更全面的辅助服务。

3. 飞机驾驶辅助系统

飞机在飞行过程中需要不断监测周围空域，以避免与其他飞机或障碍物碰撞。脑机接口技术通过结合脑电信号和飞机传感器数据，能够实时监测周围空域。当系统检测到潜在的碰撞危险时，可以发出警报提醒飞行员，并在必要时进行自动避碰操作，确保飞行安全。

总体而言，脑机接口技术在驾驶辅助系统中的应用，为提升操作的安全性和效率提供了全新的方法。随着技术的不断进步，脑机接口技术将在驾驶辅助系统中发挥越来越重要的作用，为驾驶辅助系统的发展提供更多便利。

6.3 脑机接口与车辆、船舶、飞机舒适性和便利性

随着人们对出行体验的要求不断提高，交通工具在舒适性和便利性方面有着巨大的提升空间和发展方向。例如，在舒适性方面，用户期待更加个性

化和智能化的环境调节；在便利性方面，用户希望简化操作流程，实现更高效、更便捷地控制和信息获取。脑机接口技术通过实时监测和解读用户的脑电信号，为这些需求的实现提供了前所未有的解决方案。

在这些提升方向上，脑机接口技术通过其独特的实时监测和反馈机制，进一步推动了交通工具舒适性和便利性的进步。这一技术将在交通工具的设计和使用中发挥越来越重要的作用，为用户提供前所未有的智能化和个性化服务。

6.3.1 脑机接口为交通工具带来的舒适性提升

出行舒适度是交通工具设计的重点之一，从最初的硬件舒适度提升，到现在的智能化服务，交通科技的发展正在不断优化着大众的出行体验。脑机接口技术的重点是对人脑电波的监测，这为提升交通工具在细节和个性需求方面的舒适度，提供了更加明确的方向。

从脑机接口技术的应用层面出发，这一技术能够在座椅动态调整、环境控制、减振降噪等方面发挥独特优势。

1. 座椅动态调整

舒适的座椅和正确的姿势对长时间出行尤为重要。脑机接口技术与交通工具的控制系统结合能够根据用户的实时状态，自动调整座椅的位置和角度，提供最舒适的坐姿。例如，系统可以监测用户的脑电波，识别其疲劳状态，并自动调整座椅角度以改善血液循环，减轻疲劳感。

此外，脑机接口系统还可以根据用户的体型和个人偏好，创建个性化的坐姿设定，并在每次车辆起动时自动调整至最佳状态，提高舒适性。例如，部分豪华汽车制造商正在研究通过脑机接口技术，实现座椅的自动调节，以满足不同用户的需求，驾驶员上车后，车辆可以自动根据驾驶员的身高、驾驶习惯、驾驶状态进行座椅调节，以此提供更舒适的驾驶体验。

2. 环境控制

交通工具内的环境控制对用户的舒适体验至关重要。脑机接口技术可以通过监测用户的脑电信号，实时调整温度、湿度等环境参数。同样，脑机接口系统可以根据用户的状态和偏好，调节照明亮度和音响系统。例如，在长途驾驶中，当用户感到疲劳时，系统可以调节照明至舒缓模式，并播放轻音乐，帮助用户放松。这样的智能调节不仅提高了舒适性，还能有效改善用户的情绪和心理状态。

3. 减振降噪

平稳和安静的乘坐体验是舒适性的重要组成部分。脑机接口技术可以实时监测用户对减振和噪声的反应，自动优化减振系统和降噪水平。例如，在车辆行驶过程中，系统可以根据路况和用户反馈，动态调整悬架系统的硬度和阻尼系数，以提供平稳的乘坐体验。在噪声控制方面，脑机接口技术也可以通过监测用户对噪声的反应，自动调整降噪系统的设置，降低车内、船舶舱内或飞机客舱的噪声水平。

由此可见，脑机接口技术能够让交通工具提供更贴心、更细节的驾驶与乘坐服务，而这一技术也将在未来的交通工具中被深度应用。

6.3.2 脑机接口为交通工具带来的便利性提升

除了提升交通工具的舒适性，脑机接口技术还能够为交通工具带来更多便利。尤其与交通科技结合，脑机接口技术的价值可以充分凸显。

通过对脑机接口技术在交通科技领域的研发与应用现状分析，可以看出这一技术目前正在加强在智能导航、语音（手势）控制、信息整合等领域的应用，且在这些领域带来的便利性提升非常突出。

1. 智能导航

脑机接口技术在智能导航和路径规划中的应用，能够使用户更加便捷地获得个性化的导航服务。传统导航系统虽然精准，但更多需要文字和语音输入，对路线的个性化设置也只能进行整体规划，并不能细致到每个路段。融入脑机接口技术之后，导航系统通过监测用户的脑电信号，可以实时了解其偏好和需求，提供最佳路径建议。例如，导航系统可以根据用户的状态在目的地不变的前提下随时更换行驶路段,确保用户最佳的驾驶或乘坐体验。此外,脑机接口系统还可以结合实时交通信息,动态调整导航路线,确保用户始终选择最佳路径。

2. 语音（手势）控制

目前,交通工具接收指令的方式已经完成了从文字到语音的升级,而脑机接口技术可以在此基础上,将语音输入升级为手势或思维输入。用户可以通过脑电信号结合语音、手势指令,完成导航设置、电话接听等操作。例如,当用户在驾驶时,只需通过脑电信号触发语音助手,就能完成各种操作,无须分散注意力。同样,脑机接口系统还支持手势控制,通过监测用户的脑电信号和手势动作,实现更加自然和直观的人机交互。

3. 信息整合

脑机接口技术还能够实现与其他智能设备的无缝连接和信息整合,提高交通工具的操作便利性。例如,用户可以通过脑电信号控制手机、平板电脑等设备,完成信息查询、媒体播放等操作。这在交通工具驾驶过程中能够极大提升便利性和安全性。

总体而言,脑机接口技术在提升交通工具的舒适性和便利性方面展现出巨大的潜力。随着脑机接口技术与其他交通科技的不断融合,它将在交通工具的设计和使用中发挥越来越重要的作用,大众出行体验将越发便捷、安全、高效。

6.4 脑机接口在无人机控制中的应用

无人机[⊖],这一科技产物诞生于 21 世纪初期。最初,它主要用于军事侦察。然而,随着科技的发展,无人机逐渐从军事扩展到了民用领域。如今,

---

⊖ 无人驾驶飞机简称"无人机",英文缩写为 UAV,是利用无线电遥控设备和自备的程序控制装置操纵的不载人飞机,或者由车载计算机完全地或间歇地自主操作。

无人机已经成为电力巡检、公安巡逻、交通管理等领域的重要工具，并且在智慧城市的建设中也开始扮演着举足轻重的角色。

在无人机技术高速发展的今天，脑机接口技术也开始在这一领域展现出巨大的应用潜力和价值。两种技术的结合，突破了无人机传统遥控和自动化操作的局限，让这一科技产物的应用空间与应用效果大幅提升。

众所周知，无人机操控具有一定难度，需要进行专业培训和训练才能够充分发挥无人机的价值。对于小型以上的无人机，我国法律还要求必须考取相应执照才能进行操控。但脑机接口技术则可以突破这种操控难度与经验的局限，通过大脑信号的接收、计算与处理，实现无人机的远程操控，这种控制方式不仅减少了对传统遥控设备的依赖，还显著提高了操作的灵活性和准确性。

此外，脑机接口技术在无人机任务的智能规划与执行中也展现出强大的优势。通过结合人工智能算法和大数据分析，脑机接口系统能够根据操作者的任务意图和环境数据，自动生成最优的任务执行方案。脑机接口技术不仅能够实现单架无人机的自主任务规划，还可以通过脑电信号的监测和数据整合，实现多架无人机的协同操作。这种智能化和自主化的任务规划与执行能力，为无人机在搜救、农业、环境监测等多个领域的应用提供了新的可能性。

总之，脑机接口技术在无人机领域的应用，大幅拓展了无人机的操控方式和应用范围，显著提升了无人机的智能化水平和任务执行效率。这一技术能够在无人机领域产生巨大价值，让两种时代前沿技术产生 1+1 > 2 的效果。

6.5 脑机接口在车辆、船舶、飞机控制中的潜在优势

脑机接口技术的引入，使得交通工具控制系统能够实时获取操作员的生理和心理状态，从而动态调整控制策略，优化操作体验。通过与大数据和人

工智能的深度结合，脑机接口系统可以实现高效的数据整合与分析，预测和预防潜在的操作风险，提供智能化的决策支持。此外，脑机接口技术还能够根据操作员的实时状态和环境变化，自适应地调整操作参数，提高交通工具在复杂环境中的适应能力和应急响应能力。

可见，脑机接口技术融合交通科技后充分体现了自身价值，其在交通工具控制中的潜在优势涵盖从数据分析、环境适应到用户体验优化等多个方面。这项技术的应用，可以带来交通工具控制方式的变革，为用户带来更加安全、高效和便捷的出行体验。

6.5.1 脑机接口带来的高级数据分析优势

在交通工具的控制中，脑机接口技术的引入，为交通科技发展带来了前所未有的优势，这一技术不仅体现了自身价值，也让很多时代前沿技术得到了更深的应用，在交通领域发挥了更大的作用。

在脑机接口技术融合交通科技领域中，其首先体现的优势就是高级数据分析。脑机接口技术与大数据、人工智能技术相结合，在智慧交通管理系统中优化了控制策略和决策过程，从而显著提升操作的安全性和效率。例如，脑机接口技术通过实时监测操作员的脑电信号，获取其生理和心理状态数据。这些数据可以与车辆、船舶或飞机的运行数据以及环境数据进行整合，形成一个全面的分析平台。

另外，结合人工智能技术，脑机接口系统可以进行预测性维护，通过分析历史数据和实时监测数据，预测可能的故障并提前进行维护。这不仅提高了交通工具的可靠性，还能减少意外情况的发生。例如，现在交通工具硬件监测手段大多针对硬件实时数据进行分析，而融入脑机接口技术之后，交通工具的管理系统还可以融入驾驶员、操作员的工作经验。当驾驶员、操作员根据自身经验对交通工具的某些硬件或软件功能产生担忧时，系统可以对这些硬件或功能模块进行重点监测，或者进行提前维护，这能够有效确保交通工具的安全性与稳定性。

其次，脑机接口技术在个性化驾驶和操作预测方面展现出独特的优势。通过持续监测操作员的脑电信号，脑机接口系统总结驾驶员的操作习惯，在驾驶员出现某些指定动作或情绪时，预测其操作意图和行为，优化驾驶和操作体验，进而提前进行驾驶辅助与介入。例如，当系统预测到驾驶员即将进行变道操作时，可以提前进行路径规划和安全检查，提高操作的流畅性和安全性。

最后，脑机接口技术在交通工具控制中的高级数据分析优势，为交通工具优化控制策略、提升操作安全性和效率提供了强有力的支持。通过实时监测和数据驱动决策、智能预测维护和个性化驾驶预测，脑机接口技术不仅提高了交通工具的可靠性和运行效率，还为交通工具的智能化发展开辟了新的路径。未来，随着脑机接口技术的不断进步和应用推广，交通工具的控制方式将迎来新的转变，这样技术也会为用户带来更加智能化和个性化的出行体验。

6.5.2 脑机接口带来的环境适应优势

除了在高级数据分析方面带来的优势，脑机接口技术还为交通工具的环境适应能力带来了提升。脑机接口技术的引入，使得交通工具能够在复杂和多变的环境中保持高效地运行。这主要体现在其对动态环境的快速适应能力方面。

1. 复杂环境操作

在面对恶劣天气或复杂地形条件时，脑机接口系统能够通过实时监测操作员的脑电信号，结合环境传感器数据，动态调整控制策略。例如，在恶劣天气条件下，如暴雨或大雪，驾驶员的注意力和反应时间会受到影响，而且驾驶员通常无法顾及环境因素的方方面面，这时脑机接口技术便可以根据驾驶员的实际状态进行相关的驾驶介入。例如，自动调整驾驶模式，以确保在恶劣条件下交通工具的安全状态。

2. 自适应控制

脑机接口技术不仅能够实时监测环境变化，还能自主调整控制参数，提高交通工具的环境适应能力。最常见的应用场景是城市交通当中，脑机接口系统可以根据实时路况和驾驶员状态，动态调整车辆的驾驶模式和行驶路径，避免交通拥堵，提高行驶效率。同样，在海洋环境中，脑机接口系统可以根据海况和船长的状态，自动调整航行策略，确保船舶在复杂海域中的安全航行。

3. 应急决策支持

在紧急情况下，脑机接口系统能够通过实时监测操作员的脑电信号，快速做出决策。例如，当飞机遇到突发气流或机械故障时，脑机接口系统可以根据飞行员的状态和实时环境数据，快速调整飞行参数，如改变飞行高度或速度，避免事故发生。

4. 多模态环境感知

脑机接口技术还能够与多种环境传感器进行数据融合，如雷达、激光雷达、摄像头等，形成多模态感知系统。这种多模态感知系统可以提供更加全面和精准的环境信息，帮助交通工具更好地理解和应对复杂环境。

脑机接口技术对自动驾驶技术的发展十分重要。在自动驾驶车辆中，传统自动驾驶技术可以结合环境传感器数据，提供实时的环境监测和障碍物检测，进而进行自动驾驶决策。但借助脑机接口技术，车辆自动驾驶技术还能够融入驾驶员的驾驶经验，从而从驾驶员、乘客的角度优化驾驶决策，提升乘坐体验。

总体而言，脑机接口技术能够让交通工具充分适应各种环境，不仅确保交通工具的安全，还能够为自动驾驶、智慧辅助带来更多促进与优化。

6.5.3 脑机接口促进无人机的脑控操作

虽然现在还没有落地应用，但现在全球各国都已经将脑电波控制各种智能设备作为主要的研究方向，而且在无人机领域，这一研究已经进入了实质阶段。

MetaBOC（Brain-on-chip，BOC）

2024年7月，天津大学的科研团队公布了自己的研究成果MetaBOC，MetaBOC由天津大学脑机交互与人机共融海河实验室团队与南方科技大学等协同开发，是全球首个可开源片上脑智能复合体信息交互系统，这一研究成果为脑机接口技术开辟出一条新路，对混合智能、类脑计算等前沿科技领域的发展产生了革命性推动作用。图6-2所示为MetaBOC示意图。

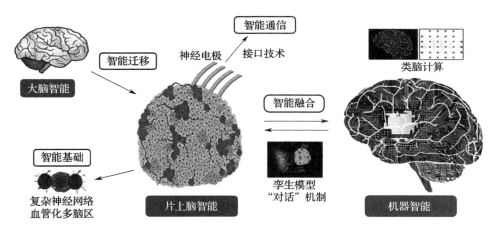

图6-2　MetaBOC示意图

如今，这个连接到计算机芯片的人脑类器官已经可以控制机器人实现避障、跟踪、抓握等各种动作，完成了多种类脑计算的启发工作。部分研究成果已经发表于脑科学领域国际期刊*Brain*。而早在2018年，我国深圳创达云睿智能科技有限公司便成功自主研发了一款融合脑机接口技术、体感交互技术（Motion Sensing）和计算机视觉技术（Computer Vision）的创新型无人机交互系统，并基于此打造了一款意念头环用于无人机的操作，该无人机被命名为"UDrone意念无人机"，"UDrone意念无人机"当时虽然无法进行高难度、复杂性的操作，但实现了通过意念控制无人机飞行、眨眼拍照、咬牙降落，配合体感动作控制飞行方向等功能。可见，利用脑机接口技术操控无人机已经成为无人机领域的重要发展方向。

目前，脑机接口技术控制无人机操作的技术理论已经非常清晰。脑机接口技术通过无线方式可以实现对无人机的直接控制。操作员可以通过佩戴脑电图（EEG）设备，实时传输脑电信号至无人机控制系统。系统解读这些信号后，将其转化为具体的控制指令，如起飞、降落、转向等。这种无线脑控技术不仅消除了对传统遥控设备的依赖，还使操作更加便捷。例如，操作员可以通过集中注意力来提升无人机的高度，或者通过放松大脑来降落无人机。

当前的研究成果已经表明，通过实时监测和解读操作员的脑电信号，脑机接口技术能够实现对无人机的精准控制。与传统的遥控器操作相比，脑控操作可以显著缩短指令传递的时间，提高操作的反应速度和精度。在复杂的飞行任务中，操作员可以通过特定的思维活动，如想象某种动作或集中注意力，直接控制无人机的细微动作，这种操作精度是遥控操作很难完成的。而且这种高精度的控制方式在需要快速反应和高精度操作的场景中尤为重要，如紧急救援、危险区域侦查等。

另外，脑机接口技术赋予了无人机操作更多的灵活性和多样性。操作员可以通过不同的脑电信号模式，灵活地调整无人机的操作方式。例如，在执行搜索和救援任务时，操作员可以通过脑电信号切换无人机的飞行模式，从快速搜索模式切换到精细侦查模式。此外，脑控操作还可以结合手势控制和语音指令，形成多模态的操作方式，提高整体操作的灵活性和效率。

可以看出，脑控操作的引入，能够让无人机在更多的应用场景中展现出巨大的潜力。例如，在农业监测中，操作员可以通过脑控技术远程控制无人机进行大面积农田的巡查和数据采集；在环境保护中，操作员可以通过脑控无人机进行空气质量监测和污染源追踪；在军事领域，脑控无人机可以用于战场侦察和战术部署。这些应用场景的扩展，极大丰富了无人机的应用场景，还为各行业提供了管理与监测帮助，对特定区域的智能化管理带来了极大的促进效果。

种种迹象已经表明，脑机接口技术将成为无人机脑控操作的重要趋势，两种技术融合产生的价值将令多个行业收益，同时推动这些行业的智能化发展。

6.5.4　脑机接口促进无人机任务的智能规划与执行

随着无人机的智能化发展，其将肩负、执行更加复杂的任务，而脑机接口技术与无人机的结合，则可以在无人机智能化发展中体现更大价值。

首先，脑机接口技术结合人工智能算法，能够帮助无人机实现自主任务的规划和执行。这种能力使得无人机在复杂任务中可以表现出更高的效率和智能化水平。例如，通过监测操作员的脑电信号，脑机接口系统可以准确解读操作员的任务意图，并将其转化为具体的任务指令。例如，在搜救任务中，操作员只需通过思维活动指示无人机搜寻特定区域，在发现搜集目标后，脑机接口系统则结合人工智能算法迅速规划出逃离路线，帮助受困人员或受伤人员在最短时间内撤离并得到救治。

其次，脑机接口系统与大数据、人工智能等技术结合，不仅可以根据初始的任务规划执行，还能够在任务执行过程中，实时根据监测操作员的状态和情绪，动态调整和优化任务规划。

例如，在无人机执行环境监测任务时，如果操作员发现新的污染源，脑机接口系统则可以通过脑电信号重新计算监测任务数据，并调整任务执行指令，将常规监测方案转变为针对性监测方案，第一时间提高任务的灵活性和响应速度。

最后，脑机接口技术的引入，使得多架无人机的协同操作成为可能，即一位操作员可以同时操作多架无人机同时作业、协同作业，这极大提升了无人机执行复杂任务的能力。

在多无人机协同操作中，脑机接口系统可以根据任务需求和环境数据，自动分配和协调各无人机的任务。例如，在农业监测中，操作员可以通过脑控技术指示多架无人机进行不同区域的巡查和数据采集，系统将自动协调各无人机的飞行路径和任务分配，确保覆盖范围最大化和数据采集的高效性。再例如，在灾害应急响应中，多架无人机可以通过脑机接口系统实现实时的协同作业，根据操作员的指示进行快速部署和调整，提供高效的灾情侦察和救援物资投放。这种实时协同能力，提高了无人机在紧急情况下的响应速度和任务执行效率。

  总而言之，脑机接口技术为无人机发展带来的不仅仅是操控精度和便捷性的提升，更是无人机技术的智慧性提升。在脑机接口技术的支撑下，无人机将成为多个领域、行业的多功能工具，为交通发展、大众生活、社会进步提供多方位的技术支持。

第7章
脑机接口与交通信号灯控制

7.1 脑机接口与交通信号灯相位控制

在现代城市交通管理中,交通信号灯相位[○]控制系统是维持交通秩序、减少交通事故、提高道路通行效率的关键。然而,尽管现有的交通信号控制系统已经取得了一定的成效,但其仍然面临着许多挑战。

传统的交通信号灯相位控制系统主要依赖于预设的时间表和感应器。这些系统通常基于固定的时间计划来控制信号灯的切换。在繁忙的城市道路上,信号灯的切换时间通常是固定的,旨在根据高峰时段和非高峰时段的交通流量进行调整。这种方式在某种程度上能够缓解交通压力,但也有其明显的局限性。

另一种常见的控制方式是自适应控制系统,这种系统利用安装在道路上的感应器实时监测车辆的流量和速度,并根据这些数据动态调整信号灯的相位。相比固定时间控制,自适应控制系统能够更好地适应交通流量的变化,提高交通流的连续性和通行效率。然而,这些系统的效果在很大程度上取决于感应器的灵敏度和数据处理的准确性。

○ 在一个信号周期内,一股或几股车流在任何时刻都获得完全相同的信号灯色显示,那么就把它们获得不同灯色(绿灯、黄灯、全红)的连续时序称作一个信号相位。

车辆感应控制[1]也是一种较为普遍的技术，通过在路面下安装感应线圈，当车辆通过时触发信号灯的切换。这种技术在十字路口和较小的道路交叉口应用广泛，能够有效减少空旷道路上的等待时间，提升通行效率。图7-1所示是车辆感应控制示意。

图 7-1　车辆感应控制示意

7.1.1　交通信号灯相位系统的不足与局限

可以看出，多种交通信号灯的相位系统在交通管理中得到了广泛应用，虽然它们在不同情况下表现出了独有的价值，但依然存在显著的不足。这些不足与局限主要表现为以下几点。

1. 响应速度有限

传统的信号灯控制系统通常基于预设的时间表和感应器数据，缺乏对突发交通状况的快速响应能力。例如，发生交通事故或临时道路封闭时，现有

---

[1] 感应信号控制没有固定周期长度，它的工作原理是在感应式信号控制的进口设有车辆到达检测器。感应信号控制模式分为半感应控制、全感应控制，以及协调控制。不过，我国城市交通控制当中，很少采用感应信号控制方式，一方面因成本高，另一方面是感应控制方式设置与我国城市道路交通组成特点不适应。但是感应控制方式控制灵活，具备较好应用前景。

系统可能无法及时调整,导致交通拥堵加剧。

2. 实时性不足

虽然自适应控制系统能够根据实时数据进行调整,但其反应速度和准确性依赖于感应器和数据处理系统的性能。感应器可能受到天气、环境等因素的影响,导致数据不准确,从而影响系统的实时性。

3. 灵活性不足

现有的控制系统在面对复杂多变的交通状况时,往往缺乏足够的灵活性。例如,节假日、特殊活动或突发事件等情况下,交通流量和流向可能发生显著变化,但固定的时间表和有限的自适应调整能力难以应对这些变化。

4. 数据依赖性强

许多控制系统严重依赖于道路上的感应器和摄像头。这些设备的安装和维护成本高,且易受环境影响(如雨雪天气导致感应器故障)。此外,数据传输和处理过程中可能存在延迟或误差,进一步影响系统的性能。

5. 协调性不足

在一个城市或地区内,不同类型的交通信号控制系统可能并存,这些系统之间的协调往往存在困难,导致整体交通管理效率低下。此外,不同系统之间的数据共享和信息互通也存在障碍,影响交通流的优化。

7.1.2 脑机接口与交通信号灯相位控制结合的优势与挑战

面对上述挑战,脑机接口技术的引入为交通信号灯相位控制系统带来多方位的改善效果,让交通信号相位控制系统表现出更高的智能性。近年来,脑机接口技术在医疗、教育、娱乐等领域取得了显著进展,其在交通管理中的应用也逐渐成为研究热点。尤其是在交通信号灯相位控制方面,脑机接口技术展示出了巨大的潜力。结合脑机接口技术的特点和原理,我们能够发现这一技术在交通信号灯相位控制系统中带来诸多便利。

例如,在城市的主干道中,不同时段的车流量不同,交通压力也不同。

如果单纯依靠外部数据监测工具，往往在主干道呈现出一定流量压力时，交通管理部门才能够根据监测数据进行响应。但融入了脑机接口系统之后，交通管理部门就可以根据驾驶员情绪变化的数值提前做出交通信号灯相位控制系统的调整决策，从而更及时地缓解主干道拥堵。

再例如，在交通事故或紧急情况下，传统信号灯控制系统往往无法及时响应。而通过脑机接口技术，交通管理人员可以在紧急情况下迅速发出调整指令。例如，当发生交通事故需要临时封闭某一路段时，管理人员通过脑机接口系统发出指令，系统立即调整相关路段的信号灯相位，确保交通流的重新分配和秩序的迅速恢复。

可以看出，脑机接口技术在交通信号灯相位控制中的应用拥有多种优势，这些优势对解决城市交通压力、提升公众出行体验有着显著的促进效果。不过，脑机接口技术融入交通信号灯相位控制系统虽然是交通科技发展的重要方向，但其实际应用中仍面临一些技术挑战。只有全面解决这些问题，才能够为现有的交通信号灯相位控制系统全面设计，才能够让脑机接口技术在这一领域顺利落地。

1. 控制信号采集精度

大脑信号的采集需要高精度的设备和技术，任何干扰都会影响信号的准确性。这需要采用更先进的传感器技术和信号处理算法，以提高信号采集的精度和稳定性。目前，无论从硬件还是软件方面，这仍是脑机接口技术研发的重要难题。

2. 提高数据处理速度

虽然当前已经进入大数据时代，各领域的数据处理能力都在不断提高，但脑机接口技术融入交通信号灯相位控制系统需要极高的实时信号采集和数据处理能力，现有的信号采集和数据处理技术并不能完美满足脑机接口技术的融合需求，这也是脑机接口融入交通信号灯相位控制系统的一大难点。

3. 提高系统稳定性和可靠性

脑机接口系统的稳定性和可靠性至关重要，任何不稳定情况或故障情况都可能导致交通管理的混乱。所以这一技术融入交通信号灯相位控制系统中需要建立冗余系统和故障检测机制，确保系统的稳定运行。这是目前脑机接口技术领域的研究重点。

虽然，脑机接口技术融入交通信号灯相位控制系统依然存在上述难题，但这一方向已经十分明确。脑机接口系统能够提高交通信号控制的响应速度、实时性和灵活性，优化交通流量，减少拥堵，提高通行效率，相信通过不断创新和技术进步，脑机接口技术会在不久的将来，为构建更加智能、高效和安全的交通系统贡献重要力量。

7.2 脑机接口与交通信号灯优先级控制

交通信号灯优先级控制系统是解决城市交通意外、确保城市交通整体运行顺畅的重要工具。其主要目标是确保公共交通工具、紧急车辆等特定车辆能够优先通过交通路口，从而提高交通效率，减少延误，保障紧急任务的及时完成。

目前，在一些发达国家的城市中，交通信号灯优先级控制系统基于预设的交通规则和城市道路中的硬件感应设备进行控制，不过这种控制方式仍在实验阶段。例如，公交车优先（TSP）系统和紧急车辆优先（EVP）系统是两种常见的优先级控制方式。TSP系统通常通过安装在公交车上的发射器和交通信号灯控制器之间的通信，实现公交车的优先通行，如图7-2所示。而EVP系统则通过紧急车辆上的特殊设备（警笛等），在接近路口时触发特殊设备，获得车辆优先通过权。

这些系统和设备在一定程度上提升了交通效率，减少了公共交通和紧急车辆的延误。然而，传统系统和设备依然存在一些局限，所以在实际运行中仍然存在诸多问题。例如，早在2017年我国济南市就发生过私家车不仅没有优先避让救护车，甚至故意阻挡救护车，导致患者无法第一时间得到救治，最终死亡的事件，且这种情况在全国各地每年都会出现。

图 7-2 公交车优先系统

总体而言，在现代城市交通中，交通流量密集且变化多端，不同类型的车辆对交通信号灯的优先级控制有着不同的需求。例如，公交车需要在高峰时段优先通过，以保障公共交通的准点运行；急救车、消防车等紧急车辆则需要在任何时候都能迅速穿越交通路口，减少紧急救援的时间。所以，这对交通信号灯的优先级控制提出了更高要求。但目前我国交通信号灯的智能控制系统还存在一些不足，这恰恰需要一种前沿技术对交通信号灯优先级控制进行改进，而脑机接口技术恰恰成了最佳选择。

通过脑机接口技术，交通管理人员或车辆驾驶员可以实时调整交通信号灯的优先级。例如，在紧急情况下，急救车驾驶员可以通过脑机接口系统发送优先通行的指令，系统接收到指令后立即根据车辆行驶情况调节相关路口的信号灯相位，确保紧急车辆优先通过。这能够让特殊车辆的道路优先权得到最大保障，同时提升紧急情况的响应速度。

从脑机接口技术在交通信号灯优先级控制的应用中，我们可以看出，这一技术的应用可以让交通信号灯优先级控制系统得到全面升级，其带来的改变主要体现在以下两个方面。

1. 提高系统控制的灵活性

通过实时捕捉和解读大脑信号，脑机接口技术能够快速识别并执行优先级控制指令，提高系统的实时性和灵活性。相比传统的交通信号灯优先级控制系统，脑机接口系统在应对突发交通状况时更加灵活，能够及时调整信号灯，确保交通流的顺畅和高效。

2. 提高多个信号灯的协同控制效果

正常情况下，任何紧急情况的发生，特殊车辆需要的不只是某个路口信号灯的优先控制协助，而是需要条线路的整体优先使用权，这需要多个交通信号灯协同控制。而脑机接口技术恰恰能够实现多个路口信号灯的无缝集成，通过实时数据共享和信息互通，整体控制某一线路的信号灯，确保特殊车辆在执行任务过程中始终保持通畅。

未来，随着脑机接口技术的进一步发展，我们可以预见其在交通信号灯控制领域，以及整个智慧交通管理领域的广泛应用，它独有的价值和作用，能够为构建更加智能、高效和安全的交通系统贡献重要力量，并为我国智慧交通发展创造更多的可能。

7.3 脑机接口与交通信号灯自适应控制

交通信号灯系统作为城市交通控制的神经中枢，其设计与运作的优劣直接影响城市的交通状况和人们的生活质量。随着科技的进步和社会的发展，交通信号灯系统也在不断地演进，从最初的简单机械操作到现今高度复杂的自适应控制系统，每一次变革都旨在提高交通的效率与安全性。

传统的交通信号灯系统基于机械和电子技术，主要依靠定时器和简单的车辆检测技术来控制信号灯的切换。这种系统在设计时通常以历史交通流量数据为基础，设定一天中的不同时段采用不同的信号灯切换方案。例如，在早晚高峰期，信号灯周期会调整以减少等待时间，增加交通吞吐量。

然而，这种固定模式的运作存在显著的局限性。首先，它无法适应突发事件或非常规状况，如大型活动或事故导致的交通流量异常。其次，传统系统未能有效整合邻近路口的信号灯，造成所谓的"孤岛效应"，即每个路口的信号灯操作独立，未能形成有效的协调，使得整体通行效率降低。此外，这些系统通常未能考虑到如行人、自行车等非机动车辆的特殊需求。

随着城市化进程的加速，私人车辆数量急剧增加，传统交通信号灯系统面临着前所未有的挑战。交通拥堵不仅增加了通勤时间，而且加剧了环境污染。研究表明，城市中10%~20%的交通拥堵是信号灯控制不合理造成的。此外，交通拥堵还导致车辆停止与起动频繁，增加了燃油消耗和尾气排放。

为了解决传统交通信号灯系统的种种局限，自适应交通信号灯控制系统应运而生，并逐渐在全球范围内得到推广。自适应控制系统利用先进的感应技术，如地面传感器、视频监控等，实时收集交通流量数据，并通过中央处理单元对数据进行分析，动态调整信号灯的工作状态。

这种系统的核心在于其自适应算法，该算法可以根据实时数据调整信号灯的时长、序列和频率，以最优化交通流。例如，如果检测到某一方向的车辆增多，系统会延长该方向的绿灯时间，相对减少其他方向的绿灯时间。在自适应控制系统中，交通信号不再只是简单地按照固定模式切换。取而代之，信号灯的控制权转移到了一个智能系统中，该系统可以分析诸如车速、车流量、行人数量等多种因素，并据此做出最佳决策。

例如，美国纽约市的交通信号控制系统通过实时分析交通数据，能根据实际需求调整信号灯变化，减少了约10%的交通延误。同时，系统还可以自动识别特种车辆的警报，如消防车和救护车，并为其开辟绿色通道。

另外，交通信号灯的自适应系统还可以与城市交通导航系统、公共交通系统等其他智能系统集成，形成一个综合的智慧城市交通网络。通过大数据分析和人工智能算法，实现更精细化的交通控制和预测。

如今，随着脑机接口技术与交通科技的融合，交通信号灯的自适应系统又获得了显著的提升空间。这种融合不仅能极大提升交通系统的反应灵敏度和智能化程度，而且为实现更加个性化的交通服务提供了可能。

脑机接口技术的引入，能够为传统的交通信号灯自适应控制系统带来颠覆性的变革。

首先，通过高精度的脑电波捕获设备，如头戴式传感器或内置在安全帽与头盔中的传感装置，系统能够实时监测到需要优先通行的特殊信号，如急救车辆或消防车的驾驶员当前的紧急状态。系统解析这些脑电波，自动调节信号灯，确保这些车辆能够快速通行。

其次，对于行人，尤其是行动不便的残疾人士，脑机接口技术同样可以发挥作用。通过识别特定的脑电波模式，系统可以判断行人是否意图过街，并适时延长人行横道的绿灯时间，确保他们安全过街。

最后，脑机接口技术的融合，直接提高了交通系统的灵活性和效率。一方面，减少因不必要停车而产生的尾气排放，有益于城市环境的改善；另一方面，提高紧急响应速度，增强了公共安全。

由此可见，脑机接口技术与交通信号灯自适应控制系统的融合，展现了解决城市交通问题的新路径。随着相关技术的成熟和成本的降低，未来这种融合技术能够在更多城市得到推广和应用，为建设更加智能、高效、人性化的交通系统做出贡献。

第8章
脑机接口与交通信息处理

8.1 脑机接口在交通信息识别中的作用

随着城市化进程的加快，城市交通面临着拥堵问题日益严重、交通事故频发以及环境污染等挑战。为了应对这些问题，交通信息识别技术应运而生，并迅速成为提升交通效率、保障交通安全的重要工具。

交通信息识别技术通过实时监测和分析道路上的交通流量、车速、车流密度等信息，为交通管理部门提供了科学的决策依据。这些技术不仅能有效缓解交通拥堵，提高道路通行效率，还能降低交通事故发生率，提升道路安全水平。同时，交通信息识别技术在环境保护方面也发挥了积极作用，通过优化交通流量，从而降低尾气排放，改善空气质量。另外，这一技术也是我国法律部门侦破案件的重要工具，在确保公共安全方面发挥着重要作用。

由于交通信息识别技术的重要性十分突出，所以这一技术的发展一直是我国交通领域的发展重点。且近年来，这一技术从硬件和软件方面取得了显著进步。相较 2020 年之前，交通信息识别技术已经在以下几个方向中取得了突出成果。

1. 数据采集精度大幅提高

2020 年之前，我国交通信息识别技术主要依赖传统监控设备，而 2020

年之后随着传感器技术的快速发展，我国交通部门已经可以获取更高精度、更实时的交通数据，而这些高精度数据的采集主要依赖更先进的智能化的摄像头、激光雷达以及高精度的GPS设备等。

2. 处理速度大幅提升

大数据时代来临后，交通数据的海量增长和交通智能化发展面临诸多难题，而在更加庞大的数据中精准识别目标信息则需要更快的处理速度和更高效的算法。不过自从我国交通管理部门融入了云计算、AI等前沿科技后，数据处理能力得到了成倍提升，在交通信息识别能力方面，也取得了十足的进步。

3. 环境适应能力增强

以往，传统的交通信息识别设施很容易受到环境影响，设备寿命、信息采集精准度、信息识别能力也容易出现波动。但随着交通科技的发展，这类设备在近年来实现了质的飞跃，不仅提升了信息采集准确度，更强化了环境适应力，进而让交通信息识别系统更加稳定、精准。以我国知名的交通违章监测系统——海燕系统为例，目前海燕系统每分钟可以识别超1000张照片，任何违章情况都可以被准确监测，且这种监测能力受环境影响较小。

4. 数据融合能力提高

交通信息识别技术非常注重多源数据的融合，通过整合来自不同传感器、摄像头和用户设备的数据，提供更全面和准确的交通信息。这将包括视觉、听觉、触觉等多种感知数据的融合，提升系统的综合识别能力。目前，我国交通识别系统的数据融合范围已经得到了全面扩大，从最初的图像数据违章，扩大到了图像、声音领域，甚至部分区域还融合了环境监测数据。这种数据融合能力的提高为交通管理带来了更多帮助，尤其在交通规划、应急效应方面，交通部门可以根据数据识别情况进行更精准的决策。例如，我国部分区域的交通部门与环境监测部门达成合作，交通信息识别系统融入了环境监测数据。交通管理部门也可以及时识别环境情况，并控制质量等数据，采取相应的"限号""限行"措施。

5. 人工智能大幅应用

人工智能技术如今已经成为交通信息识别技术的重要推动力。目前，全国各地的交通管理部门都在努力构建自己的智慧交通管理系统，通过应用深度学习和神经网络等先进技术，系统将能够自主学习和改进，提高交通信息识别的准确性和效率。

从以上5个方向可以看出，我国交通信息识别能力的发展正在朝着科技化、高端化、智能化的方向迈进，而在这一过程中脑机接口技术也开始彰显自身价值，并在交通识别能力方面展现了突出优势。

脑机接口技术的核心在于能够将大脑的意图和思维直接转化为操作指令，从而实现对外部系统的精确控制。脑机接口技术的应用已经在医疗、娱乐等领域取得了显著成果，而在交通信息识别领域，脑机接口技术也展示出了巨大的潜力。尤其针对交通信息识别的上述5个发展方向，脑机接口技术都能够带来全面的升级。

1）在信息采集的精度方面，脑机接口技术通过直接读取和解读大脑信号，实现了交通信息识别的高度实时性和精确性。相比传统的交通信息识别技术，脑机接口系统能够更快速地响应交通状况的变化，提供更及时和精准的信息。例如，在交通事故发生时，脑机接口系统可以通过驾驶员或乘客的大脑信号，立即识别事故的严重性和紧急性，进而让交通应急部门匹配更合适的处理方法，而不是到现场后再进行针对性调度。

2）脑机接口技术具有强大的多源数据融合能力。它采集的脑信号包含视觉、听觉、触觉等多种感知数据。例如，脑机接口系统可以通过驾驶员的疑惑、犹豫、焦虑情绪识别交通状况或路况变化，这种多源数据的融合，可以提升交通管理系统的综合识别能力，提高交通管理效果。

3）脑机接口技术可以与AI技术深度融合，并提升交通智慧性。当智慧交通管理系统融合脑机接口技术后，便可以根据驾驶员的脑信号深度了解城市交通需求，进而优化交通发展方向，让交通发展更契合大众实际需要。

4)脑机接口技术在各种复杂的环境条件下都能稳定运行。相比传统的交通信息识别技术,脑机接口系统不易受天气、光线等外部环境因素的影响。例如,在大雨、大雪或浓雾等恶劣天气条件下,传统的摄像头和传感器会受到或多或少的影响,而脑机接口系统通过大脑信号识别交通信息,能够保持稳定的性能和高效的识别能力,这就保障了在极端环境下交通信息识别系统的有效性。

目前,脑机接口技术在交通信息识别领域的应用与创新还在继续,且脑机接口技术的应用深度也在不断加强。通过这一技术的不断深度应用,交通部门的交通信息识别能力将会大幅提升,无论是在优化交通流量、提高道路通行效率,还是在提升交通管理的智能化水平方面,脑机接口技术都会带来显著提升效果,让更准确、实时的交通信息识别能力促进城市和社会的健康发展。

8.2 脑机接口在导航系统中的应用

导航系统的历史可以追溯到古代的地理和航海技术。在没有现代技术的时代,人们依靠星星、地标和地图进行导航。最早的地图通常是手工绘制的,并且存在许多局限性,如精确度不足和更新缓慢。随着时间的推移,导航技术经历了从机械仪器到电子设备的巨大发展。

20世纪初,随着无线电技术的发展,早期的无线电导航系统应运而生。这些系统主要用于航空和海洋领域,通过无线电信号帮助飞行员和船长确定位置。进入21世纪,GPS⊖的出现彻底改变了导航领域。GPS技术利用卫星信号提供实时的位置信息,使得导航变得更加精准和可靠。如今,现代导航系统不仅仅限于GPS,还结合了互联网数据、实时交通信息和人工智能技

⊖ 全球定位系统(Global Positioning System,GPS),是美国研制发射的一种以人造地球卫星为基础的高精度无线电导航的定位系统。GPS在全球任何地方以及近地空间都能够提供准确的地理位置、车行速度及精确的时间信息。

术，为用户提供全面的导航解决方案。

目前我国的导航系统主要为北斗导航系统，具体应用有百度地图、高德地图，以及谷歌地图、苹果地图等。这些软件利用GPS、地理信息系统（GIS）和实时数据来提供导航服务，并提供详细的地图、路线规划、交通状况等功能，用户可以通过手机、车载设备等多种方式进行访问。同时这些软件还可以根据用户使用的导航路线生成数据，提供实时的交通信息和道路警报。

尽管现代导航系统功能强大，但仍存在一些常见的问题和局限性。例如，在城市密集区域或隧道中，GPS信号可能会受到遮挡，导致定位精度下降。此外，现有系统的实时性和智能化水平有待提高，特别是在处理复杂交通情况和个性化需求方面，现有导航系统还存在一定的不足。

目前，脑机接口技术作为一种新兴技术，正在为导航系统带来创新应用，并在弥补导航技术发展中的各种不足。这一技术通过直接解读大脑信号，实现人与计算机系统之间的无缝沟通。在导航系统中，其可以提升智能化和人性化，为用户提供更为精准和个性化的导航服务。

首先，脑机接口技术能够让导航系统提供更实时的路径规划。因为脑机接口技术可以实时解读用户的意图，通过脑波信号分析用户的需求，从而动态调整导航路径。当用户在驾驶过程中感到焦虑或疲劳时，系统可以自动优化路线，选择更加安全和舒适的路径。

其次，脑机接口技术还能够带来更精准的导航信息。脑机接口技术能够分析出用户的实际需求，并实时根据用户的个性化需求进行导航设置。例如，系统可以通过分析用户的脑波模式，了解其对特定路线、交通工具或行车风格的偏好，从而提供个性化的导航服务。

最后，脑机接口技术可以与现有的导航系统无缝连接，通过数据融合和智能算法提升导航系统的性能。例如，脑机接口系统可以通过与GPS、传感器和实时交通数据相结合，提供更加全面和智能的导航服务。此外，脑机接口技术还可以与车载系统、智能手机等设备进行协同工作，实现多平台的导航体验。

由此可见，脑机接口技术在导航领域的发展不仅是一种趋势，更是现代导航技术全面升级的关键。我们可以试想，当脑机接口技术与导航技术融合后，仅仅从操作层面就可以实现导航软件的全面升级。例如，盲人或视力受损者，便可以通过这一技术轻松获得精准导航。利用脑机接口技术，导航系统可以实时监测盲人用户的脑信号，根据其认知状态和环境信息提供导航指引。在实际应用中，脑机接口技术能够帮助视力受损者更好地感知周围环境，提高步行导航的安全性和便利性。

从技术层面分析，脑机接口系统与导航系统的融合并不复杂，其只需要在现有导航系统前端增添脑电信号采集设备，并在数据分析环节增加脑电信号分析系统即可。即通过脑电图（EEG）设备、信号放大器、传感器和计算设备的添加，现在的导航系统便可以升级为脑机接口导航系统。

EEG 设备用于采集用户的脑电波信号，信号放大器用于增强信号的强度，传感器用于收集环境和位置信息，计算设备用于处理和分析数据。当信号准确收集并上传后，信号处理算法便可以过滤、解读脑电波信号，路径规划算法计算最优导航路线，之后生成导航信息与用户进行交互。

在这个系统中，数据处理模块是系统的核心部分，它包括信号预处理、特征提取、模式识别和决策输出等环节。信号预处理用于去除噪声和干扰，特征提取用于获取脑电波信号中的有用信息，模式识别用于分析和识别用户的意图，决策输出用于生成导航指令。这是当前脑机接口技术融入导航系统需要主要攻克的重点与难点。

上海大学的"基于脑－机接口的车辆导航与控制技术"项目

目前，我国上海交通大学就在展开一项"基于脑－机接口的车辆导航与控制技术"的研究，这项研究由张丽清担任项目负责人，是上海交通大学的一项重大研究计划。

该项目旨在通过脑机接口技术，揭示特定脑思维活动规律，建立脑思维活动的意向与行为之间的关联。这项研究对理解大脑认知神经机理具有重要的理论意义，并对研发处理高度复杂数据的新型信息感知技术和模式识别技术具有重要价值。同时，该项目在挖掘人类认知潜能、研发残疾人和老年人自助系统，特别是对认知障碍疾病的康复等方面具有重要的应用前景。

项目的研究目标是基于场景认知诱导的新型脑机交互范式、特定认知诱发电位模式识别以及车辆脑电导航核心技术，揭示新型异步、自主脑机交互的神经机理。研究内容包括理解特定多模态思维活动诱发的脑电（EEG）信号模式动态变化特征，建立提取该诱发电位的表征模型与特征提取算法，研发多模态思维诱发电位模式识别技术，并进一步构建多模态思维活动－特征表征－抉择控制之间的映像关系，即多模态脑机交互范式。

在项目的研究过程中，团队从多任务动态脑机交互神经机理、脑信号特征提取与模式识别、脑机交互典型应用三大方面展开了深入探索。

1）研究团队提出了双向自适应训练与神经反馈交互模式，帮助病人更快地适应脑机交互康复训练系统。这种训练模式不仅提高了病人的康复效率，还为多任务脑机接口提供了理论基础。此外，团队还设计了脑机交互学习范式，使脑机交互系统能够快速适应病人的运动想象去同步模式。这一创新极大地提升了脑机接口系统的适应性和灵活性。

2）在脑信号特征提取与模式识别方面，研究团队针对高维度脑信号处理，提出了张量分解的特征分析和特定思维模式识别方法，并开发了非负张量分解算法和脑电时间－频率－空间的张量特征提取算法。这些技术为高精度脑信号处理和识别提供了有力支持。

3）在实际应用中，研究团队成功研发了基于脑机接口的轮椅车控制系统和康复系统，并通过临床验证，证明了这些系统在提高残疾人和老年人出行和康复效果方面的有效性。

轮椅车控制系统的研发，使残障人士能够通过脑电波信号直接控制轮椅车的移动，实现了真正的自主出行。这一系统不仅提升了残障人士的出行自由度，还增强了他们的自尊和独立性。研究表明，通过脑机接口技术控制轮椅，残障人士在出行时能够更加灵活地应对复杂的环境，提高了出行效率和安全性。

　　康复系统则通过脑电波信号监测病人的运动现象，帮助病人进行康复训练。这一系统在医院的临床验证中显示出显著的康复效果，帮助许多病人重新获得运动能力。尤其是在脑卒中康复方面，脑机接口康复系统提供了一种全新的、有效的康复途径，使患者能够更快地恢复运动功能。

　　项目的研究成果显著，不仅在理论上取得了突破，还在实践中展现了广泛的应用前景。团队共发表论文 24 篇，其中 5 篇被 SCI 收录，2 篇发表在 *IEEE Transactions* 系列刊物上。此外，研究团队在国际重要会议上发表了多篇论文，并获得了多项奖项和专利。

　　这些成果不仅证明了脑机接口技术在车辆导航与控制领域的可行性和有效性，还为未来相关技术的发展提供了宝贵的参考。通过项目的研究，团队不仅在技术上取得了显著进展，还为推动脑机接口技术在实际应用中的普及和发展做出了重要贡献。

　　总体而言，"基于脑-机接口的车辆导航与控制技术"项目不仅在理论研究上取得了重要突破，还在实际应用中展现了广阔的前景。随着技术的不断发展，脑机接口技术有望为残障人士和老年人的出行带来更多便利和安全，为社会的包容性和多样性做出更大贡献。

　　通过这一案例可以看出，我国脑机接口技术在导航系统的研究已经取得了诸多成果，这一技术不仅能促进智慧交通发展，还能惠及更多特殊群体，改善社会整体的发展效果，这对交通强国、科技强国而言，都是极佳的表现。

8.3　脑机接口与交通数据分析

　　在智慧交通系统中，数据分析是优化交通管理、提高道路安全和提升出行效率的核心手段。脑机接口技术的引入，也为交通数据分析带来了全新的维度和突破。

可以看出，随着城市、社会的智能化发展，我国交通工具数量不断增加，传统的交通管理方式已经难以应对日益复杂的交通状况。交通部门每天需要面对海量的数据信息，将这些数据进行有效分析梳理，是确保交通健康发展的重要前提。

目前，交通数据主要来源于传感器、摄像头、GPS等设备，涵盖交通流量、行驶速度、事故记录和环境状况等多种类型。这些数据为交通管理部门提供了宝贵的决策依据。然而，传统的交通数据处理方法存在局限性。例如，固定传感器和摄像头的覆盖范围有限，难以全面反映整个城市的交通状况；数据传输和处理的延迟，使得实时决策变得困难。此外，传统系统难以准确识别驾驶员的状态和意图，无法提供个性化的交通管理服务。

在这种背景下，脑机接口技术的引入，为交通数据的采集和处理带来了新的契机。脑机接口技术在交通领域提供了一种全新的采集方式。传统的交通数据采集方法依赖于外部设备，而脑机接口技术能够实时监测交通管理人员或驾驶员的脑电波数据，结合其他传感器数据，形成更全面的交通信息。这种数据采集方式具有独特的优势，尤其在实时性和高精度方面表现突出。正如我们前面提到的，驾驶员在长时间驾驶后容易出现疲劳状态，这时通过脑机接口技术监测其脑电波信号，能够及时发现疲劳迹象，并向驾驶员发出警示，甚至在必要时接管车辆控制。这种基于脑电波的数据采集方法，可以实现交通数据的实时采集、实时处理，在极短时间内完成了交通管理的优化。

另外，脑机接口技术在交通数据处理应用方面可以双向应用，即脑电波数据还可以用于监测交通管理人员的状态。例如，在交通指挥中心，管理人员的集中注意力和决策能力至关重要。脑机接口技术可以实时监测管理人员的脑电波信号，帮助识别疲劳和压力状态，从而优化工作安排，确保交通管理的高效运转。

总之，脑机接口技术作为一种创新的交互手段，正在逐渐改变传统交通数据分析的方式与能力。通过直接读取和解读大脑的神经信号，脑机接口技术为交通管理和优化提供了新的工具和方法。下面，我们就从应用策略和应用重点的角度出发，详细分析脑机接口技术在交通数据分析领域的应用。

1. 脑机接口技术在交通数据分析领域的应用

脑机接口技术作为数据收集的全新技术，其在交通数据分析领域的应用策略十分关键，以当前交通数据分析技术为基础，巧妙融入脑机接口技术，能够以最简单的方式，获得更大的提升效果。从当前脑机接口技术在交通数据分析领域的应用方向中可以看出，其应用策略主要体现在以下几个方面。

（1）实时数据采集与分析

传统的交通数据采集通常依赖于传感器、摄像头和 GPS 设备，这些设备虽然能够提供大量的数据，但在实时性和精准度方面存在一定的局限性。脑机接口技术通过直接读取驾驶员和行人的脑电波信号，可以实现对交通状况的实时监测和分析，这为交通数据分析打通了另外一条信息获取与分析渠道，且这一渠道的数据采集分析更及时、更便捷、更高效。

（2）动态交通管理

脑机接口技术能够根据实时数据，动态调整交通管理策略，提高交通流的效率和安全性。具体来说，脑机接口系统可以实时监测道路使用者的情绪和行为，并根据这些数据动态调整交通信号灯的时间和周期。在高峰时段，通过监测驾驶员的情绪和压力水平，脑机接口系统可以延长绿灯时间，缓解交通拥堵。同时，脑机接口技术还可以与智能交通系统结合，实时调度公共交通工具，提高公共交通的利用率。

（3）个性化交通服务

脑机接口技术可以根据个体用户的需求和偏好，提供个性化的交通服务。例如，脑机接口系统可以监测乘客的情绪状态和出行需求，自动调整公交车的停靠点和发车频率，为乘客提供更加便捷和舒适的服务。此外，脑机接口技术还可以用于出租车和共享出行服务，通过分析乘客的脑电波信号，提供定制化的出行路线和服务，提升用户体验。

2. 脑机接口技术在交通数据分析领域的应用重点

目前，上述3种策略已经成为脑机接口技术在交通数据分析领域的主要应用方式，且已经成为全球范围内的脑机接口与交通科技融合的重点。例如，美国国家航空航天局（NASA）的研究项目就利用脑机接口技术检测飞行员和空中交通管制员的错误概率，从而提高航空安全；还有美国国防部资助的研究项目，也在探索使用脑机接口技术进行无人机的无手控制，这种技术也可以应用于驾驶车辆，提高交通系统的灵活性和响应速度。而从这些研究项目的现有成果中，我们也可以看出脑机接口技术在交通数据分析领域的应用重点分为以下5个方面。

（1）高精度脑电波信号处理

脑电波信号处理是脑机接口技术应用的核心。为了确保数据的准确性和实时性，脑机接口系统需要具备高精度的脑电波信号采集和处理能力。通过先进的信号处理算法，如非负张量分解和高阶偏最小均方方法，脑机接口系统能够提取和分析高维度的脑电波数据，从中识别出有用的特征和模式。这些数据为交通管理和优化提供了重要的参考依据。

（2）多模态数据融合

在交通数据分析中，单一的数据源往往不足以提供全面的信息。脑机接口技术通过多模态数据融合，将脑电波数据与其他交通数据（如交通流量数据、环境数据等）结合在一起，进行综合分析。通过数据融合技术，脑机接口系统可以整合来自不同来源的数据，形成全面的交通信息，并利用大数据分析技术，识别交通模式和趋势，提供决策支持。

（3）智能交通系统集成

为了充分发挥脑机接口技术的优势，需将其与现有的智能交通系统进行无缝集成。通过系统集成，脑机接口系统能够实现数据的实时传输和处理，并与交通管理系统、智能交通基础设施和公共交通系统协同工作。通过优化算法和硬件，提升系统的处理速度和准确性，确保实时响应和动态调整，提高交通管理的智能化水平。

（4）实验验证与应用推广

在应用脑机接口技术进行交通数据分析的过程中，实验验证是必不可少的环节。通过大量的实验和实际应用，验证脑机接口系统的性能和效果，不断优化和改进技术。同时，通过案例分析和用户反馈，积累经验和数据，为技术的进一步推广和应用提供支持。

（5）数据安全保障

随着脑机接口技术在交通数据分析中的广泛应用，隐私数据保护问题也需要引起高度重视。在数据采集和处理过程中，需制定严格的隐私保护政策，确保用户数据的安全和隐私。此外，还需建立脑机接口技术的伦理规范，确保技术应用的合规性和道德性，保障用户的权益不受侵犯。

总体而言，脑机接口技术在交通数据分析领域具有广泛的应用前景。这一技术能够显著提升交通管理的效率和智能化水平。相信随着脑机接口技术在交通数据分析领域的深度应用，这一技术将为建设智慧城市和智能交通系统贡献重要力量。

8.4 脑机接口与车辆间通信

车载通信系统不是简单的通话系统，而是在智能交通系统、传感器网络技术发展基础上研发的无线通信技术。这一技术对于交通智慧发展十分重要。车载通信系统通过车车、车路通信实现了车辆与交通管理部门、车辆之间、车辆与其他人群之间的紧密结合，通过有效的信息实时交互，极大提高了交通系统的安全性和效率。

在智慧交通系统中，车辆间的通信技术（V2V）显得更为重要。

首先，V2V通信可以显著提高交通安全性。通过车辆之间的信息共享，驾驶员可以提前获知前方道路的交通状况、障碍物以及突发事件，从而及时做出反应，降低事故发生的概率。例如，当前方车辆紧急制动时，后方车辆可以通过V2V通信立即获悉这一情况，并及时采取减速或变道等避让措施，避免发生连环追尾事故。

其次，V2V通信技术能够提升交通效率。通过共享车辆的速度、位置和行驶方向等信息，V2V系统可以优化交通信号控制和车辆调度，减少交通拥堵，提高道路通行能力。

此外，V2V通信技术是实现自动驾驶的重要支撑。自动驾驶车辆需要在复杂的交通环境中进行高效、安全的行驶，而这一切离不开车辆之间的信息交换。通过V2V通信，自动驾驶车辆可以实现协同驾驶和智能调度，提高自动驾驶的安全性和可靠性。例如，在高速公路上，自动驾驶车辆可以通过V2V通信保持车距和车速的同步，实现智能车队的编队行驶，减少交通事故的发生。

但截至2024年，车辆间的通信系统在我国智慧交通体系中还没有完成全面搭建，这不仅仅是车辆间通信技术自身无法满足要求的原因，还与现有汽车研发技术有直接关系。不过脑机接口技术的融入可以有效改善这一情况，将脑机接口技术应用于V2V通信，可以有效提升通信的实时性和精确性，还能实现个性化的交通服务，这能够加速车辆间通信系统的全面搭建。

从脑机接口技术的应用层面出发。脑机接口技术可以实时监测驾驶员的状态，也能够将这些信息共享给其他车辆。通过脑电波采集设备，脑机接口系统能够实时检测驾驶员的疲劳程度、注意力集中度和应急反应等状态信息。当单一车辆出现驾驶问题时，附近的其他车辆能够第一时间获得相关提醒，并提前做好防范措施。

如今，随着我国汽车保有量的急速增长，城市、城际交通道路的流量不断提升。我们可以将每一段道路上的车辆视为一个车队，试想如果我们能在各个路段覆盖车辆间的实时通信系统，那么交通安全性可以得到怎样的提升。

试想，当我们行驶在高速公路上时，融入脑机接口技术的车辆间通信系统检测到前方驾驶员有应急反应，这时我们及后方车辆立即获取相关提醒，这让我们获得了更多的反应时间和空间，又或者当我们的车辆具有自动驾驶辅助功能时，车辆也可以及时介入，这足以避免许多重大交通事故的发生。

又或者，在城市交通环境中，当一辆车在十字路口检测到驾驶员的紧急避让意图时，如果十字路口区域安装了融入脑机接口技术的车辆间通信系统，其他车辆能够及时获取信息，以及采取措施的相关提示，以此避免碰撞。这种通过脑机接口技术获取的协同驾驶信息，能够优化交通流量，减少交通拥堵，防止交通事故的发生。

脑机接口技术在车辆间通信系统中的这一应用，并不是遥远的展望，而是技术理论清晰，且进入实质研究阶段的技术发展。这种交通智慧系统的搭建在技术层面也不复杂，只需要通过3个步骤。

（1）车辆实时监测

在区域内通过脑机接口技术实时监测驾驶员的脑电波数据，识别出驾驶员的应急反应。

（2）信息传递

当驾驶员发出应急指令（如紧急制动、避让等）时，脑机接口系统通过V2V通信将信息传递给区域内的相近车辆。

（3）及时调整

区域内相近车辆接收到信息后，及时调整车速和行驶路径，确保整个区域交通的协调与安全。通过这种智能编排行驶，车辆之间能够保持一致的速度和车距，减少因速度不一致引发的交通事故，提高整体交通效率。

其实，脑机接口技术和V2V通信的结合整体并不复杂，无论是在哪种场景的应用，其技术逻辑都会遵循以下3个步骤。

（1）脑电波采集与处理

通过EEG设备实时采集驾驶员的脑电波信号，利用信号处理算法分析驾驶员的状态和意图。

（2）信息传递与共享

通过V2V通信协议，将驾驶员的状态信息和应急指令传递给其他车辆，实现信息共享。

（3）及时响应与调整

接收到信息的车辆通过自动驾驶系统进行响应和调整，确保整体交通的安全和流畅。

在这个过程中，脑机接口系统需要高效的信号处理能力和快速的信息传递能力，以确保驾驶员的状态信息能够实时传递并快速响应。同时，V2V通信系统需要具备高度的可靠性和稳定性，确保信息传递的准确性和及时性。这两个关键点也是当前需要攻克的技术难点。

不过，脑机接口技术与V2V通信的结合已经成为我国交通科技发展的重要方向，也将成为智能交通系统的重要组成部分，为实现更加安全、高效和智能的交通管理提供强有力的技术支持，为人们的出行带来更多便利和安全。

8.5 脑机接口与交通规划

交通规划是城市发展的基石，对城市交通流量管理、道路布局设计和公共交通系统优化起着至关重要的作用。交通规划不仅决定了城市的交通效率，还直接影响居民的生活质量。随着城市化进程的加快，交通问题日益突出，合理的交通规划显得尤为重要。

在现有的交通规划方法中，传统的交通模型和数据分析方法占据主导地位。这些方法依赖于历史数据和长期预测，通常采用交通需求预测、交通流模型和仿真模拟等手段。在我国综合立体交通网络构建的过程中，交通规划也需要更多的技术革新，进而满足交通智慧发展的整体要求。

在这里，我们需要注意一点。交通规划不仅仅是数据分析的过程，更是一个需要实时调节与优化的动态系统。实际情况的变化，如突发事件、天气变化、交通事故等，都要求交通规划具有高度的灵活性和实时响应能力。目前，我国交通科技的发展也在努力提升交通动态规划的能力，而脑机接口技术正是我国交通科技研发部门运用的重要力量。通过采集和分析驾驶员和行人的脑电波数据，为交通规划的实时性和动态调整提供了新的解决方案。

事实上，脑机接口技术与交通规划的融合不仅仅是我国交通科技当前研发的重点，在全球范围内多个发达国家都在开展各种脑机接口技术融入交通发展的项目，其中就涉及脑机接口技术与交通规划的融合。

美国国防高级研究计划局（DARPA）目前正在进行一项"Neural Engineering System Design"（NESD）项目，这一项目旨在开发一种高分辨率的神经接口系统。这一系统能够实现人脑与数字世界之间的精确通信，其核心目标是通过高密度电极阵列，实现超过100万个神经元的并行交互。该项目预计耗资6000万美元，目的是全面提升美国脑机接口技术水平，从而为未来的交通规划提供新的技术支持。

NESD项目的核心在于提高神经接口的容量和精度，通过更先进的硬件和软件，实现大脑与机器之间的高效通信。在实际应用中，NESD项目展示了脑机接口技术在交通管理中的潜力。例如，通过监测驾驶员的脑电波信号，交通管理系统能够识别驾驶员的疲劳状态，并动态调整交通信号，以避免事故的发生。这一科研项目能够提高美国交通系统的响应速度和灵活性，为智能交通系统的建设提供技术支撑。

据美国国防高级研究计划局公布的信息显示，NESD项目目前存在的挑战在于如何解决高密度电极阵列的生物相容性问题，以及如何确保数据处理的实时性和准确性。此外，数据隐私与安全也是一个重要的考虑因素。不过总体而言，这一项目的研发进展比较理想。

还有欧盟的"BrainCom"项目，"BrainCom"项目是"H2020计划"的一部分。"H2020计划"的全称是"地平线2020"科研与创新框架计划。它的前身为始于1984年的"欧盟科研框架计划"，是欧盟成员国共同参与的中期重大科研计划，也是世界上规模最大的官方综合性科技研发的计划之一，主要研究国际前沿和竞争性科技难点问题。

"BrainCom"项目专注于开发高密度脑电波信号采集和处理技术，以提升脑机接口系统的性能，该项目的研究不仅为医疗领域提供了新的解决方案，也为交通规划和管理提供了技术支持。

据欧洲相关学术报告显示，BrainCom项目致力于通过高密度信号采集设备和先进的信号处理算法，提高脑机接口系统的准确性和实时性。例如，该项目开发的设备能够高密度地采集脑电波信号，并通过数据融合技术，将这些信号与其他交通数据结合，为交通规划提供综合性的信息支持。在交通规划中的应用方面，BrainCom 项目展示了其技术的巨大潜力。通过高密度信号采集技术，可以实时监测和分析驾驶员的脑电波，动态调整交通管理，减少交通拥堵，提高通行效率。这种技术还可以用于监测行人的状态，提供更安全的交通环境。这一项目的科研成果已经充分凸显了脑机接口技术在交通规划管理领域的价值。

此外，还有日本 RIKEN 脑科学研究所的脑机接口项目，该项目的相关科研报道中也曾提到，项目通过开发高精度的脑电波信号处理和实时数据分析技术，可以有效提升交通管理的效率和安全性，从而实现更智能的交通规划及管理效果。

从以上科研项目中我们可以看到，脑机接口技术在交通规划中具有巨大潜力。这些项目展示了脑机接口技术在实时数据采集与分析、动态交通管理与优化、个性化交通服务和多模态数据融合中的应用策略和技术重点，为提升交通系统的智能化管理水平带来了多维度的促进。各国在这一领域的研究和应用，都在指明脑机接口技术将成为交通规划管理的重要技术力量。

结合全球各地脑机接口技术在交通规划领域的研发成果，全球各地相关学者对脑机接口技术应用于交通规划的提升与促进，可以体现在以下几个方面，如图 8-1 所示。

1. 交通需求分析

交通需求分析是交通规划的基础，传统方法主要依赖于调查和统计数据。而脑机接口技术通过直接读取和分析驾驶员和行人的脑电波，可以更精确地了解他们的出行需求和行为模式。通过脑机接口设备监测驾驶员的出行意图，可以优化出行时间和路线选择，同时，脑机接口技术还能帮助研究人员更好地理解不同群体的出行偏好，为交通需求预测提供更可靠的数据支持。

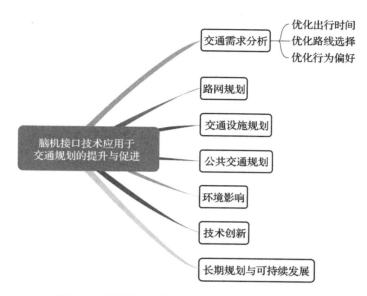

图 8-1 脑机接口技术应用于交通规划的提升与促进

2. 路网规划

在路网建设规划中，脑机接口技术的应用可以提升规划的科学性和合理性。通过脑波数据，规划者可以更直观地了解驾驶员在不同路段和路况下的心理和生理反应。例如，在设计高速公路和城市主干道时，脑机接口技术可以帮助设计及建设人员收集驾驶员对车道宽度和曲率的反馈信息，确定更舒适和安全的车道设计方案，同时脑机接口技术可以用于模拟和评估不同路网方案的实际效果，从而确定最佳的设计效果。

3. 交通设施规划

交通设施的规划包括停车场、服务区等设施的布局和设计。脑机接口技术在这一领域的应用主要体现在优化用户体验和提升设施的使用效率。通过监测驾驶员的脑波活动，脑机接口技术可以帮助确定最佳的休息距离和位置，提供合理的休息建议，防止驾驶疲劳。此外，在停车场规划中，脑机接口技术可以帮助分析驾驶员在寻找停车位时的压力和焦虑,优化停车场的设计和导引系统,提高停车效率。

4. 公共交通规划

公共交通是解决城市交通问题的重要手段,而脑机接口技术在公共交通规划中的应用则主要集中在提升乘客体验和运营效率方面。通过监测乘客的脑波活动,脑机接口技术可以帮助识别乘客在不同交通工具和服务中的舒适度和满意度,进而优化公交车、地铁和轻轨等交通工具的设计和运营策略。

5. 环境影响

随着环保意识的增强,交通规划中的环境影响评估变得越来越重要。脑机接口技术在这一方面的应用主要体现在监测和减轻交通污染对人们的影响。通过监测行人在不同环境中的脑波活动,脑机接口技术可以帮助评估交通噪声和空气污染对居民健康和心理的影响,制定更有效的减排和噪声控制措施。例如,在规划高速公路和铁路线路时,脑机接口技术可以帮助设计人员收集相关信息,确定最合适的隔音墙和绿化带的布局,减少噪声对居民的干扰。此外,脑机接口技术还可以用于评估不同交通工具的环保性能,推动低碳交通工具的发展和应用。

6. 技术创新

脑机接口技术本身就是一种前沿的创新技术,它在交通规划中的应用不仅提升了交通系统的智能化水平,还催生了许多新的应用场景和服务模式。如脑机接口技术和车辆间通信技术的结合,可以实现车辆之间的实时通信和协同驾驶,增加交通流量,提高安全性。

7. 长期规划与可持续发展

在长期规划和可持续发展方面,脑机接口技术的应用有助于构建更加智能和可持续的交通系统。通过持续监测和分析交通参与者的脑波数据,脑机接口技术可以提供实时的交通流量和需求预测,为交通规划和管理提供科学依据。

总的来说,脑机接口技术在交通规划中的应用前景广阔,它不仅提升了交通规划的科学性和精准性，还为交通系统的智能化和用户体验带来了新的可能性。我们可以看到，随着脑机接口技术在交通领域的应用加深，它将逐渐成为交通规划的重要工具，成为构建更加高效、安全和可持续的交通系统的重要支撑。

8.6 脑机接口与残障人士出行

出行是每个人包括残障人士的基本权利。能够独立出行意味着他们可以自由地参加各种社会活动，如工作、学习、购物和娱乐。这不仅有助于提高他们的生活质量，也让他们感受到平等和尊重。缺乏出行能力的残障人士在社会中面临更多的障碍，不仅在物理空间上受到限制，还在心理上感到孤立和无助。

出行能力直接决定了残障人士的社会融入度，能够方便出行的残障人士更容易找到工作、接受教育、获得医疗服务并参与社区活动。这对残障人士的心理健康和社会认同感有着积极的影响，有助于提升他们的自我价值感和幸福感。

尽管解决出行问题对残障人士至关重要，而且我国也对此做出了极大努力，如建立残障人士专属的出行通道，在公共交通枢纽提供相关服务，在交通工具上设置残障人士优先座位等，但目前在许多残障人士的实际出行中，仍面临着许多挑战，解决这些问题仍是我国交通发展需要完成的任务。

首先，物理障碍是一个主要问题。目前仍有一些公共交通和交通基础设施对残障人士不友好，缺乏无障碍通道和设备。例如，许多公交车和地铁站没有配备轮椅坡道、电梯或自动门，残障人士在出行时常常需要依赖他人的帮助，这极大地限制了他们的独立性和自由度。在一些城市，即使有无障碍设施，这些设施的维护和管理也存在问题，导致残障人士无法顺利使用。

其次，技术限制也是一个重要因素。现有的辅助技术在功能和使用便利性上存在局限，不能完全满足残障人士的出行需求。许多辅助设备如轮椅、助行器等，虽然在一定程度上帮助了残障人士，但在灵活性、易用性和适应性方面仍存在较大不足。例如，轮椅的操作依赖于手部力量和灵活性，这对某些残障人士来说是一个巨大的挑战。电动轮椅虽然提供了更高的灵活性，但在复杂的城市环境中仍然面临许多限制，如狭窄的道路、不平的地面和高低不平的路缘。

最后，经济负担同样是残障人士面临的重大障碍。高昂的辅助设备和服务费用成为许多残障人士出行的经济障碍。许多高科技辅助设备价格昂贵，普通家庭难以承受。即使在发达国家，残障人士也常常面临支付不起这些设备和服务费用的困境，这进一步限制了他们的出行能力和生活质量。此外，辅助设备的维护和维修费用也常常超出残障人士和他们家庭的承受能力，这使得许多残障人士只能依赖廉价但功能有限的设备。

近年来，随着我国交通科技的发展，残障人士出行问题已经得到极大改善，且在交通设施、交通工具等方面，我国交通部门也进行了人性化的升级改善，这极大提高了残障人士出行的安全性、独立性，也提升了他们的生活品质与社会参与度。不过随着脑机接口技术与交通科技的融合，残障人士的出行问题还将得到多方面的改善。

1. 残障人士出行工具的操作效果提升

通过脑机接口技术，残障人士可以直接用脑电波信号控制设备，无须依赖肢体动作，突破了物理障碍。尤其对于失去基本操作能力的残障人士而言，这极大提升了他们独立出行的可能性和安全性。

例如，通过脑机接口控制的智能轮椅可以让无法使用手部力量的残障人士仅通过大脑意念来操控轮椅的移动。这样，他们可以更加独立地进行日常活动，如购物、上班和社交。智能轮椅的出现，不仅提高了他们的出行能力，还增强了他们的独立性和自尊心。目前，我国已经开展了多项关于脑机接口技术在医疗领域的研究应用，相关研究表明，使用脑机接口技术控制轮椅的残障人士在出行过程中体验到了前所未有的自由和自主感，他们可以随心所欲地控制轮椅的方向和速度，极大地提高了出行效率和安全性。

上海术理智能科技有限公司（简称术理创新集团）是一个成立于2015年，以从事研究和试验发展为主的企业。近年来这家公司一直专注于非侵入式脑机接口技术的研发。该技术已在肢体运动障碍、神经发育障碍和精神疾病的诊疗中取得了显著成果。

2023年5月，一位38岁的"码农"突发脑出血入院，出血量达40ml，导致言语不清、右侧偏瘫和理解力显著下降。由于病情严重，很多医院都认为他的康复希望渺茫，家人也几乎绝望。

2023年6月，这位患者开始使用术理创新集团的脑机接口诊疗系统。系统通过脑电帽提取患者的运动意识信号，并将这些信号传递给外接设备，利用外骨骼带动肢体运动。反馈信号通过外周神经传回大脑，形成一个闭环的神经传导系统。通过反复训练，大脑逐渐形成新的控制区，取代受损的中枢神经控制区。

在7周的治疗过程中，患者进行了42次训练。他的肢体功能逐步恢复，语言障碍也显著改善。出院时，他的肌力接近正常，右手精细动作明显改进，言语功能恢复正常，最终能够重返工作岗位。

术理创新集团的非侵入式脑机接口技术在残障人士出行中的应用，显著改善了他们的生活质量，提升了其独立性和社会参与度。该技术展示了脑机接口在残障人士出行领域的巨大潜力。

2. 残障人士的智能导航

智能导航系统结合脑机接口技术，可以为视力障碍者提供精准的出行支持。通过脑电波信号，系统可以分析用户的意图并提供实时导航指令，帮助他们避开障碍物和危险区域。

智能导航系统的实时反馈功能，使得视力障碍者能够在复杂的城市环境中自由出行，享受更加独立和自主的生活。例如，智能导航系统可以通过声音提示或振动反馈，指导视力障碍者安全通过街道、寻找公交车站和避免障碍物，使他们能够更加自信地独自出行。

实时反馈与调整是脑机接口系统的一大优势。脑机接口系统能够实时监测用户的状态并提供反馈。例如，当检测到用户疲劳时，系统可以建议休息或自动调整设备的操作模式，确保出行安全。同时，实时反馈机制还使用户能够快速调整操作，提高出行效率和安全性。这种智能化的实时调整功能，使得残障人士能够更安心地出行，降低意外发生的可能性。研究发现，通过实时监测和反馈，脑机接口系统能够有效预防疲劳驾驶和注意力分散，提高残障人士的出行安全性。

3. 为残障人士出行提供心理支持

心理支持是脑机接口技术的潜在益处。对于长期依赖他人帮助的残障人士来说，脑机接口技术带来的独立性不仅仅是物理上的，更是心理上的支持。通过自主控制出行设备，残障人士可以重新获得对生活的掌控感，提升自我价值感和社会参与度。脑机接口技术的应用，给残障人士带来了更多的希望和信心，使他们能够积极面对生活中的挑战。

4. 残障人士的出行品质的提升

随着科技发展，可以预见未来的 EEG 设备必然会更加小巧、便携和高效，提升脑电波数据的采集质量和用户体验。信号处理算法将变得更加先进，能够更准确、快速地解读脑电波信号。这些技术创新将进一步提高脑机接口系统的性能，使其在更多的应用场景中得到应用。更高精度的 EEG 设备和更先进的信号处理算法，将提升脑电波数据的采集和分析精度，使得脑机接口系统能够更好地为残障人士出行服务，同时改善残障人士的生活品质。

总之，脑机接口技术在改善残障人士出行方面拥有巨大的潜力。这一技术的应用未来也将为残障人士提供更便捷、更安全的出行方案，有望在未来为更多残障人士带来福音，进一步推动智能交通系统的发展，实现残障人士轻松出行、正常出行的发展目标。

下 篇
应用层

第 9 章
脑机接口在交通安全中的作用

9.1 脑机接口与驾驶员疲劳检测

脑机接口作为一种新兴的科技手段,被认为是未来人工智能与人类交互的重要途径。近年来,随着神经科学、生物医学工程等领域的快速发展,脑机接口技术在驾驶员疲劳检测中的应用日益受到关注。

1. 脑机接口技术原理

脑机接口技术是一种通过非侵入性方法捕捉大脑信号,并将其转换为可识别的指令或信息的技术。其基本原理是将大脑活动产生的信号(如脑电图,即 EEG)与特定的算法相结合,实现对用户意图的识别和解析。在驾驶员疲劳检测中,脑机接口技术可以实时监测驾驶员的脑电活动,从而判断其疲劳状态。

2. 脑机接口在驾驶员疲劳检测中的应用方法

(1)脑电信号采集

通过非侵入式的脑电图仪采集驾驶员的脑电信号。相较于传统的疲劳检测方法,脑电信号具有实时性、非接触性和高度敏感性等优点。

（2）信号预处理

对采集到的脑电信号进行去噪、放大、滤波等预处理操作，提高信号质量，便于后续分析。

（3）特征提取

从预处理后的脑电信号中提取有意义的特征参数，如频域特征、时域特征等。这些特征参数可用于表征驾驶员的疲劳状态。

（4）疲劳状态识别

利用机器学习、深度学习等方法对提取到的特征参数进行分类，实现对驾驶员疲劳状态的识别。

为了提高交通安全性，某公司开发了一种基于脑机接口技术的驾驶员疲劳检测系统，以帮助驾驶员及时发现并应对疲劳驾驶状态。系统通过植入在驾驶员头盔内的脑机接口设备，实时监测驾驶员的大脑活动。系统使用深度学习算法对驾驶员的脑电信号进行分析，识别疲劳状态的特征模式。

当系统检测到驾驶员出现疲劳迹象时，会通过车载显示屏或声音提示提醒驾驶员及时休息。同时，系统还会自动采取措施，如调节座椅振动、自动减速等，以确保驾驶员的安全。

经过实地测试，该驾驶员疲劳检测系统在识别疲劳驾驶状态方面表现出色，成功避免了多起潜在的交通事故。驾驶员也反馈称，系统提醒的准确性和及时性让他们更加安心和放心驾驶。

3. 脑机接口技术在驾驶员疲劳检测中的优势

（1）实时性

脑机接口技术可以实时监测驾驶员的脑电活动，从而实时判断其疲劳状态，为驾驶员提供及时的预警。

（2）非接触性

相较于传统的疲劳检测方法（如检测心率、血压等），脑机接口技术采用非接触式的脑电图仪采集信号,减少了对驾驶员的干扰。

(3)高度敏感

脑机接口技术对驾驶员的微小脑电波变化具有较强的敏感性,有助于更准确地评估驾驶员的疲劳状态。

(4)个性化定制

脑机接口技术可以根据每位驾驶员的个体差异,为其量身定制疲劳监测策略。这样一来,驾驶员可以根据自身的需求和特点,选择最适合自己的疲劳监测方式,提高监测的针对性和有效性。

(5)多功能性

脑机接口技术不仅能够实时监测驾驶员的疲劳状态,还可以监测其他生理指标,如情绪、注意力等。这将有助于全面评估驾驶员的驾驶状态,为预防交通事故提供更多参考依据。

(6)适应性强

脑机接口技术具有较强的适应性,可以在各种驾驶环境下正常工作,如高温、低温、潮湿等恶劣条件。这使得该技术能够在不同地域和季节背景下,为驾驶员提供稳定的疲劳监测服务。

(7)数据保密性

脑机接口技术在采集和处理驾驶员脑电数据时,采用加密算法确保数据的安全性。这有助于保护驾驶员的隐私,避免数据泄露带来的风险。

(8)智能化发展趋势

随着人工智能技术的不断发展,脑机接口技术将实现更加智能化、自动化的疲劳监测。在未来,驾驶员的疲劳状态监测可能完全交由脑机接口系统完成,从而降低人为干预的误差。

脑机接口技术在驾驶员疲劳监测方面具有显著优势。然而,我们也应看到其仍处于发展阶段,实际应用中还需克服一些技术难题,如信号干扰、数据处理速度等。相信在不久的将来,脑机接口技术将为我国交通安全事业发挥更大的作用。

9.2 脑机接口与驾驶员分心检测

脑机接口对驾驶员分心驾驶的检测也有很大作用。

1. 实时监测驾驶员注意力

脑机接口技术可以实时监测驾驶员的注意力状况，通过对大脑信号的采集和分析，判断驾驶员是否分心。当驾驶员注意力不集中时，系统会发出提醒信号，提醒驾驶员集中注意力，从而降低交通事故的发生率。

2. 个性化驾驶辅助系统

通过分析驾驶员的脑电信号特征，可以为每位驾驶员量身打造一个个性化的驾驶辅助系统。在驾驶员分心时，系统可以自动调整车辆的速度、行驶轨迹等，确保行车安全。

3. 疲劳驾驶预警

长时间驾驶容易导致驾驶员疲劳，进而出现分心现象。脑机接口技术可以实时监测驾驶员的疲劳程度，并在疲劳状态下发出预警，提醒驾驶员及时休息，避免发生交通事故。

4. 提高驾驶员培训效果

脑机接口技术可以应用于驾驶员培训领域，通过对学员的脑电信号进行分析，了解学员在驾驶过程中的注意力、情绪等状态，为教练提供针对性的教学建议，增强培训效果。

> 北京理工大学机械与车辆学院的毕路拯教授的智能人机系统团队，由罗龙溪助理教授和琚佳伟博士生主导，研发了一种名为 IDAS 的智能驾驶辅助系统。该系统结合脑电图（EEG）和肌电图（EMG）信号，能准确地对驾驶员的制动和正常驾驶意图进行分类。这个系统在检测到紧急情况时，可以间接影响车辆控制，或在确认紧急情况后直接控制车辆，显著提升驾驶安全性。

IDAS 主要接收车辆和环境、驾驶员行为及生物信号相关信息。其中，生物信号的采集主要通过监测驾驶员的脚部、四肢活动以及神经活动来实现。特别的是，他们采用了混合脑机接口（h 脑机接口）技术，结合脑电图和其他信号（如肌电图和心电图信号），提高了脑机接口的稳定性和性能。

　　实验中，团队邀请了 13 名年龄在 24~30 岁的受试者参与。通过模拟驾驶场景中的脑电、肌电和车辆信息采集，他们成功地利用 h 脑机接口模型检测出了驾驶员的紧急制动意图，如图 9-1 所示。

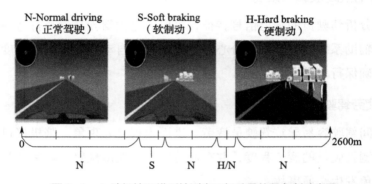

图 9-1　h 脑机接口模型检测出了驾驶员的紧急制动意图

　　此外，团队还比较了几种同时性和时序性的 h 脑机接口模型，采用了不同的特征和分类策略对三种驾驶意图（正常驾驶、软制动和硬制动）进行了多重分类。结果显示，基于光谱特征的 h 脑机接口 -SEL 分类算法和单对单分类策略的分类精度最高，系统平均准确率为 96.37%。

　　这项研究为以人为中心的智能驾驶辅助系统提供了参考，有助于提高驾驶的安全性和舒适性。然而，目前该项目还存在一些局限性，如刺激因素、受试者差异和采集设备等。团队将进一步解决这些问题，探索更有效的特征和策略融合，以提升系统的性能。

　　可以看到，脑机接口技术在驾驶员分心检测方面具有很大的潜力，但目前仍面临一些技术挑战，如信号采集与处理、数据分析、系统实时性等。未

来需要进一步研究大脑信号处理方法，提高检测准确性和实时性。

此外，脑机接口技术在驾驶员分心检测中的应用涉及法律法规和伦理问题。如何在保护驾驶员隐私的同时，确保行车安全，是脑机接口技术在实际应用中需要克服的问题。

脑机接口技术尚未在驾驶员分心检测领域得到广泛应用，一方面是因为成本较高，另一方面是由于驾驶员对新技术的接受程度有限。如何降低成本，提高市场竞争力，扩大脑机接口技术在驾驶员分心检测领域的应用，是未来发展的关键。

随着脑机接口技术的不断发展，其在驾驶员分心检测领域的应用将更加广泛。未来，脑机接口技术与人工智能、大数据等技术的结合，将为道路交通安全提供更有力的保障。同时，随着自动驾驶技术的逐渐成熟，脑机接口技术在无人驾驶领域也将发挥重要作用。

9.3 脑机接口与驾驶员情绪识别

脑机接口技术可以识别驾驶员的情绪状态，如愤怒、焦虑等，这些情绪可能导致驾驶员分心。系统可以通过语音提示、座椅按摩等功能，帮助驾驶员调节情绪，保持平和心态，提高行车安全性。

驾驶员情绪识别与调节技术在智能交通领域具有重要的应用价值。通过这项技术，我们可以实时监测驾驶员的情绪状态，并及时采取相应措施，降低交通事故的发生率。

驾驶员情绪识别技术主要是通过脑机接口技术实现的，通过监测驾驶员的脑电信号，系统可以判断驾驶员当前的情绪状态，如愤怒、焦虑等。这些情绪往往是导致交通事故的重要因素，因此，及时识别驾驶员的情绪状态至关重要。

一旦系统检测到驾驶员情绪异常，便会采取一系列干预措施，帮助驾驶员调节情绪，保持平和心态。这些干预措施包括：发出语音提示，提醒驾驶员注意情绪调节；通过座椅按摩等功能，缓解驾驶员的紧张情绪；甚至可以在车内播放轻松的音乐，以帮助驾驶员放松心情。

此外，驾驶员情绪识别与调节技术还可以与其他智能驾驶辅助系统相结合，如自动驾驶、车道偏离预警等。这些系统可以相互补充，共同提高驾驶员的行车安全性。例如，当系统检测到驾驶员情绪异常时，可以自动调整车速，保持安全距离，避免发生交通事故。

在驾驶员情绪识别与调节技术逐渐发展的同时，汽车制造商和科技公司也在不断加大对智能驾驶辅助系统的研发力度。这些系统不仅能够提高驾驶员的行车安全性，还能在一定程度上减轻驾驶员的疲劳和压力。例如，车道偏离预警系统可以在驾驶员无意中偏离车道时发出提醒，避免发生意外；自动驾驶系统则可以在复杂的路况下自动完成驾驶任务，降低驾驶员的驾驶难度。

然而，仅仅依靠技术手段还不足以确保道路交通的安全。驾驶员的情绪调节和道路安全教育同样重要。所以，加大对驾驶员情绪调节和道路安全教育的宣传也很重要。通过各种媒体渠道，向社会普及驾驶员情绪调节的重要性，提醒驾驶员关注自身情绪变化，并在遇到情绪波动时采取相应的调节措施，也是非常重要的方式。

此外，驾校和驾驶员培训机构也在逐步将情绪调节和道路安全知识纳入教学内容。学员在学习驾驶技能的同时，也要学习如何调节情绪、应对突发状况。这样一来，学员在拿到驾驶证之前，就能建立起良好的情绪调节和道路安全意识。

随着人工智能和大数据技术的发展，驾驶员情绪识别与调节技术将越来越成熟。未来，这项技术有望成为汽车标配，为广大驾驶员提供更加安全、舒适的行车体验。

驾驶员情绪识别与调节技术在智能交通领域具有广阔的应用前景。通过实时监测驾驶员的情绪状态，并及时采取干预措施，我们可以有效降低交通事故的发生率，保障道路交通安全。随着相关技术的不断进步，相信这一理念必将逐渐成为现实，让我们的出行更加美好。

第10章
脑机接口对驾驶员注意力的影响

10.1 脑机接口对驾驶员视觉注意力的影响

交通安全一直是社会各界关注的焦点。随着车辆保有量的不断增加和道路网络的复杂化，交通事故的发生频率也在上升。据统计，2023年全国共发生道路交通事故175万起，较2022年上升了8%。其中，死亡人数达到50万人，上升了4%。受伤人数达到6万人，上升了5%。全国道路交通事故万车死亡率为3.6，与2022年基本持平。这些数据无不反映出当前道路交通安全形势的严峻性。

在全球范围内，道路交通事故同样是一个巨大的问题。根据世界卫生组织㊀（WHO）统计，全球每年有约135万人因道路交通事故死亡，2000万~5000万人因事故受伤或致残。大多数交通事故是由驾驶员注意力不集中、疲劳驾驶、酒后驾驶等因素导致的。其中，驾驶员的注意力分散和心态、情绪的不稳定是导致交通事故的重要原因。因此，提高驾驶员的注意力

㊀ 世界卫生组织（World Health Organization，WHO）是联合国下属的一个专门机构，总部设置在瑞士日内瓦，只有主权国家才能参加，是国际上最大的政府间卫生组织。世界卫生组织的宗旨是使全世界人民获得尽可能高水平的健康。世界卫生组织的主要职能包括：促进流行病和地方病的防治；提供和改进公共卫生、疾病医疗和有关事项的教学与训练；推动确定生物制品的国际标准。

水平，特别是视觉注意力，对于减少交通事故具有至关重要的意义。

视觉注意力是指我们在特定时间内对视觉信息的选择性处理能力。在驾驶过程中，驾驶员需要通过视觉感知道路情况、交通信号、行人和其他车辆等信息，从而做出及时且准确的驾驶决策，视觉注意力在驾驶过程中的重要性不言而喻。

视觉注意力的高低直接影响到驾驶员对路况的感知能力和反应速度。注意力集中时，驾驶员能够更快地识别道路上的潜在危险，并采取相应的避让措施；而注意力分散时，驾驶员可能会错过重要的视觉信息，从而增加事故发生的风险。

在传统的驾驶方式中，驾驶员主要依靠视觉注意力来操作车辆。驾驶员通过眼睛观察道路状况，并将这些视觉信息传递给大脑进行处理和分析。大脑在接收到视觉信息后，会根据当前的驾驶环境和经验做出相应的决策，如加速、制动、转向等。

然而，现代社会中，导致驾驶员视觉注意力分散的因素越来越多。手机使用是一个显著的例子。

2024 年 4 月 6 日，美国大众科学网站发表了一篇"你开车时用手机吗？"的文章，在这篇文章中提到，驾驶人员注意力不足造成的致命车祸并没有随着时间的推移而显著下降，2017 年，因此造成的致命车祸占 14%，随后虽然美国出台了各种相关政策，但这一情况并没有好转，2021 年这一比例仍为 13%。而且专家认为这些数字是根据警方报告的车祸数量计算出来的，实际情况应该远超这一数据。

我国交通专家也对此进行过研究，据专家测算，驾驶过程中使用手机导致的事故率是普通驾驶的 23 倍。即驾驶过程中我们有关注手机信息、接听电话、操作手机时，发生交通事故的概率是驾驶过程中不关注手机的 23 倍。在研究中还有这样一组数据，明确解释了这一情况的严重性。

以车辆时速为 60km 为例，开车时关注手机信息至少需要花费 3s

的时间，而这代表汽车将会在盲开状态下行驶 50m，而 60km 时速下汽车制动至少需要 20m 的距离，这就代表开车时观看手机 3s 就会带来 70m 路程的事故发生率极大提升。

实际上，无论是打电话、发短信还是使用导航应用，都会使驾驶员的注意力从道路上转移开来，极大地增加了事故风险。导航系统虽然在一定程度上提高了驾驶的便利性，但同时也可能成为驾驶员的干扰源。当驾驶员频繁查看导航设备时，其视觉注意力会被分散，无法集中在道路情况上。

车内乘客的互动也是一个重要因素。研究表明，当驾驶员与车内乘客进行交流时，特别是进行激烈讨论或争论时，其注意力很容易从驾驶任务中抽离，导致反应迟钝。此外，车内的娱乐系统，如车载电视、音响等，也会对驾驶员的视觉注意力产生干扰。

另外，导致驾驶员视觉注意力分散的原因还包括心理和生理因素。心理因素如压力、焦虑、情绪波动等都会影响驾驶员的注意力水平。当驾驶员处于高度紧张或情绪不稳定的状态时，其对外界信息的感知能力会显著下降，反应时间延长，从而增加交通事故的风险。生理因素如疲劳、睡眠不足等也会严重影响驾驶员的注意力水平。长期驾驶容易导致驾驶员产生疲劳感，注意力难以集中，甚至可能出现瞌睡现象。

为了改善这种情况，我国交通领域的科研人员开始将脑机接口技术应用到驾驶员注意力提升领域，且视觉注意力提升是首要研发重点。

目前，我国将脑机接口技术应用到驾驶领域的科研项目并不在少数，且这些项目中提升驾驶员注意力，尤其是视觉注意力都是研究重点。

案例 1：国防科技大学脑机接口与智能汽车结合

2021 年 12 月 24 日，国防科技大学的一项专利"一种基于脑机交互的车辆控制方法及装置"获得授权，这项专利将脑机接口技术与智能汽车结合，实现了复杂驾驶环境下的超车、跟车、左转、右转和环道等操作。通过这一系统，驾驶员能够在保持高水平视觉注意力的同时，更加高效、安全地控制车辆。

根据专利内容描述，该系统主要包括以下四个模块。

1）信息感知。车辆在驾驶过程中，通过自身的传感器，实时感知外部环境信息以及车辆自身状态信息。这些信息包括周围的障碍物、道路状况、车速和车辆位置等。

2）决策需求判断。系统根据实时感知到的外部环境信息和车辆自身状态信息，判断出与当前环境匹配的所有驾驶场景，并生成可选驾驶决策输出供驾驶员选择。例如，在接近交叉路口时，系统可以提供直行、左转或右转等选项。

3）决策指令提取。系统实时采集驾驶员的脑电波信号，并从中提取出驾驶员的决策选择指令。通过分析这些脑电波信号，系统能够准确判断驾驶员的意图，并将其转化为具体的驾驶指令。

4）车辆控制驾驶。当接收到驾驶员的决策选择指令时，系统会调用预先训练得到的多个驾驶行为模型中的对应目标模型。这些驾驶行为模型包括不同驾驶场景下驾驶员对方向盘的转向控制信息，系统使用目标驾驶行为模型来控制车辆的驾驶行为。例如，在超车过程中，系统会根据驾驶员的意图调整车速和转向角度，以安全完成超车操作。

在仿真测试中，该系统表现出色。测试环境包括复杂的城市道路和高速公路，仿真车辆的速度在 25~50km/h 之间。系统能够很好地完成障碍物规避、超车、会车等功能，显著提升了驾驶员在复杂驾驶环境中的视觉注意力和决策效率。

在一次仿真测试中，车辆在城市道路上行驶，前方突然出现障碍物。系统通过传感器迅速感知到这一情况，并将可选的驾驶决策（如紧急制动、绕行等）提供给驾驶员。驾驶员通过脑电波信号选择了绕行选项，系统立即执行相应的驾驶行为，成功避开了障碍物，展示了脑机接口在提升驾驶员视觉注意力和反应速度方面的优势。

通过这种方式，脑机接口技术不仅提高了驾驶员的注意力集中程度，还减轻了其操作负担。在驾驶过程中，系统通过传感器和决策算法，帮助驾驶员处理大量信息，使其能够专注于关键决策。这种人机协同的驾驶模式，不仅提升了驾驶安全性，还为未来自动驾驶技术的发展提供了新的思路。

案例 2：大脑 360 专注力训练模式

在脑机接口领域，还出现了一种基于脑机接口技术的大脑 360 专注力训练模式。该训练模式旨在帮助个体提高专注力水平、增强注意力控制能力，并提升认知表现。通过结合先进的脑机接口技术和科学验证的范式，大脑 360 专注力训练为用户提供了一种专业、个性化的训练体验。

大脑 360 专注力训练借助脑机接口技术，实现了与用户大脑活动的直接交互。系统通过将脑电图传感器放置在头皮上，实时捕捉和解读大脑活动的电信号，进而将其转化为指令，实现与计算机或移动设备的交互。这项创新技术提高了大脑 360 专注力训练的精确度和实时性，使训练过程更加精细化和个性化。

通过与脑机接口系统的互动，用户可以实时了解自己的专注力水平，并在训练过程中接收及时的反馈和指导。训练范式通常包括以下几个关键元素。

1）焦点任务。用户需要在特定的任务中保持专注和集中注意力，如观察、记忆或解决问题等。任务的类型和难度级别会根据个体的需求和能力进行调整。

2）反馈机制。脑机接口系统会实时监测用户的脑电活动，并通过视觉或听觉反馈方式向用户提供及时的反馈信息。这样，用户能够直观地了解自己的专注状态，并根据反馈进行调整和改进。

3）训练计划。大脑 360 专注力训练根据用户的起点和目标制定个性化的训练计划。通过渐进式的训练，用户可以逐步提高专注力水平，并在不断挑战中不断进步。

如今,大脑360专注力训练模式已经在多个领域得到广泛应用,包括教育和职业训练等。在学校和教育机构中,它被用于提高学生的学习效果和注意力集中能力。在职业训练中,它被用于提升员工的工作效率和专注力,提高工作质量。

通过大脑360专注力训练,用户的视觉注意力水平显著提高。这种训练方法不仅增强了用户的专注力,还改善了其在日常生活和工作中的表现。例如,学生在学习过程中能够更长时间地集中注意力,记忆和理解能力得到提升;职场人士在工作中能够更专注于任务,提高了工作效率和质量。

在上述案例中我们可以看出,脑机接口技术在提升驾驶员视觉注意力、提高行车安全性方面的巨大潜力。

从技术层面来说,通过脑电图等技术,脑机接口能够检测驾驶员的大脑活动。研究表明,驾驶员在不同注意力水平下,大脑活动模式有所不同。脑机接口技术可以通过分析这些大脑活动数据,实时判断驾驶员的注意力状态,并在注意力分散时发出警报。这是对驾驶人员注意力改善的直接促进。

脑机接口技术不仅能够监测驾驶员的注意力状态,还能与车辆辅助驾驶功能融合,提供辅助驾驶帮助,例如,当系统检测到驾驶员注意力下降,且多次提醒没有改善时,辅助驾驶系统可以暂时接管部分驾驶任务,如保持车道、自动制动等,从而减轻驾驶员的操作负担,使其能够更好地集中注意力。

除了监测驾驶员大脑活动,目前还有一些科研人员正在研究脑机接口技术对驾驶员视线状态的监测,并以此打造一种提高驾驶员视觉注意力的新型视觉跟踪技术。

视觉跟踪技术是一种针对运动目标进行精确检测、提取、识别以及持续跟踪的技术。这一技术能在目标运动过程中收集各项关键运动参数,这些参数的获取为后续的处理与分析工作奠定了坚实的基础，从而能够实现对运动目标行为的深入理解。

视线追踪技术结合脑机接口技术，能够通过高精度传感器监测驾驶员的眼球运动，并实时分析其视线方向和焦点，准确了解驾驶员的视觉注意力，从而提供相应提醒和帮助，提高驾驶员视觉注意力集中度。这一技术包含多个技术模块，在这些模块整体配合下，驾驶员的视觉注意力能够得到精准把握，同时脑机接口集成的辅助系统还能够提供更多驾驶帮助。这些模块主要包括以下几个。

（1）眼球运动监测

通过红外摄像头或眼动仪实时捕捉驾驶员的眼球运动，并记录其视线轨迹。

（2）瞳孔追踪

利用红外光照射瞳孔，通过反射光线的位置变化追踪眼球运动。

（3）角膜反射

监测角膜表面的反射光点，计算视线方向。

（4）数据处理

将眼球运动数据与脑电波信号进行同步处理，提取与空间注意力相关的特征信号。

（5）信号对齐

使用动态时间规整（DTW）算法对不同信号源进行对齐，确保数据的同步性。

（6）特征融合

结合眼球运动和脑电波特征，通过多模态学习算法提取综合特征。

（7）注意力评估

利用机器学习算法分析视线轨迹和脑电波数据，评估驾驶员的空间注意力状态。

（8）支持向量机（SVM）

利用SVM分类器识别注意力集中与分散状态。

（9）反馈机制

当系统检测到驾驶员的视线偏离重要区域或注意力分散时，通过声音、振动和视觉提示提醒其重新集中注意力。

视线追踪技术不仅可以监测驾驶员的视线方向，还可以结合脑机接口的反馈机制，提供多感官提示。当驾驶员的视线偏离重要区域时，系统可以通过声音、振动和视觉提示提醒其注意。例如，当驾驶员在变道时未能注意到盲区车辆，系统可以发出警示声，并在视野中显示警示图标，帮助驾驶员重新集中注意力。

此外，视线追踪技术还可以与增强现实（AR）技术结合，通过在驾驶员视野中叠加虚拟信息，提供实时的空间信息，进而打造成一种视觉增强系统。例如，当驾驶员在高速行驶时，AR系统可以在视野中显示前方道路的动态信息，如即将到来的弯道、交通标志和其他车辆的位置，帮助驾驶员保持高水平的空间注意力。这种视觉增强系统的实现通常涉及以下几个模块。

（1）数据采集

通过车载摄像头和传感器采集环境数据，生成实时的三维环境模型。

（2）多传感器融合

结合摄像头、激光雷达和超声波传感器的数据，提高环境感知的准确性。

（3）虚拟信息生成

利用计算机视觉和增强现实技术生成虚拟信息，并叠加到三维环境模型中。

（4）深度学习

利用深度学习算法识别道路标志、行人和其他车辆，生成相应的虚拟提示。

（5）显示控制

通过车载显示设备将虚拟信息叠加到驾驶员的视野中，或生成提示信息。

（6）投影技术

利用高精度投影技术在驾驶员视野中显示虚拟信息，确保信息的清晰度和可见性。

通过这一过程，视觉增强系统能够在不干扰驾驶员正常视线的情况下，提供丰富的空间信息，帮助驾驶员提高对周围环境的感知能力。

从脑机接口技术的深度应用角度出发，这一技术不仅能够提升驾驶员的视觉注意力，还能够改善驾驶员的操作方式，通过意念控制车辆的某些功能，从而减少对视觉注意力的需求。在意念控制下，驾驶员可以通过大脑意图直接控制车辆。这种意念控制的方式比手脚操作行驶更为安全，因为人在紧张状态下容易出现动作反应不及时，或者行动错误的情况，而意念控制则可以规避这些情况，提供更快速的反应，从而减少交通事故的发生。

相信随着技术的不断进步和应用的深入，脑机接口系统将成为智慧交通中的重要组成部分，为实现更加安全、智能的驾驶体验提供有力支持。未来，我们有理由相信，脑机接口技术将在交通领域发挥更加重要的作用，为减少交通事故、提高道路安全做出更大的贡献。

10.2 脑机接口对驾驶员听觉注意力的影响

在驾驶过程中，大多数人通常将注意力集中在视觉上，认为行驶安全主要依赖于眼睛所看到的驾驶环境。然而，听觉注意力同样非常重要，它能为驾驶员提供更多的信息，帮助他们更好地判断和应对路况。

在以前的英语课本上，就有一个关乎听觉注意力的小故事。一个小男孩非常喜欢听火车行驶中铁轨的声音，能够通过声音的节奏和音调感受到火车的运行状态。有一次，他乘坐火车时，听到铁轨发出的声音有些异常，凭借敏锐的听觉注意力，他立刻告诉了列车长。列车长检查后发现火车确实有问题，及时采取了措施，避免了一场潜在的事故，救了一车人的生命。

其实，听觉注意力在我们日常驾驶中非常重要。这样的故事不仅仅存在于书本上。

> 2023年年初，湖北省交通投资集团有限公司（简称湖北交投）的一名收费员沈郡，因为靠听力辨识出车辆存在安全隐患而救下了一车人，并迅速走红网络。2023年1月30日晚，一辆小型客车驶入湖北交投鄂西运营公司恩施收费站入口车道。沈郡隐约听到车辆发出异响，细心的他根据声音推测该车轮胎有问题，连忙提醒驾驶员："轮胎里面可能扎了钉子吧，你退出去，看一下吧。"车主下车检查后，果然发现左前轮被扎入一颗很大的螺钉，存在严重安全隐患。在沈郡的提醒下，驾驶员及时更换了轮胎，避免了高速行驶中的风险。

听觉是驾驶员的第二双"眼睛"。它能够帮助驾驶员感知来自视线盲区的威胁，提供额外的信息层次，帮助驾驶员做出更为准确和及时的决策。听觉注意力的集中与否，不仅关系驾驶员的反应速度，也直接影响行车安全。

在驾驶过程中，声音信号如警笛声、鸣笛声、导航指示音等，都是重要的提示信息。及时捕捉并反映这些声音信号，可以帮助驾驶员更好地掌握行车动态，降低事故风险。因此，提高驾驶员的听觉注意力，具有重要的现实意义。

其实，视觉和听觉是驾驶员在驾驶过程中依赖的两大感官系统。虽然视觉提供了主要的路况信息，但听觉能够补充视觉的不足，为驾驶员提供360°的环境感知。例如，驾驶员可以通过听觉感知到来自后方的紧急车辆，这在视觉无法覆盖的范围内显得尤为重要。通过听觉，驾驶员能够及时了解到周围环境的动态变化，从而做出更加准确的反应。

在夜间或恶劣天气条件下，视觉的有效性会大打折扣，而听觉则可以弥补这一不足。在大雾天，驾驶员难以通过视觉看到远处的道路和车辆，但可以通过听到警笛声或鸣笛声，提前做好避让准备。此外，听觉还可以帮助驾驶员识别路面状况，例如，听到轮胎与路面的摩擦声，可以判断路面是否湿滑，从而调整行车速度和方式。

此外，听觉信息还具有即时性和连续性的特点。相比于视觉信息可能受到视角和光线的限制，听觉信息可以连续不断地传递，并且不受方向的限制。这种特性使得听觉在驾驶中的作用尤为突出，特别是在驾驶员需要多任务处理时，听觉信息能够在不干扰视觉任务的情况下，提供额外的重要提示。

在驾驶员听觉能够接收到的相关信息中，提示音作为一种重要的警示和引导手段尤其重要。这些提示音在驾驶过程中发挥着不可替代的作用，能够有效保障交通安全，减少事故发生。

例如，在公路交通中，常见的提示音包括车内警示音、道路施工警示音、紧急车辆警笛声、交通信号音等。这些提示音在不同的情境下提供关键的信息，帮助驾驶员及时做出反应。

如安全带未系提醒、车门未关提醒、转向灯提示音等。这些声音确保驾驶员在驾驶前和驾驶过程中能保持车辆的基本安全状态；道路施工区域通常会使用警示音提醒驾驶员减速慢行，确保施工人员和驾驶员的安全；救护车、消防车和警车等紧急车辆使用的警笛声，提醒其他车辆及时避让，为紧急救援提供通道；如斑马线上的行人信号提示音，帮助行人和驾驶员协调通行，特别是在视觉受限的情况下。

而且，在不同交通领域也有不同的声音信息提示，驾驶员对这些声音保持关注，能够有效防止交通事故的发生。

例如，在水路交通中，常见的提示音包括船舶鸣笛声、港口作业警示音、恶劣天气预警音等。船舶在航行中通过鸣笛进行沟通和警示，如靠港、离港、避让等操作，确保航行安全；港口作业区域会使用警示音提醒船舶和作业人员注意安全，避免碰撞和事故；交通管理部门的广播或警报音，提醒船舶注意恶劣天气情况，提前采取避险措施。

在航空交通中，常见的提示音包括机舱警示音、空中交通管制指令音、机组内部通信音等。如座椅安全带提示音、起飞和降落阶段的警示音，确保乘客和机组成员的安全；飞行员通过无线电接收空中交通管制员的指令音，确保飞机按指令安全飞行；机组成员之间通过通信音进行交流，确保飞行操作协调一致。

这些都需要驾驶员保持充足的听觉注意力。不过，现在很多驾驶员在驾驶过程中会因各种原因缺乏听觉注意力，从而忽略这些关键的提示音，导致交通事故的发生。

> 2018 年 6 月 6 日，葛某在上海市人民广场站乘坐地铁八号线时，由于没有听到列车关门提示音，在上车时头部被车门夹伤。经医院诊断，葛某为头部外伤。
>
> 2023 年，我国一位驾驶员在驾驶过程中因为听音乐，没有听到右后侧电动车的鸣笛声。当他准备右转弯时，右后方高速驶来的电动车来不及制动，撞上了汽车右侧，发生了严重的交通事故。驾驶员因沉浸在音乐中，忽略了外界的重要提示音，最终酿成惨剧。由此可见，保持充足的听觉注意力是驾驶员安全驾驶的重要基础。

在脑机接口技术提升驾驶员注意力的应用中，提升听觉注意力的效果同样明显。脑机接口技术的实时监测和反馈机制，有助于驾驶员在长时间驾驶过程中保持高水平的听觉注意力，从而降低事故风险。而且脑机接口技术在这一领域的应用更为广泛，它对自动驾驶、车联网，以及车辆自身的智慧发展都有较大促进。

1. 在自动驾驶领域的应用

自动驾驶技术的发展极大地解放了驾驶员的双手和双眼，但也导致了驾驶员注意力的大幅下降，尤其在自动驾驶级别不断上升的今天，一些汽车已经实现了指定条件下的自动驾驶。例如，特斯拉的一些车型能够在 60km/h 以下的速度时，开启新研发的"埃隆"模式，车辆可以实现 L3 级自动驾驶，无须双手把持方向盘。这种情况下，驾驶员的注意力会大幅下降。

而脑机接口技术可以在这种情况下提供适当的听觉提醒。当自动驾驶车辆即将进入车况复杂、拥堵的路段时，系统可以提前通过声音提醒驾驶员，让其做好接管车辆的准备，从而提高驾驶安全性。

2. 车联网互动中的应用

在智能交通系统中，脑机接口技术可以与车联网深度结合。当道路中出现紧急情况时，系统可以通过驾驶员的情绪状况监测到紧急脑信号，并将其上传到交通管理部门或车联网系统。这时系统可以对周围车辆进行听觉提醒，告知驾驶员身边的哪些车道有紧急情况，需要及时避让。例如，一辆车在高速公路上突然失控，系统可以立即向周围车辆发出紧急声音提醒，提示其他驾驶员及时避让，降低事故发生的概率。

这种车联网与脑机接口技术的结合，能够实现更加智能化和高效的交通管理，提高整体道路的安全性和通行效率。相信随着这一技术的不断进步，脑机接口技术在车联网的应用将会更加普及和完善。

3. 车辆的智慧发展

在嘈杂环境中驾驶时，脑机接口技术可以通过主动噪声控制，增强关键声音信号，过滤掉背景噪声。例如，当驾驶员需要集中注意力时，系统可以降低车内音乐音量，增强警笛声、鸣笛声等重要声音信号，帮助驾驶员更好地感知环境。

这种主动噪声控制技术，不仅提高了驾驶员对重要声音信号的感知能力，还减少了环境噪声对驾驶员注意力的干扰，提升了整体驾驶体验。

同时，脑机接口技术还可以根据驾驶员的个人偏好和注意力状态，动态调整车内音频设置。当系统检测到驾驶员需要集中注意力时，可以自动调整音响系统的音量，播放适合的背景音乐，帮助驾驶员保持良好的注意力状态。

通过个性化音频设置，脑机接口技术能够为驾驶员提供更加舒适和安全的驾驶环境，提升整体驾驶体验。这种个性化的调整，能够有效提高驾驶员的听觉注意力，降低因听觉注意力分散而导致的事故风险。

总之，听觉在驾驶中的重要性不容忽视。通过脑机接口技术，我们可以有效提升驾驶员的听觉注意力，提供更加安全和舒适的驾驶体验。而现在的各种研究应用也可以让我们看到这一技术的巨大潜力。随着脑机接口技术在提升驾驶员注意力领域的不断进步和深入，脑机接口技术将成为改善驾驶环境、提升驾驶安全性的重要科技力量。

10.3 脑机接口对驾驶员空间注意力的影响

空间注意力是视觉注意力和听觉注意力结合之后的一种驾驶感知注意力，它从理论层面可以被视为驾驶员在行驶环境中对物体和环境的感知、定位和跟踪能力。在日常驾驶中，空间注意力主要用来判断车辆与周围物体（如其他车辆、行人、障碍物等）的相对位置和距离，从而做出正确的驾驶决策。

1. 空间注意力在驾驶中的重要性

空间注意力不仅涉及对静态物体的感知，还包括对动态目标的跟踪和预判，这在高速公路这种高速行驶状态，以及航空这种立体行驶状态中尤为重要。从驾驶员的角度出发，空间注意力在驾驶中的重要性主要体现在三个方面。

（1）三维环境感知

驾驶员需要准确感知车辆或其他交通工具在三维空间中的位置，以及与周围物体的相对距离。这对于避免碰撞和确保安全驾驶至关重要。

（2）决策能力

空间注意力直接影响驾驶员的决策能力，如变道、转弯、停车、减速等操作都依赖于对空间信息的准确判断。

（3）动态跟踪

在高速行驶或复杂路况下，驾驶员需要持续跟踪周围交通工具的动态变化，以便及时做出反应。

2. 空间注意力不足导致的问题

在目前的交通驾驶过程中，很多驾驶员对空间注意力的重视度都存在不足。这会导致交通驾驶过程中出现以下问题。

（1）行驶盲区

驾驶过程中如果驾驶员的空间注意力不集中，很可能导致一些移动物体在停车盲区空间内时被忽视，这非常容易出现驾驶风险，进而发生交通事故。

（2）距离判断失误

空间注意力不集中很容易导致距离判断失误，这在高速行驶或立体空间行驶时非常危险。如船只航海过程中，一旦空间注意力不集中就会导致距离判断失误，进而发生交通事故。

2023年7月，日本海上保安部发布消息称，日本神奈川县三浦半岛附近一船与鲸鱼相撞，船上多人受伤。2024年7月，美国新罕布什尔州也发生了渔船与鲸鱼碰撞的事件。其中的确有鲸鱼动向不可控的因素，但如果驾驶员第一时间判断出安全距离，并纠正行驶方向，很大程度可以避免类似事故的发生。

3. 空间映射技术

为提升驾驶员的空间注意力，全球各国的交通科技研究人员纷纷展开了脑机接口技术融入的研究，这一技术有效帮助驾驶员在空间方位上保持较高警惕性，并提升驾驶安全性。目前，全球各国利用脑机接口技术提升空间注意力的主要方式为空间映射技术。

空间映射技术是一种涉及数学、计算机科学和混合现实技术等多学科的技术领域，其主要作用是捕获物理世界中场景或对象，将其以数字模型的方式并通过三维方式展现在虚拟世界中，以此强化对场景或对象的感知。例如，当前知名的数字孪生技术，就是将物理对象在数字空间完美重现的空间映射技术。

而脑机接口技术在交通领域的应用，则是通过脑机接口系统，将驾驶员的脑电波信号与交通工具的环境传感器数据结合，通过复杂的算法生成实时三维空间模型的一种技术。

目前，全球各国相关技术领域的专家都在加深这一技术的研究。2023年，我国《黄河报》中刊登过一篇"黄河在数字空间映射样貌？一起一探究竟"的文章，其中便有空间映射技术的详细分析。

通过对这一技术领域的分析梳理，可以总结得出，目前，脑机接口与交通科技融合的空间映射技术主要涉及以下技术模块。

（1）数据采集

脑机接口系统通过脑电图传感器实时采集驾驶员的脑电波信号，同时，通过交通工具的传感器（如激光雷达、超声波传感器、摄像头等）采集周围环境的空间数据。

（2）信号处理

将采集到的脑电波信号进行预处理，滤除噪声和干扰，然后提取与空间注意力相关的特征信号。

（3）特征提取

通过时频分析、小波变换等技术，从脑电波信号中提取关键特征，如注意力集中度、空间感知能力等。

（4）去噪与滤波

使用自适应滤波器、主成分分析（PCA）等方法去除信号中的噪声和伪影，提升信号质量。

（5）数据融合

将处理后的脑电波信号与环境传感器数据进行融合，通过多传感器数据融合算法生成实时的三维空间模型。

（6）卡尔曼滤波[一]

利用卡尔曼滤波器对多传感器数据进行融合，生成连续且稳定的空间模型。

[一] 卡尔曼滤波（Kalman Filtering）是一种利用线性系统状态方程，通过系统输入和输出观测数据，对系统状态进行最优估计的算法。由于观测数据中包括系统中的噪声和干扰的影响，所以最优估计也可看作滤波过程。

（7）贝叶斯网络

通过贝叶斯网络模型综合分析多源数据，提供更精确的环境感知结果。

（8）模型生成

基于融合后的数据，利用计算机视觉和深度学习技术生成三维环境模型，帮助驾驶员构建对周围环境的空间认知。

（9）卷积神经网络⊖（CNN）

使用 CNN 对图像和点云数据进行处理，生成高精度的三维模型。

（10）递归神经网络⊜（RNN）

结合时间序列数据，预测动态目标的运动轨迹，提升模型的实时性和准确性。

通过上述技术的综合应用，脑机接口技术能够结合大数据、云计算、AI 等前沿技术在数字空间构建出精准、实时的交通行驶模型，从而辅助驾驶员提升驾驶交通工具过程中的空间注意力。

1）车辆在停车和狭窄道路行驶中，空间映射技术可以提供实时的三维环境信息，通过视觉和触觉反馈帮助驾驶员精确判断车身位置和障碍物距离，确保安全停靠。在复杂的城市道路中行驶时，系统可以通过空间映射技术提供周围车辆和行人的动态信息，帮助驾驶员保持高水平的空间注意力。

2）在船只靠港和离港过程中，空间映射技术可以提供实时的三维环境信息，帮助船只驾驶员精确判断船体位置和码头、其他船只及障碍物的距离，确保安全操作。在狭窄航道中航行时，系统可以实时更新航道信息，提示驾驶员避免碰撞和搁浅。

3）在航空交通中的起飞和降落过程中，空间映射技术可以提供实时的

⊖ 卷积神经网络（Convolutional Neural Networks，CNN）是一类包含卷积计算且具有深度结构的前馈神经网络（Feedforward Neural Networks），是深度学习（Deep Learning）的代表算法之一。卷积神经网络具有表征学习（Representation Learning）能力，能够按其阶层结构对输入信息进行平移不变分类（Shift-Invariant Classification），因此也被称为"平移不变人工神经网络（Shift-Invariant Artificial Neural Networks，SIANN）"。

⊜ 递归神经网络（Recursive Neural Network，RNN）是具有树状阶层结构且网络节点按其连接顺序对输入信息进行递归的人工神经网络（Artificial Neural Network，ANN），是深度学习（Deep Learning）算法之一。

三维环境信息,帮助飞行员精确判断飞机与跑道、其他飞机及障碍物的距离,确保安全操作。此外,在复杂空域中导航时,系统可以通过空间映射技术提供周围飞机和障碍物的动态信息,帮助飞行员保持高水平的空间注意力。

4. 多感官反馈

目前,脑机接口技术融合其他交通科技打造空间映射技术还没有获得全面的落地应用,但在这一方向下,脑机接口技术融合交通科技已经取得了提升驾驶员空间注意力的多种效果,这些效果主要体现在基于脑机接口技术,为驾驶员提供多感官的反馈,进而增强驾驶员的空间感知。这些多感官反馈主要包括以下几种。

(1)触觉反馈

触觉反馈系统通过方向盘或座椅的振动,向驾驶员提供空间方位感知。例如,当驾驶员接近障碍物或进入盲区时,系统可以通过振动提醒其注意,帮助其提高空间注意力。

触觉反馈的优势在于其不占用驾驶员的视听资源,能够在不干扰驾驶操作的情况下提供有效的提示。当驾驶员在停车时接近障碍物,系统可以通过刺激触觉感受的方式提醒驾驶员注意,帮助其精确判断交通行驶过程中潜在的风险。

触觉反馈系统的实现通常涉及以下几个步骤。

1)振动信号生成:根据环境传感器数据和驾驶员的脑电波信号,系统生成振动信号。

2)脉冲编码调制⊖(PCM):将振动信号进行脉冲编码,提高信号的精确度。

3)触觉反馈设备控制:将振动信号传输到触觉反馈设备(如方向盘或

⊖ 脉冲编码调制(Pulse Code Modulation,PCM),是对连续变化的模拟信号进行抽样、量化和编码产生的数字信号。PCM 的优点就是音质好,缺点就是体积大。PCM 可以提供用户从 2M bit/s 到 155M bit/s 传输速度的数字数据专线业务,也可以提供话音、图像传送、远程教学等其他业务。

座椅），控制其振动强度和频率。

4）脉宽调制（PWM）控制[一]：利用 PWM 技术精确控制振动设备的工作状态。

5）振动反馈传递：触觉反馈设备将振动信号传递给驾驶员，提供空间方位感知。

6）多点触觉反馈：在座椅、方向盘、操作杆等控制设备上设置多个振动点，提供更加细腻的触觉反馈。

通过这一过程，触觉反馈系统能够在不干扰驾驶操作的情况下，提供有效的空间注意力提示，帮助驾驶员提高对周围环境的感知能力。

（2）听觉反馈

听觉反馈系统利用 3D 音效技术，提供空间方位感。例如，当车辆后方有紧急情况时，系统可以通过后置音响发出警示音，帮助驾驶员及时感知和响应。

听觉反馈的应用不仅限于紧急情况，还可以在日常驾驶中提供重要的空间信息。尤其在高速驾驶和空间驾驶环境下，系统可以通过 3D 音效提示交通环境的变化，帮助驾驶员提前做好准备。

听觉反馈系统的实现通常涉及以下几个步骤。

1）声音信号生成：根据环境传感器数据和驾驶员的脑电波信号，生成 3D 音效信号。

2）环绕声技术：利用环绕声技术生成空间音效，提供立体听觉体验。

3）声音处理：对生成的音效信号进行处理，确保声音的清晰度和定位准确性。

4）数字信号处理[二]（DSP）：通过 DSP 技术优化音效信号，提升声音

[一] PWM（Pulse Width Modulation）控制技术就是对脉冲的宽度进行调制的技术，即通过对一系列脉冲的宽度进行调制，来等效获得所需要的波形（含形状和幅值）。

[二] 数字信号处理（Digital Signal Processing，DSP），是以数字运算方法实现信号变换、滤波、检测、估值、调制解调以及快速算法等处理的一门学科。数字信号处理具有高精度、高可靠性、可程序控制、可时分复用、便于集成化等优点，其应用领域十分广泛。

质量。

5）声音播放：通过车载音响系统播放处理后的音效信号，提供空间方位感知。

6）多通道音响：利用多通道音响系统实现声音的空间定位，提高听觉反馈的准确性。

总体而言，脑机接口技术在提升驾驶员空间注意力方面的应用让我们看到了这一技术的巨大价值，同时也让我们了解了空间注意力提升的各种方法。相信这一技术将在公路、水路和航空交通领域发挥越来越重要的作用，全方位提高驾驶员注意力。

第 11 章
脑机接口在智能交通系统中的应用

11.1 脑机接口与交通信息共享

在智慧交通系统中,全国各地的智能交通管理系统每天都要面对海量交通信息的接收、梳理和分析工作,信息的实时性和准确性成为交通安全、健康发展的关键要素。随着城市化进程的加速和交通工具数量的增长,利用现代科技增强交通智慧管理系统的信息处理能力已经成为交通强国的重要任务,脑机接口技术作为一种新时代的创新科技,正在改变交通信息共享的方式与效果。

脑机接口技术本身就是一种高智能化的信息交互技术,不仅能实时反映驾驶员的决策和反应,还能根据实时交通数据进行动态调整,其在交通信息共享中的应用价值十分突出。

首先,脑机接口技术使得交通信息的采集和传输变得更加智能和高效。这种全方位的信息采集和共享,提高了智慧交通管理系统的感知能力,也为后续的数据处理和分析提供了坚实的基础。

其次,脑机接口技术的应用,极大地提升了交通信息处理和分析的能力。传统的交通信息处理往往依赖于预设的规则和模型,难以应对复杂多变的交通状况。而脑机接口系统通过引入深度学习、机器学习等高级算法,能够对海量的交通数据进行实时分析和处理，从而提供更为精准的预测和决策支持。

此外，脑机接口技术在交通信息共享中的应用，还具有重要的社会意义。其既能够及时预警潜在的危险，减少交通事故，还可以促进车联网和智能交通系统的发展，推动交通管理向更加智能、协同和可持续的方向升级。

所以，脑机接口技术在交通信息共享中的应用，既是技术发展的必然趋势，也是应对智慧交通挑战的有效手段。我们有理由相信，未来的交通系统将在脑机接口技术的促进下发展得更加智能、高效和安全。

11.1.1 脑机接口在交通信息共享中的技术框架

交通信息共享是现代智能交通系统的重要组成部分，而脑机接口作为一种新兴技术，正逐渐改变着交通信息共享的方式和效率。目前，全球各国都在智慧交通的技术研发中努力结合脑机接口技术，力求丰富智慧交通发展的技术支撑，而多个国家已经在交通信息共享方面取得了突出成就。

> 德国慕尼黑工业大学（TUM）的交通研究中心目前正在开展一项关于智能交通系统开发建设的项目。该项目中集成了脑机接口技术，并利用这一技术提升了交通信息共享的效率和准确性。

近年来，德国慕尼黑工业大学交通研究中心一直致力于探索先进技术在交通领域的应用，以应对日益复杂的交通问题。智能交通系统项目是其中的一个重要研究方向，在这一项目中，德国慕尼黑工业大学交通研究中心期望借助脑机接口技术特性提升驾驶员状态监测和交通信息共享的水平，优化交通管理和控制。

据相关学术报告公布的信息显示，该项目的技术系统架构设计方面包含四个技术层，分别是：

1）感知层。在驾驶员头部佩戴高精度的干电极EEG头盔，实时采集脑电信号。同时，车辆内外部安装多种传感器，如高清摄像头、激光雷达、GPS等，用于获取车辆状态和道路环境信息。

2）传输层。采用5G网络实现高速低延迟的数据传输，确保脑电信号和传感器数据能够实时上传至云端服务器，进行处理和分析。

3）平台层。在云端建立了强大的数据管理与分析平台，利用分布式数据库（如Apache Cassandra）和大数据处理框架（如Apache Spark），实现数据的高效存储和处理。通过深度学习算法（如卷积神经网络和长短期记忆网络），对脑电信号进行分析，提取驾驶员的注意力、疲劳程度等关键特征。

4）应用层。根据实时交通信息和驾驶员状态，智能交通系统能够动态调整交通信号灯和交通管理策略，并通过车联网技术（V2X）与其他车辆和交通管理中心进行信息共享。

目前，该系统已能够实时分析驾驶员的脑电信号，精准判断其注意力水平和疲劳程度。当驾驶员注意力分散或疲劳时，系统会发出警告，并建议其休息或切换驾驶模式。系统通过融合脑电信号与车辆状态数据，能够实时预测交通流量，并能够为动态调整交通信号灯的时长和相位提供建议。

该项目在慕尼黑进行了多次实地测试，结果显示，采用脑机接口技术的智能交通系统能够显著减少交通事故的发生，提高交通流的通行效率。在测试中，系统成功检测并处理了多次驾驶员注意力分散和疲劳的情况，避免了潜在的交通事故。

德国慕尼黑工业大学交通研究中心的智能交通系统项目，通过脑机接口技术，实现了驾驶员状态监测和实时交通信息共享，展示了脑机接口技术在交通信息共享中的巨大潜力。该项目的成功，为未来智能交通系统的发展提供了宝贵的经验和参考。

从慕尼黑工业大学的科研项目中可以看出，脑机接口技术在交通信息共享中的技术框架与这一技术在其他交通领域中的应用逻辑相似，其技术框架的基本构成都包含传感器、信号处理、特征提取、分类器以及输出控制5个部分。这些模块共同作用，实现了从脑电信号的采集到信息传递与共享的全过程。

其中，传感器是脑机接口系统的前端设备，负责采集驾驶员的脑电信号。在实际应用中，选择高灵敏度、低噪声的传感器，能够确保信号采集的准确性。但是采集到的脑电信号往往伴有较多的噪声和干扰，如肌电信号、工频干扰等。信号处理模块的主要任务是对原始信号进行滤波和去噪，提取出有效的脑电信息。在信号处理后，需要对脑电信号进行特征提取，以便后续的分类和分析。特征提取的方法多种多样，主要包括时间域特征、频域特征和时频域特征。时间域特征常用的方法有均值、方差、峰值等；频域特征则利用傅里叶变换等方法提取不同频段的能量信息；时频域特征结合了时间和频率信息，常用方法包括短时傅里叶变换和小波变换等。

提取到的特征还需要通过分类器进行分类，以识别出驾驶员的意图和状态。分类器识别出驾驶员的意图后，输出控制模块将相应的信息传递给交通管理系统或车辆控制系统。输出控制模块的设计需要考虑信息的实时性和可靠性，确保驾驶员意图能够及时准确地反映在交通信息共享平台上。

可以看出，脑机接口技术在交通信息共享中应用的技术框架并不复杂，通过脑电信号的采集、处理、分析和传输，实现驾驶员和交通管理部门的信息共享，而这种信息共享模式与传统信息共享不同，它不是单纯基于交通工具和交通状态数据分析得到的共享模式，而是融合了驾驶员主观状态与经验的信息共享，这极大提升了信息的实时性、准确性和可靠性，进而优化了交通运行、管理的实时效果。

11.1.2　脑机接口在交通信息收集中的信号处理技术

交通信息共享的第一步是信息的实时收集，而脑机接口技术在这一领域运用的核心在于从脑电信号中提取有用的信息，这一过程涉及复杂的信号处理技术。信号处理技术的优劣直接影响脑机接口系统的性能，进而影响交通信息的收集效果。

脑机接口技术中的信号处理是这一技术自出现开始便确定的研究重点，而且这一技术的诞生与发展决定着脑机接口技术能否真正落地。

脑机接口成功改变残障人士生活

2014年,在巴西圣保罗的世界杯开幕式上,29岁的下肢瘫痪病人平托(J.Pinto)通过脑信号控制的外骨骼踢出了开球的第一脚,这一事件让全世界瞩目,也让脑机接口技术得到了广泛关注。脑机接口技术通过在大脑与外部设备之间建立直接连接,实现了大脑意图的实时传输,为瘫痪病人提供了新的康复希望,从那时起,如何实时、有效地将大脑意图转换为控制外部设备的指令,就成了脑机接口技术发展的关键问题。

不久后,我国机器人学国家重点实验室唐凤珍课题组,针对头皮脑电信号的解码问题,开展了一系列研究,旨在提高脑电信号解码的效率和准确性。他们提出了一种基于对数欧氏度量黎曼几何的脑信号解码方法,不仅提升了解码效率,还保证了信号解码的精度。

研究人员将脑电信号表征为协方差矩阵,从平直的欧氏空间转换到弯曲的对称正定黎曼空间,利用对数欧氏度量(Log-Euclidean Metric,LEM)进行信号处理,如图11-1所示。

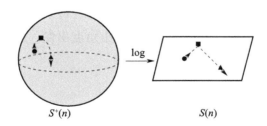

图11-1 基于对数欧氏度量广义学习矢量量化方法示意图

这一方法将广义学习矢量量化方法(Generalized Learning Vector Quantization,GLVQ)推广到黎曼空间,形成基于对数欧氏距离的广义学习矢量量化方法(GLVQ-LEM)。研究人员还引入对数欧氏度量学习方法,学习一个将原流形映射到更具可分性的黎曼子流形的函数,从而提高了信号处理的准确性和效率,如图11-2所示。

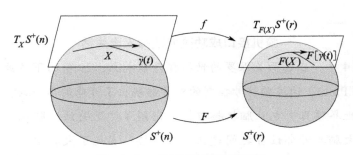

图 11-2 对数欧氏度量学习框架

该研究在多个数据集上验证了所提出的方法，在识别速度和精度上均取得了优异的结果。相比于基于仿射不变性黎曼度量的脑电信号解码方法，新方法的识别速度提高了约 4 倍。在这一数据集的测试中，所提出的方法识别正确率优于竞赛第一名的识别结果。新方法大幅度提高了脑信号解码速度，有效降低了脑机接口系统执行命令的延迟。

这项研究对推进脑机接口在瘫痪病人运动康复上的实际应用具有重要意义。通过高效的脑电信号解码技术，瘫痪病人可以更快地控制外部设备进行运动康复训练。

如今，脑机接口的信息收集与处理技术已经得到了全面发展。不过从交通信息的收集角度出发，从交通信息的收集角度出发，还需要解决几个重要的技术难点。

1. 实时性要求高

交通信息的有效收集和传输需要高度的实时性，以便及时调整交通信号和管理策略。脑机接口技术需要通过高效的信号处理算法，实时解码驾驶员的意图和情绪，从而实现更快速的交通信息响应。

2. 多源信息融合

交通信息不仅包括车辆的位置和速度，还包括驾驶员的状态信息。脑机接口技术需要结合传统的交通数据，提供更全面的交通信息收集方案。

3. 与大数据技术的有效结合

随着智能交通系统的发展，交通信息的数据量呈爆炸式增长。虽然脑机接口技术通过先进的信号处理和机器学习算法，可以有效处理交通数据，但面对海量信息时还需要与大数据、云计算等技术有效结合，才能充分发挥自身作用。

在攻克以上 3 个难点的基础上，脑机接口技术的应用效果可以得到有效深化，进而在交通信息收集中发挥突出的信号处理作用，为交通发展提供更多促进。

11.1.3 脑机接口在交通信息处理和分析中的高级算法

脑机接口系统通过收集和传输脑电信号与交通信息，为智能交通系统提供了丰富的数据来源。有效处理和分析这些数据，依赖于先进的算法和技术。高级算法在脑机接口系统中的应用，不仅可以提高交通信息处理的准确性和效率，还能实现对交通状况的预测与优化。

> **韩国大邱庆北科学技术院（DGIST）的脑机接口研究项目**
>
> 近年来，韩国大邱庆北科学技术院（DGIST）的研究团队一直致力于通过机器学习（ML）技术来进行神经记录数据处理的相关研究，并获得了一项基于机器学习（ML）的高频神经元尖峰从二次采样的低频信号重建的研究成果。这一研究成果对于改善脑机接口技术在信息处理和分析中的算法能力有显著的提升效果，为脑机接口技术在交通信息处理中的应用提供了新的可能。
>
> 研究人员受到图像处理中高频恢复和超分辨率之间等效性的启发，将 Transformer ML 模型应用于神经元数据处理。具体来说，他们提出了一个名为 Spk-Recon 的尖峰重建模型，该模型能够从显著下采样的低频神经元信号中重建高频尖峰信息。
>
> 该模型的核心在于利用低通滤波和信号插值技术，将低采样率的数

据输入 ML 模型,并通过 ML 算法恢复高时间分辨率的高频尖峰信号。在交通信息处理和分析中,这一技术可以实现多种应用。

结合现代智慧交通发展的需求,我们可以明确这一技术可以在交通信息分析处理方面得到充分应用。通过脑机接口技术和 Spk-Recon 模型,交通管理系统可以实时监测驾驶员的脑电信号,检测其疲劳状态和情绪变化,从而及时调整交通信号和管理策略,提升交通流量和安全性。通过结合传统的交通数据和脑电信号,脑机接口技术可以提供更全面的交通信息收集和分析方案,提升交通管理的智能化水平。Spk-Recon 模型还能借助自身高效的信号处理和机器学习算法,处理海量交通数据,并从中提取有用信息,提升交通信息处理和分析的效率。

另外,韩国大邱庆北科学技术院的研究人员还将 Spk-Recon 模型应用于体外海马神经元和体内小鼠大脑的多通道神经记录数据集。通过传统的定时和波形定量尖峰分析,证明了该模型能够从显著下采样的低频神经元信号中重建准确的尖峰信号,其尖峰出现的命中率接近 0.8~0.9,尖峰排序的聚类精度超过 96%。

该模型在统一较低的采样率下记录低频段信号,并通过 ML 软件恢复高采样率的尖峰信号。这意味着在各种商业或定制的多通道神经记录系统中,无须额外的硬件修改即可实现数据量减少的信号采集。

可以看出,基于机器学习的尖峰重建技术不仅在神经科学领域具有重要意义,也为交通信息处理和分析提供了新的解决方案。通过这一技术,交通管理系统可以实现更高效的实时监测和智能化管理,提高交通流量和安全性,推动智能交通系统的发展。

11.1.4　脑机接口在交通信息共享平台中的系统集成

脑机接口技术的应用,使得交通信息共享平台能够更高效地收集、处理和传输交通数据,实现智能交通系统的优化和管理。系统集成是确保这些功能得以高效运行的关键，通过合理的系统架构设计和先进的技术手段，可以实现各个模块的有机结合，提升整体系统的性能。下面，我们就来了解下脑机接口技术如何集成到智慧交通信息共享平台当中。

脑机接口技术的应用逻辑前面我们已经分析过很多次，在这里就不再重复，我们直接从脑机接口技术在交通信息共享平台的设计角度出发，分析下这一技术集成在交通信息共享平台中并应用到交通信息系统，又能发挥怎样的作用。

1. 智能交通管理系统

智能交通管理系统通过脑机接口技术，能够集成多源数据采集、实时数据处理和深度分析功能，提供全面的交通管理和决策支持。通过实时监测和分析交通流数据，智能交通管理系统能够动态调整交通信号灯时长，优化交通流，提高道路通行效率。例如，在交通高峰期，系统可以基于实时交通流量数据，调整信号灯时长和相位，缓解交通拥堵。

2. 智能驾驶系统

智能驾驶系统通过脑机接口技术，实时监测驾驶员的状态和意图，结合车辆传感器数据，实现智能驾驶辅助和自动驾驶功能。智能驾驶系统能够实时感知驾驶员的注意力和疲劳程度，提供相应的辅助决策和控制。

3. 交通信息服务平台

交通信息服务平台通过脑机接口技术，可以集成多源数据的实时采集和处理功能，提供全面的交通信息服务。交通信息服务平台能够实时发布交通流量、道路状况和事故信息，帮助驾驶员选择最佳路线，避免拥堵。

总之，脑机接口在交通信息共享平台中的系统集成，通过合理的架构设计和先进的技术手段，能够实现多源数据的高效采集、处理和传输，提升交通管理和决策的智能化水平，让交通信息得到更有效地收集与分析，同时让每一条信息都能够发挥自身作用，为交通运行和优化提供更优的决策效果。

11.2 脑机接口与交通拥堵管理

交通发展促进了各式各样的交通工具普及，而交通工具的急速增长又引发了交通拥堵问题，进而制约了交通发展，如今这一发展问题已成为全球各大城市面临的严峻挑战，解决这些问题是当前交通健康发展的首要任务。

传统的交通管理方法，包括交通信号控制、道路扩建和公共交通优化，尽管在一定程度上缓解了拥堵问题，但其局限性也日益显现。现有方法往往依赖于静态的、滞后的数据，难以实时、动态地应对复杂多变的交通状况。

在此背景下，脑机接口技术以其独特的优势，成为破解交通拥堵难题的新希望。从学术和技术层面来看，脑机接口技术的应用前景广阔。目前，已有多项研究探讨了脑机接口在交通信号控制、车辆自动驾驶和交通流量预测等方面的应用可能性。基于脑机接口的交通信号控制系统可以根据实时采集的交通数据，动态调整信号灯配时，优化交通流量。脑机接口技术还可以结合大数据分析和人工智能算法，提升交通流量预测的准确性和可靠性。

总之，脑机接口技术在交通拥堵管理领域展现出巨大的潜力。通过不断的技术创新和优化，脑机接口技术有望为智能交通的发展带来新的突破。

11.2.1 我国交通拥堵的现状及挑战

交通拥堵不仅影响大众的出行效率，还对城市的经济发展、环境保护和社会和谐产生了深远的负面影响。但截至 2024 年，我国交通拥堵依然是交通发展需要尽快解决的问题。

据百度地图发布的《2023 年度中国城市交通报告》显示，如图 11-3 所示，2023 年通勤时耗最长的前五名城市分别为北京、上海、南京、天津、大连，北京平均通勤时耗 44.47min；2023 年通勤距离最远的城市前五名分别为北京、重庆、上海、成都、长春，北京平均通勤距离 12.53km。北京依旧成为最拥堵城市第一，上海的拥堵指数和通勤时间增长明显。2023 年通勤高峰交通拥堵城市前十名分别是北京、重庆、广州、上海、武汉、长春、南京、西安、沈阳、兰州，其中，第一名北京拥堵指数同比上涨 20.13%，高峰通勤实际速度为 24.26km/h，拥堵指数为 2.125，远超其他城市。而兰州成为拥堵排名上升最快的城市，排名上升了 36 名。从这些数据中可以看出，城市拥堵不仅影响了健康发展，同时还严重影响了大众生活体验。

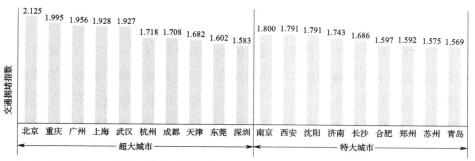

1）10个超大城市的2023Q3通勤高峰交通拥堵指数平均值为1.823，北京、重庆、广州、上海、武汉的拥堵指数高于平均值。
2）9个特大城市的2023Q3通勤高峰交通拥堵指数平均值为1.683，南京、西安、沈阳、济南、长沙的拥堵指数高于平均值。

图 11-3　2023 年超大城市和特大城市通勤高峰交通拥堵榜

1. 交通拥堵的原因

事实上，我国交通发展的速度在全球范围内都处于领先水平，尤其交通科技的发展大幅提升了我国交通发展的品质。但交通拥堵的问题却没有得到根本解决。结合我国当前交通发展现状，可以看出我国交通拥堵主要有四个方面的原因。

（1）车辆数量激增

车辆数量的激增是交通拥堵的重要因素之一。随着经济的发展和居民生活水平的提高，私家车保有量迅速增长。在许多城市，私家车已经成为市民日常出行的主要工具。然而，城市道路资源有限，车辆数量的快速增长超出了道路承载能力，导致交通拥堵问题日益严重。据统计，近年来中国的汽车保有量逐年攀升，截至 2023 年底，全国机动车保有量已超过 4 亿辆，其中汽车保有量达到 2.7 亿辆，给城市交通带来了巨大压力。

（2）道路资源有限

城市道路资源有限也是交通拥堵的一个重要原因。尽管城市不断进行道路扩建和新建，但与迅速增长的交通需求相比，道路资源的供给显得不足。

特别是在城市核心区，道路资源更加紧张。道路建设需要占用大量的土地资源，而城市土地资源本就有限，导致道路扩建的难度和成本增加。此外，道路建设还需要考虑环境保护和城市规划等因素，这些都限制了道路资源的扩展能力。

（3）公共交通系统不完善

公共交通系统的不完善也是交通拥堵的重要原因之一。在一些城市，公共交通系统尚未达到覆盖面广、换乘便捷、运行高效的理想状态，导致市民更倾向于选择私家车出行。此外，公共交通设施的老化和维护不足，也影响了其服务质量和吸引力。例如，公交车和地铁线路的覆盖范围有限、班次频率低、准点率差等问题，都是公共交通系统亟待解决的问题。

（4）交通管理不科学

交通管理的不科学是造成交通拥堵的另一个原因。现有的交通管理手段往往缺乏科学性和系统性，未能充分利用现代科技手段进行智能化管理。例如，交通信号灯的设置和配时往往缺乏实时数据支持，不能根据实际交通流量动态调整，导致交通信号灯无法发挥最大效益。此外，交通管理部门在制定交通政策和规划时，往往未能充分考虑交通流量的变化趋势和未来的发展需求，导致交通管理措施滞后于实际需求。

2. 交通管理方法的不足

近年来，我国交通部门在解决交通拥堵问题上，现有的交通管理方法尽管取得了一定成效，但其局限性也日益显现。传统的交通管理方法主要包括交通信号控制、道路扩建、公共交通优化等，但这些方法在实际应用中存在诸多不足，未能从根本上解决交通拥堵问题。

（1）交通信号控制的局限性

交通信号控制是最常见的交通管理手段之一，但其在解决交通拥堵方面存在明显的局限性。现有的交通信号控制系统大多基于固定配时或简单的交通流量感应，无法根据实时交通状况动态调整信号灯配时。这导致在交通流量波动较大的情况下，交通信号控制系统难以灵活应对，往往出现信号灯设置不合理、信号灯时间分配不均等问题，进一步加剧了交通拥堵。例如，在高峰时段，部分路口的交通信号灯设置无法满足实际需求，导致车辆长时间排队等候，通行效率低下。

（2）道路扩建的局限性

道路扩建是缓解交通拥堵的另一种常见方法，但其效果往往是短暂的。随着城市化进程的不断推进，道路扩建的需求与日俱增。然而，城市土地资源有限，道路扩建的成本高昂且周期较长，往往难以满足快速增长的交通需求。此外，道路扩建还面临着诸多挑战，如环境保护、拆迁安置等问题，这些都增加了道路扩建的难度和复杂性。更为关键的是，道路扩建并不能从根本上解决交通拥堵问题，因为车辆数量的增加往往会迅速填满新增的道路容量，导致拥堵问题再次出现。

（3）公共交通优化的局限性

优化公共交通系统是缓解交通拥堵的重要手段之一，但其在实际应用中也存在诸多不足。首先，公共交通设施的建设和维护需要大量的资金投入，而一些城市由于财政预算限制，公共交通系统的建设和优化往往难以跟上需求的增长。其次，公共交通系统的运营管理也存在诸多问题，如班次频率低、准点率差、换乘不便等，导致市民对公共交通的使用意愿不高。此外，公共交通系统的覆盖范围有限，部分郊区和偏远地区的居民难以享受到便捷的公共交通服务，这进一步增加了私家车的使用率，导致交通拥堵问题加剧。

（4）交通政策与规划的局限性

交通政策与规划是解决交通拥堵问题的关键环节，但现有的交通政策与规划往往缺乏前瞻性和科学性。一方面，交通政策的制定往往滞后于实际需求，未能及时应对交通流量的变化趋势。例如，一些城市在制定交通限行政策时，未能充分考虑车辆出行需求和道路承载能力，导致限行政策实施效果不佳。另一方面，交通规划的科学性和系统性不足，未能充分利用现代科技手段进行交通流量预测和管理。例如，交通规划部门在进行道路设计和布局时，往往缺乏对交通流量数据的全面分析，导致道路布局不合理、交通流线不畅等问题。

综上所述，交通拥堵问题的解决不仅需要科学合理的交通管理手段，还需要综合运用现代科技手段，不断优化和创新交通管理方法。脑机接口技术作为一种前沿科技，开始在交通拥堵管理中展现出巨大的应用潜力。

11.2.2　脑机接口技术在解决交通拥堵领域的应用策略

脑机接口技术作为一种前沿科技，为解决交通拥堵问题提供了新的思路和方法。针对我们前面分析的交通拥堵现状与挑战，脑机接口技术可以在交通管理中发挥重要作用，而这些作用可以体现在实时交通数据采集与处理、算法优化与大数据处理、系统集成与兼容性等方面的应用之上。

1. 实时交通数据采集与处理

脑机接口技术通过脑电波信号采集设备，如脑电图（EEG）头盔，实时监测驾驶员的脑电波活动。这些设备可以安装在驾驶座椅或车内其他位置，不影响驾驶员的正常操作。通过无线传输技术，这些脑电波信号可以实时传输到交通管理中心，供数据分析和处理。

在交通管理中心，采集到的脑电波信号将与传统交通数据进行融合。通过大数据分析技术，可以实时监测和分析交通状况，包括交通流量、车辆速度、道路拥堵情况等。同时，脑机接口技术还可以实时监测驾驶员的认知状态，判断其注意力是否集中、是否存在疲劳驾驶等问题。通过数据融合与分析，交通管理系统可以及时发现交通异常情况，并采取相应措施进行干预。

基于实时采集和分析的数据，脑机接口技术可以优化交通信号控制系统。传统的交通信号控制系统往往采用固定配时或简单的感应控制，难以应对复杂多变的交通状况。而脑机接口技术可以根据实时数据，动态调整信号灯配时，提高交通流量的通行效率。

2. 算法优化与大数据处理

交通数据的处理和分析是实现智能交通管理的关键环节。脑机接口技术结合大数据处理和人工智能算法，可以提升交通流量预测的准确性和可靠性，从而更有效地解决交通拥堵问题。

通过大数据处理和人工智能算法，脑机接口技术可以对交通流量进行精准预测。交通流量预测是指根据历史数据和实时数据，预测未来一段时间内的交通流量变化趋势。脑机接口技术通过实时监测驾驶员的认知状态，可以获取更多的交通行为数据，进一步提高交通流量预测的准确性。

在交通流量预测的基础上，脑机接口技术可以进一步优化交通管理算法。交通优化算法包括交通信号配时优化、交通流线优化、车辆调度优化等。通过脑机接口技术，交通管理系统可以实时获取驾驶员的认知状态和交通状况数据，动态调整交通优化算法。

脑机接口技术结合大数据处理和人工智能算法，还可以对交通数据进行深度挖掘，为交通管理决策提供支持。数据挖掘是指通过对大量交通数据的分析，发现隐藏的交通规律和问题，提出相应的解决方案。例如，脑机接口技术可以通过分析交通事故数据，发现交通事故的高发路段和原因，为交通管理部门制定交通安全措施提供依据。

3. 系统集成与兼容性

脑机接口技术的应用需要与现有的交通管理系统进行无缝对接，这对系统集成和兼容性提出了更高的要求。通过合理的系统集成方案，可以充分发挥脑机接口技术的优势，提高交通管理的智能化水平。

在系统集成过程中，需要对现有的交通管理系统进行重新设计，确保脑机接口技术能够与其无缝对接。系统架构设计包括硬件架构和软件架构两个方面。硬件架构设计主要包括脑机接口设备的安装和配置，确保其能够稳定、可靠地运行。软件架构设计主要包括数据采集、传输、处理和分析模块的设计，确保数据流的顺畅和高效。

为了实现脑机接口技术与现有交通管理系统的无缝对接，需要设计统一的数据接口和通信协议。数据接口是指不同系统之间的数据交换通道，通信协议是指数据传输的规则和标准。通过设计统一的数据接口和通信协议，可以确保脑机接口设备采集到的数据能够顺利传输到交通管理系统，并进行处理和分析。

在系统集成完成后,需要进行全面的系统兼容性测试,确保脑机接口技术能够与现有交通管理系统稳定、可靠地运行。系统兼容性测试包括硬件兼容性测试和软件兼容性测试两个方面。硬件兼容性测试主要包括脑机接口设备与现有硬件设备的兼容性测试,确保其能够正常工作。软件兼容性测试主要包括数据采集、传输、处理和分析模块的兼容性测试,确保数据流的顺畅和高效。

总之,脑机接口技术在交通拥堵管理中展现出巨大的应用潜力。通过其在智慧交通领域的创新和优化,脑机接口技术有望为智能交通的发展带来新的突破,助力实现更加高效、安全和智能化的交通管理体系。

11.3 脑机接口与交通规划和设计

除了交通拥堵问题,道路规划不合理、公共交通系统设计不完善等问题如今也日益凸显,这在很大程度上影响了城市的运行效率和居民的生活质量。在这一方面,脑机接口技术的价值也不容忽视,它同样可以起到良好的改善效果。

11.3.1 交通规划和设计的现状与挑战

1. 交通规划和设计的现状

目前,我国交通发展已经呈现出智慧化发展趋势,全国综合立体交通网络的建设也越发全面。在这一过程中交通规划与设计发挥了重要作用。从我国交通当前发展的局势中可以看出,交通规划和设计主要包括城市交通规划、道路设计和公共交通系统设计三个方面。

(1)城市交通规划

城市交通规划是城市总体规划的重要组成部分,旨在通过合理布局交通基础设施,优化交通网络结构,满足城市交通需求,提升交通系统的整体效率。城市交通规划包括道路网规划、公共交通系统规划、非机动车和步行系统规划等内容。在现代城市中，交通规划不仅要考虑交通流量和通行效率，还要兼顾环境保护、能源节约和可持续发展等多方面因素。

（2）道路设计

道路设计是交通规划的重要环节，涉及道路的布局、宽度、坡度、路面材料等多个方面。科学合理的道路设计能够提升交通流量的通行能力，减少交通事故的发生。目前，道路设计逐渐向智能化、精细化方向发展，通过引入先进的交通监控和管理系统，实现对道路交通的实时监控和动态管理。

（3）公共交通系统设计

公共交通系统设计旨在构建高效、便捷、经济的公共交通网络，以满足城市居民的出行需求。公共交通系统设计包括公交线路规划、地铁线路规划、公共交通枢纽建设等内容。一个完善的公共交通系统不仅能够减轻城市道路交通压力，还能降低能源消耗和环境污染，提升城市整体运行效率。

2. 交通规划和设计的挑战

尽管当前交通规划和设计取得了一定成果，且在很大程度上缓解了城市交通问题，但依然没有全面满足交通高质、高速发展的目标，仍有一些不足和挑战需要及时克服。这些挑战主要体现在交通流量预测不准确、道路布局不合理、公共交通系统设计不完善等方面。

（1）交通流量预测不准确

交通流量预测是交通规划和设计的基础，但当前的交通流量预测方法仍存在较大的不准确性。传统的交通流量预测主要依赖历史数据和经验判断，难以充分考虑交通流量的动态变化和复杂性。尤其是在交通高峰期和重大活动期间，交通流量往往出现大幅波动，传统预测方法难以应对。这导致交通规划和设计难以准确预估未来的交通需求，影响交通系统的整体效率。

（2）道路布局不合理

道路布局不合理是导致交通拥堵的主要原因之一。在一些城市，交通规划缺乏科学性和前瞻性，导致道路布局不合理、交通流线不畅。例如，道路网结构过于复杂、主干道与支路衔接不畅、道路宽度与交通流量不匹配等问题，都会影响交通流量的通行能力。此外，道路建设往往未能充分考虑未来的交通发展需求，导致新建道路很快陷入拥堵。

（3）公共交通系统设计不完善

公共交通系统设计不完善也是当前交通规划和设计面临的一个重要挑战。目前，我国一些城市的公共交通系统存在线路规划不合理、换乘不便、运营效率低等问题。具体表现为：公交线路覆盖范围有限，部分居民区和商业区的公共交通服务不足；地铁线路布局不合理，导致乘客换乘不便，出行时间长；公共交通枢纽设计不科学，换乘设施不完善，影响乘客的出行体验。这些问题不仅降低了公共交通的吸引力，还加重了城市道路的交通压力。

（4）环境和社会影响

交通规划和设计还需考虑环境保护和社会影响。道路建设和扩建往往需要占用大量的土地资源，可能导致生态环境破坏和土地资源浪费。此外，交通规划和设计还需关注社会公平，确保所有居民都能享受到便捷的交通服务。当前，部分城市在交通规划和设计中，未能充分考虑环境保护和社会影响，导致生态环境恶化和社会矛盾加剧。

（5）技术与管理有待提升

随着科技的发展，交通管理技术不断进步。然而，在实际应用中，交通规划和设计往往滞后于技术发展。例如，智能交通管理系统的应用仍然存在许多技术和管理上的瓶颈，难以充分发挥其潜力。此外，交通管理部门在制定和实施交通规划时，往往缺乏系统性和科学性，难以形成有效的管理机制。

（6）资金和政策的限制

交通规划和设计需要大量的资金投入，而资金不足是制约交通基础设施建设和优化的主要因素之一。许多城市由于财政预算限制，交通规划和设计项目往往难以顺利实施。此外，交通政策的滞后和不完善也是影响交通规划和设计效果的重要因素。

由此可见，当前交通规划和设计上还有一定的上升空间，利用大数据、云计算、脑机接口、AI 等现代科技全面解决上述问题，提升交通规划和设计效果，不失为一种有效的发展方式。

11.3.2 脑机接口技术在交通规划和设计中的应用

目前，我国交通管理部门正在不断提升全国各地的交通发展效果，在规划设计层面也进行了大量改善性指导，而且国务院印发的《"十四五"现代综合交通运输体系发展规划》中就明确提到，要坚持以创新为核心，增强发展动力，推动新科技赋能提升交通运输发展质量效率，要增强综合交通运输体系韧性。而这些目标大多也体现在了交通规划设计当中。

结合脑机接口技术的特性，以及其在智慧交通发展领域的相关应用，可以看出其可以在以下几方面发挥自身作用，有效解决我们上述提到的交通规划和设计的现有问题与挑战。

1. 道路设计与布局优化

道路布局不合理是导致交通拥堵的主要原因之一。脑机接口技术可以通过实时采集和分析交通参与者的行为数据，为道路设计提供更为科学的数据支持。例如，通过分析驾驶员和行人在不同道路条件下的行为反应，脑机接口系统可以优化道路的宽度、曲率和标志设置，提高道路的通行能力和安全性。

基于脑机接口技术的智能化道路布局还可以有效解决道路布局不合理的问题。脑机接口系统通过实时监测交通流量和道路使用情况，动态调整道路布局和交通流线。

2. 公共交通系统设计优化

公共交通系统设计不完善也是当前交通规划和设计中的一大挑战。脑机接口技术可以通过实时采集和分析公共交通乘客的脑电波信号，为公共交通线路规划提供科学依据。例如，脑机接口技术可以通过实时监测和分析乘客的换乘行为，为公共交通换乘优化提供支持。通过分析乘客在换乘过程中的脑电波信号，脑机接口系统可以优化换乘站的设计和换乘路线，减少乘客的换乘时间，提高公共交通系统的运营效率。

3. 环境与社会影响的综合考虑

交通规划和设计需要兼顾环境保护。脑机接口技术可以通过分析交通使用者对不同路段环境态度的脑电信号，分析出大众对道路环境建设的目标，之后优化道路规划设计策略，提升交通环境的建设与设计效果。

另外，交通规划和设计需要关注社会公平，确保所有居民都能享受到便捷的交通服务。脑机接口技术可以通过实时监测和分析交通参与者的行为和需求，优化交通规划和设计，提高交通系统的包容性。例如，交通管理部门可以借助脑机接口技术分析不同人群的出行需求，进而优化公共交通线路和换乘设施的布局，提高交通服务的公平性和可达性。

可以看出，通过结合现代科技手段，优化交通规划和设计，可以有效提升城市交通系统的运行效率，促进城市的可持续发展。而脑机接口技术的独特性能够提高交通规划设计与大众需求的契合度，为智能交通发展带来新的突破，为智慧交通发展带来新的可能。

第12章
脑机接口技术对城市交通规划的启示

12.1 脑机接口对交通需求预测的影响

我国交通发展的核心不只是建设世界一流的交通，更是建设人民满意的交通，这也是我国交通建设的核心理念，以人民为中心统筹综合交通高质量发展。

何为人民满意的交通？就是从人民多方面需求出发，建设出满足人民出行需求、生活需求的高质量交通体系。在这一领域中，脑机接口技术相比其他交通科技更具话语权。

在当今快速发展的科技浪潮中，脑机接口技术正以其突破性的应用潜力，逐渐成为解决交通问题的新兴利器。通过捕捉和分析人类大脑的活动信号，脑机接口技术实现了人与计算机之间的直接对话。这不仅打开了研究人类行为的新窗口，也为交通需求预测注入了前所未有的精确性和动态响应能力。传统的交通需求预测往往依赖于历史数据和静态模型，难以应对现代城市中瞬息万变的交通状况。而脑机接口技术的引入，将为交通规划者提供实时、精准的行为数据，使得交通需求预测更具科学性和前瞻性。下面，我们就来详细分析脑机接口技术如何重新定义交通需求预测，为智能交通系统的构建提供强有力的支持。

12.1.1 交通需求预测是交通发展的风向标

交通需求预测作为交通规划和管理的核心环节，不仅是交通发展的风向标，更是指导交通政策制定和决策的关键工具。我国综合立体交通体系的建设正是在交通需求预测的基础上进行的需求满足，而准确的交通需求预测能够帮助城市更合理地进行交通布局，提升交通发展效果。下面，我们就从交通需求预测的作用出发，分析交通需求预测的重要性，以及脑机接口技术如何在这一领域突出作用。

交通系统的高效运行直接关系城市的经济发展和居民的出行便利。通过准确的交通需求预测，交通可以合理规划，城市能够健康发展，大众生活品质也可以得到提升。

1. 交通合理规划

交通需求预测的首要作用就是明确城市居民出行的具体需求，以及城市发展的需求，并基于此进行交通建设的设计与优化。

（1）道路网络规划

交通需求预测能够提供详尽的交通流量数据，帮助规划部门合理布局道路网络。通过预测未来的交通需求，可以预见哪些区域将成为交通热点，从而提前规划和建设相应的道路基础设施，避免未来的交通瓶颈。例如，在新兴开发区，通过准确的交通需求预测，可以合理规划主干道和支路的布局，确保交通流线畅通无阻。

（2）交通信号优化

交通信号配时是影响道路通行能力的重要因素。通过交通需求预测，可以动态调整交通信号灯的配时，优化交通流量分配，提高道路通行效率。在交通高峰期，通过实时的交通需求预测，交通管理部门可以及时调整信号灯配时，减少车辆等待时间，缓解交通拥堵。

（3）公共交通系统优化

公共交通系统是缓解城市交通压力的重要手段。通过交通需求预测，可以优化公交线路和地铁线路的布局，扩大公共交通的覆盖范围，提高服务质量。例如，通过分析交通需求预测数据，可以调整公交车的班次和线路，确保公共交通系统能够满足市民的出行需求，降低私家车的使用率，减少交通拥堵。

2. 支持城市规划和发展

交通需求预测不仅对交通系统的运行效率至关重要，还对城市的整体规划和发展具有重要影响。准确的交通需求预测可以为城市规划提供科学依据，促进城市的可持续发展。

（1）科学的城市规划

交通需求预测能够提供关于交通流量和出行模式的详细数据，帮助城市规划部门制定科学的城市发展规划。例如，通过预测未来的人口增长和交通需求，可以合理规划住宅区、商业区和工业区的布局，确保各区域之间的交通连接顺畅，提高城市整体运行效率。

（2）城市的可持续发展

交通需求预测有助于推动城市的可持续发展。通过预测未来的交通需求，可以制定合理的交通政策，减少交通拥堵和环境污染。例如，通过推广公共交通、优化道路设计、鼓励绿色出行等措施，可以减少机动车尾气排放，改善空气质量，促进城市的绿色发展。

3. 改善居民生活质量

交通需求预测直接关系居民的出行体验和生活质量。通过准确的交通需求预测，可以优化交通系统，提高出行效率，减少居民的出行时间和成本。图 12-1 所示为准确的交通需求预测带来的效果。

（1）提高出行效率

通过交通需求预测，可以优化交通信号配时、道路布局和公共交通系统，减少交通拥堵，提高出行效率。居民可以享受到更便捷的出行服务，减少在路上的时间，提高生活质量。

（2）降低出行成本

交通需求预测有助于提高公共交通系统的服务水平，鼓励更多居民选择

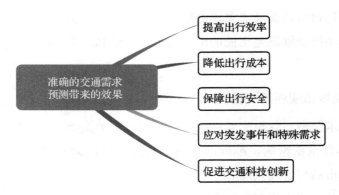

图 12-1　准确的交通需求预测带来的效果

公共交通出行，降低私家车的使用率。这样可以降低居民的出行成本，减轻家庭经济负担。例如，通过优化公交线路和班次，提高公交车的准点率和舒适度，可以吸引更多居民选择公交车出行，减少私家车的油费和停车费支出。

（3）保障出行安全

交通需求预测能够帮助识别交通事故多发区域和高风险路段，通过合理的交通规划和管理措施，减少交通事故的发生，保障居民的出行安全。例如，通过预测和分析交通流量，可以在高峰期加大交通执法力度，确保道路安全；在高风险路段增加交通标识和信号灯，提高驾驶员的注意力，减少交通事故。

（4）应对突发事件和特殊需求

交通需求预测在应对突发事件和特殊需求方面同样具有重要意义。通过预测未来的交通需求，可以制定应急预案，确保交通系统在突发事件发生时能够迅速响应，保障城市运行的连续性和安全性。

（5）促进交通科技创新

交通需求预测是推动交通科技创新的重要动力。通过不断改进和优化交通需求预测方法，可以推动交通管理技术的发展，提升交通系统的智能化水平。

交通需求预测需要依赖大量的数据支持，通过大数据分析和人工智能算法，可以提升预测的准确性和可靠性。同时交通需求预测也是智能交通系统的重要组成部分。通过准确的交通需求预测，可以实现交通信号控制、车辆调度和交通管理的智能化。

综上所述，交通需求预测在交通规划和管理中具有重要的作用。它能够提升交通系统的运行效率、支持城市规划和发展、改善居民生活质量。因此，准确的交通需求预测是实现现代城市交通管理和规划的关键环节，而脑机接口技术也能在提升交通需求预测效果中发挥突出作用。

12.1.2 脑机接口技术在交通需求数据采集方面的独特优势

脑机接口技术最大的特点就是人脑信号采集，这完全不同于传统的数据采集方式。因为在大数据时代，现代数据的采集主体往往是客观的事物数据或历史数据，而针对人类主观、实时数据的直接采集非常少，而脑机接口技术恰恰弥补了这一空白。脑机接口技术通过直接采集目标的脑电波信号，能够实时、精准地反映其认知状态和行为模式，这为交通需求预测提供了更加全面和动态的数据支持。下面，我们就来详细了解脑机接口技术在提升交通需求预测效果方面能够发挥哪些独特的作用。

1. 实时数据采集

实时数据采集是交通需求预测的重要环节。传统的数据采集方法，如交通流量监测和问卷调查，往往存在数据滞后和覆盖范围有限的问题。而脑机接口技术通过实时监测驾驶员和乘客的脑电波信号，能够提供更加及时和准确的交通需求数据。

脑机接口技术利用脑电波信号来获取人脑活动的实时数据。驾驶员和乘客佩戴的脑电波传感器可以实时监测他们的认知状态和情绪变化。这些传感器通过无线传输技术，将实时采集到的脑电波信号传输到交通管理系统进行分析和处理。

通过实时监测脑电波信号，脑机接口技术可以实时捕捉到交通参与者的这些变化，并将数据传输到交通管理中心进行分析。交通管理部门可以根据这些实时数据，及时调整交通信号配时，优化交通流量，减少交通事故的发生，提高道路通行效率。

2. 精准数据分析

精准数据分析是提高交通需求预测准确性的关键。脑机接口技术通过结合大数据分析和人工智能算法，能够对采集到的脑电波信号进行深度分析，提取有用信息，为交通需求预测提供科学依据。

脑机接口技术在交通需求数据采集中的应用，产生了大量的脑电波信号数据。这些数据通过大数据分析技术，可以提取出影响交通需求的关键因素。例如，不同时间段、不同路段的脑电波数据，可以识别出交通流量的变化规律和高峰时段的特点，从而为交通需求预测提供精准的数据支持。

人工智能算法在脑机接口数据分析中起着重要作用。两者结合可以对大量的脑电波信号数据进行分类、聚类和预测。目前的研究中，很多学者利用神经网络算法，可以将脑电波信号分类为不同的认知状态和情绪状态，从而了解交通参与者在不同交通环境下的行为模式，并以此预测未来的交通需求变化趋势，为交通规划和管理提供科学依据。

不过，脑机接口技术的精准数据采集与分析需要结合多领域的技术，如脑科学、计算机学、交通工程等多个学科的交叉融合，在多种技术支撑下，才能够达到提升数据分析深度和广度效果，进而开发出更加智能化和科学化的交通需求预测模型，提高预测的准确性和可靠性。

综上所述，脑机接口技术通过实时数据采集和精准数据分析，显著提升了交通需求数据采集的效率和准确性。这为交通发展提升大众生活品质，以及实现交通强国带来了很多助益。

12.2 脑机接口对交通网络设计的影响

了解交通需求是进行交通网络设计的基础，而交通网络设计的效果，恰恰决定了城市运行效率和居民生活质量。目前，我国经济发展不断趋好，城市发展水平不断提高，规模不断加大，交通需求随之不断增多，且日益复杂。想要满足现代化、科技化、智能化的城市发展，交通网络设计方法就需要不断升级，而且如果我们过于依赖历史数据和静态模型的设计方法，则很难满足城市发展需求，在面对瞬息万变的交通流量和不断变化的出行需求时，交通网络的人性化、智能化水平也会随之下降。

上面我们分析了脑机接口技术在交通需求预测中的应用，展示了其在提高预测准确性和动态调整能力方面的巨大潜力。在这一基础上，我们也能发现，基于精准的交通需求数据，脑机接口技术也可以进一步推动交通网络设计的优化。下面，我们就来一起分析脑机接口技术在交通网络设计中的具体应用，了解优化交通网络设计的有效方法。

12.2.1 交通网络设计的综合考量

目前，我国综合立体交通网络发展取得的一切成果，都是通过提前设计规划，并多次优化完善后的建设成果，所以交通网络的设计，是在了解交通建设需求之后，采取具体发展行动的第一步，而这一步也在交通发展中占据了重要位置。

交通网络设计，并不只是交通设计者的专业工作，而是关乎城市与民生多方面的发展思维，下面我们就从不同角度来详细了解，交通网络设计与城市、区域，乃至社会的发展存在哪些关系。

1. 关于交通网络规划设计者的设计考量

交通网络规划设计者作为智慧交通的主要策划者，其首要任务是科学规划和合理布局交通网络，以确保交通系统的高效运行。通过详细的交通需求分析和数据预测，规划设计者可以制定出符合城市发展需求的交通网络布局方案。这包括道路的布局与等级划分、交通信号系统的设置、公交线路的规划等。科学的规划和布局能够有效分流交通流量，减少交通拥堵，提高道路的通行能力。

交通网络设计的另一个重要目标是提高交通系统的安全性。所以，交通网络规划设计者还需要通过合理的道路设计和交通信号设置，减少交通事故的发生。

同时，智慧交通网络设计需要考虑环境保护和可持续发展。通过合理的交通规划，可以促进绿色交通方式的发展，减少机动车的使用，降低交通污染。这也是交通网络规划设计者需要思考的主要内容。

2. 关于城市管理者的设计考量

交通网络设计是城市经济发展的重要支撑。高效的交通网络能够促进物流和人流的顺畅流动，提升城市的经济活力。城市管理者需要通过科学的交通网络设计，可以吸引更多的企业和投资，推动城市经济的快速发展。例如，规划便捷的交通网络连接商业区、工业区和住宅区，能够促进各类经济活动的开展，提升城市的综合竞争力。

另外，合理的交通网络设计有助于提升城市的治理能力。通过智能交通系统和实时交通管理，城市管理者可以更好地监控和调度交通流量，及时应对交通突发事件，提高交通管理的效率和应急响应能力。

最后，城市管理者还需要关注城市的宜居性，通过科学的交通网络设计，改善居民的出行体验，提高城市的生活质量。便捷的交通网络能够减少居民的出行时间和交通成本，提升出行的舒适度和安全性。

3. 关于城市居民的设计考量

对于城市居民而言，交通网络设计的直接影响是出行的便利性、效率，以及安全性，合理的交通网络布局能够大幅改善居民生活节奏和体验。

另外，交通网络设计还决定着居民的出行成本。优化公共交通系统和非机动车道，鼓励居民选择公交车、地铁和自行车等低成本出行方式，降低私家车的使用率，这些都是降低城市居民出行成本的主要方法。

4. 经济发展的设计考量

高效的交通网络设计对物流行业的发展具有重要意义。便捷的交通网络能够提升商业区的吸引力和商业活力。通过科学的交通网络设计，可以方便居民和游客的出行，促进商业区的人流和消费。例如，通过设置便捷的公交线路和地铁站点，连接商业区和住宅区，可以吸引更多的消费者前来购物和娱乐，提升商业区的经济效益。

同时，交通网络设计是支持城市产业发展的重要基础设施。通过科学的交通网络规划，可以促进产业园区和经济开发区的建设和发展，提升城市的产业竞争力。

5. 环境保护的设计考量

近年来，我国一直倡导交通绿色发展，绿色理念的融入正是当前交通网络设计的一大重点。

通过合理的交通网络设计，可以促进绿色出行方式的发展，提升城市的可持续发展水平。例如，在城市内设置更多的非机动车道和步行道，鼓励居民选择自行车和步行等绿色出行方式，减少机动车的使用量，可以有效降低城市的交通压力，减少环境污染。

交通网络设计还需要考虑生态环境的保护，通过合理的规划和设计，减少对自然环境的破坏。例如，在规划道路和交通设施时，尽量避开自然保护区和生态敏感区，减少对生态环境的影响，这也可以保护城市的自然景观和生态资源，提升城市的环境质量。

6. 社会公平的设计考量

交通网络设计需要关注社会公平，确保所有居民都能享受到便捷的交通服务。通过科学的交通网络设计，可以促进社会包容和城市的社会和谐。例如，智慧交通网络的设计会配备无障碍设施，以及优化公共交通系统的设计，这为老年人、残疾人和儿童等弱势群体提供了便利的出行服务，提高了他们的出行便利性和安全性。

由此可见，交通网络设计不仅是交通部门的简单工作，其关系大众、城市、社会发展的方方面面。所以，为了确保交通网络设计效果，推进交通强国的目标实现，借助现代科技力量优化交通网络设计，是当代交通人士需要思考的一大重点。

12.2.2 我国交通网络设计的现状

在过去的几十年里，我国在交通网络设计方面取得了显著成就。我国各大城市积极推进交通基础设施建设，不断优化交通网络设计，为提升城市交通系统的运行效率和改善居民出行体验奠定了坚实基础。

我们可以看到，全国各地在近年来的交通网络设计中，科学规划、合理布局，道路的通行能力和连接性得到了显著提升。例如，我国的"八纵八横"高速铁路网，这一铁路交通网络的规划设计改善了全国人民的生活质量，极大紧密了偏远地区居民与发达城市的联系。同时这对我国经济发展也产生了深远影响。它促进了区域货物和人员的流动，降低了区域物流成本，还提高了生产效率，这让我国农业和制造业发展受益匪浅。截至2023年11月底，我国"八纵八横"高铁网主通道加快建设，已建成投产3.61万km，占比约80%，为促进区域协调发展提供了有力支撑。

不过，尽管我国在交通网络设计方面取得了诸多成就，但随着城市规模的不断扩大和交通需求的日益增长，现有的交通网络设计仍存在一些需要提升的方向和空间，这也是提升我国交通网络设计效果的重要方向。

1. 跨部门协同合作有待加强

交通网络设计不仅是交通部门的责任，还需要多部门的协同合作。城市规划、环境保护、公安交管等部门需要密切配合，共同制定和实施交通网络设计方案。加强跨部门协同合作，有助于综合考虑各方面因素，制定更加科学合理的交通网络设计方案。目前，我国交通网络设计在这一领域还有待提升。

2. 公众参与度和透明度有待提升

公众是交通网络的直接使用者，公众的意见和需求对交通网络设计至关重要。提升公众参与度和透明度能够提高交通网络设计的科学性和合理性，还能够增强公众对交通政策的理解和支持。目前，我国交通网络设计依然以交通规划设计部门为主，虽然进行了交通需求的调查，但深度不足。这是我国交通网络设计需要强化的方面。

3. 交通网络设计的前瞻性可继续提升

交通网络设计需要具备前瞻性，能够适应未来的发展需求。随着城市化进程的不断推进，交通需求将持续增长，交通网络设计需要具备足够的前瞻性，以应对未来的挑战。

4. 交通网络的智慧性与创新性可继续提升

在交通网络设计中，智能科技与创新技术的应用具有重要意义。例如，通过引入先进的智能交通系统、物联网、大数据分析等技术手段，可以提升交通网络设计的科学性和精准性。虽然我国交通智慧发展也取得了突出效果，但相比一些发达国家还存在一定差距，所以这也是我国交通网络设计提升的一个重点。

5. 绿色属性可继续强化

智慧交通网络设计需要高度重视生态环境保护和可持续发展。通过绿色交通基础设施建设和环境友好型设计，可以减少交通对环境的负面影响，促进城市的可持续发展。为了全面强化我国交通网络的绿色属性，思考生态环境保护和可持续发展的问题自然是必须完成的任务。

6. 多模式交通系统有待整合

现代城市交通网络设计需要推动多模式交通系统的整合，提升不同交通方式之间的衔接和转换效率。如何通过科学规划和合理布局，实现公交车、地铁、自行车、步行等多种交通方式的无缝连接，提升整体交通系统的运行效率也是我们当前需要解决的交通规划设计问题。

7. 交通网络设计的国际交流与合作有待提升

我国交通发展的目标之一便是达到国际先进水平，甚至是领先水平，而这恰恰需要加强国际交流与合作，借鉴和学习国际先进的交通网络设计经验，来提升我国当前交通网络设计的水平和能力。所以，如何快速了解和掌握国际前沿的交通网络设计理念和技术，推动我国交通网络设计的创新和发展也是我们需要解决的问题。

总体而言，尽管我国在交通网络设计方面已经取得了显著成就，但仍有许多提升方向和空间。改善、解决这些问题，能够为我国交通网络从设计层面提升发展效果带来实质性的帮助。

12.2.3　脑机接口技术优化交通网络设计效果

为了增强交通网络设计效果，全球各国交通部门、交通领域人士都在思考利用现代科技强化交通网络设计的智能性，力求全面提升交通网络设计与建设效果。在这一过程中，数字孪生技术的应用实现了现实世界与虚拟世界的真实连接，数字模型的利用让交通网络设计变得更可观，而在数字世界的各种测试模拟，也让交通网络设计的实用性、绿色更加突出。不过在人性化特点方面，众多交通科技专家纷纷表示，借助脑机接口技术能够达到更佳效果，能够提升交通网络设计的综合水平。

前面，我们也分析了我国交通网络设计方面的上升空间与发展方向，现在我们就来详细了解，脑机接口技术如何能够在设计领域与数字孪生技术互补，提升交通网络设计的水平。

1. 加强跨部门协同合作

脑机接口技术能够实现跨部门的数据共享与协作，提供交通规划、城市管理和环保等多个部门所需的实时数据支持。通过建立统一的数据平台，脑机接口技术可以实时采集和传输脑电波数据，供各部门参考和使用，提升协同合作的效率和效果。

通过脑机接口技术提供的精准数据，还可以帮助跨部门协同制定更为科学和综合的交通网络设计方案。实时脑电波数据能够反映出交通参与者的情绪、态度和行为，这些数据更能够说明其对交通网络的需求，帮助各部门制定符合实际情况的决策，提高交通网络设计的科学性和合理性。

2. 提升公众参与度和透明度

脑机接口技术可以通过实时数据采集和分析，提升公众参与交通网络设计的积极性和透明度。通过建立公众参与平台，市民可以实时反馈自己的出行体验和需求，脑机接口技术能够分析这些反馈数据，帮助交通管理部门优化交通网络设计。

另外，脑机接口技术可以通过采集公众的脑电波数据，提供更为科学的参与依据。相比传统的问卷调查和意见征集，脑机接口技术能够获取更为客观和真实的数据，帮助交通管理部门更准确地了解公众的需求和偏好。

3. 加强交通网络设计的前瞻性

脑机接口技术能够通过长期数据积累与分析，加强交通网络设计的前瞻性。通过长期采集和分析脑电波数据，交通管理部门可以预测未来的交通需求和流量变化趋势，制定具有前瞻性的交通网络设计方案。交通规划设计部门通过分析长期数据，可以预测未来的交通热点区域和交通流量变化，提前规划和建设相应的道路基础设施，避免未来的交通瓶颈。

另外，脑机接口技术还可以作为前瞻性规划工具，帮助城市规划者制定适应未来需求的交通网络设计方案。通过实时数据和长期预测，可以提供前瞻性的规划建议，确保交通网络设计能够长期满足城市发展的需求。

4. 融合智能科技与创新技术

脑机接口技术可以与智能交通系统集成，提升交通网络设计的智能化水平。通过结合数字孪生、大数据分析、人工智能和物联网技术，脑机接口技术能够实时监测和分析交通流量和参与者状态，优化交通信号配时和道路布局。在此基础上，交通规划设计部门可以创新交通管理方案，提升交通网络设计的科学性和有效性。

5. 保护生态环境，促进可持续发展

通过实时数据分析，脑机接口技术可以识别出交通参与者对交通环境的态度与需求，进而根据实际情况优化道路布局和交通流线，降低交通对环境的影响，推动绿色交通方式的发展。例如，通过分析公共交通乘客的脑电波数据，交通规划设计部门能够了解到，乘客对哪些公共交通路线的满意度更高，对哪些交通环境存在抵触、厌恶情绪，之后对比分析，设计出更符合乘客需求，同时优化城市环境的公交路线与建设方案。

6. 推动多模式交通系统的整合

脑机接口技术可以推动多模式交通系统的无缝连接，提升不同交通方式

之间的衔接和转换效率。通过对交通参与者实时数据采集和分析，脑机接口技术可以深度发现不同交通模式间的堵点与空白区域，并针对这些情况进行优化与补足，这能够确保不同交通方式之间的顺畅连接和高效转换。

7. 加强交通网络设计的国际交流与合作

目前，国际上已经开展了各种关于脑机接口技术发展的交流研讨会，这些交通平台能够加强这一技术的国际交流与合作，促进脑机接口技术在各个领域的深度应用。例如，天桥脑科学研究院（TCCI）于2024年7月公布，其与脑机接口协会将于2024年12月6日至7日在中国上海合作举办 BCI Society & Chen Institute Joint BCI Meeting，这是全球脑机接口领域顶级学术会议创办25年后首次落户亚洲。

脑机接口协会是全球最具影响力的脑机接口学术机构，其旗舰活动国际脑机接口会议自1999年在美国纽约首次举办以来，已成为该领域的标杆性学术会议。2023年第10届会议在比利时布鲁塞尔举办，吸引了全球39个国家和地区的237所实验室的近500位科学家一同参与。

在这样的交流中，我们可以借鉴国际先进的交通网络设计经验，提升我国交通网络设计的水平和能力，推动我国交通网络设计的创新和发展。

另外，通过与国际领先的交通研究机构和企业合作，我们还可以引进国际先进的技术和设备，开展联合研究和开发，推动我国交通网络设计的国际化和现代化发展。

总之，脑机接口技术能够显著优化交通网络设计效果，为现代城市交通的发展提供强有力的支持和保障。这对我国的交通网络设计的科学、智能和高效升级，以及城市交通的可持续性、人性化发展十分重要。

12.3 脑机接口对交通政策制定的影响

脑机接口技术为城市交通规划带来了颠覆性的变化。通过实时捕捉和分析交通参与者的脑电信号，脑机接口技术为交通规划提供了科学决策的依据，优化了城市交通网络的设计和管理，推动了交通系统的现代化进程，同时对交通政策制定也产生了深远影响。下面，我们就来分析这一技术是如何提升交通政策制定的合理性与有效性的。

12.3.1 交通政策促进交通发展

近年来，我国交通运输部发布了一系列关键政策，旨在推动交通发展，优化交通系统，提升交通管理水平。这些政策不仅为智慧交通运输体系的建设提供了科学指导，还在促进经济发展、改善居民生活、保护生态环境等方面发挥了重要作用。其中，《交通强国建设纲要》《国家综合立体交通网规划纲要》《"十四五"现代综合交通运输体系发展规划》最为关键，是当前我国交通保持高质量、高速发展的决定性政策依据，对我国交通发展起到了核心引领作用。

《交通强国建设纲要》是 2019 年我国为实现交通强国目标而制定的战略性纲要文件。该文件明确了交通强国建设的总体目标、发展方向和重点任务，旨在推动我国交通事业实现高质量发展，建设世界一流的现代化交通体系。政策明确提出：到 2035 年，基本建成交通强国。现代化综合交通体系基本形成，人民满意度明显提高，支撑国家现代化建设能力显著增强；拥有发达的快速网、完善的干线网、广泛的基础网，城乡区域交通协调发展达到新高度；基本形成"全国 123 出行交通圈"（都市区 1 小时通勤、城市群 2 小时通达、全国主要城市 3 小时覆盖）和"全球 123 快货物流圈"（国内 1 天送达、周边国家 2 天送达、全球主要城市 3 天送达），旅客联程运输便捷顺畅，货物多式联运高效经济；智能、平安、绿色、共享交通发展水平明显提高，城市交通拥堵基本缓解，无障碍出行服务体系基本完善；交通科技创新体系基本建成，交通关键装备先进安全，人才队伍精良，市场环境优良；基本实现交通治理体系和治理能力现代化；交通国际竞争力和影响力显著提升。

这一政策强调了提升交通科技创新能力的重要性。通过加大科技投入，推动交通领域的技术创新和产业升级，提升交通科技的自主创新能力和国际竞争力。例如，政策中提出要加快发展智能交通、绿色交通和安全交通技术，推动交通领域的科技成果转化和应用。这不仅提升了交通科技创新能力，还推动了交通产业的高质量发展。

《交通强国建设纲要》也提出了构建高效便捷的交通网络的目标。通过优化交通网络布局，提升交通基础设施的连通性和服务水平，构建高效便捷的现代化交通网络。

另外，该政策还强调了推动交通国际合作的重要性。通过加强国际交流与合作，提升我国交通的国际影响力和竞争力，推动交通事业的国际化发展。政策中指出要积极参与"一带一路"建设，加强与沿线国家的交通合作，推动国际交通项目的建设和运营。这不仅提升了我国交通的国际竞争力，还促进了国际交通合作和交流。

《国家综合立体交通网规划纲要》是2021年我国为构建综合立体交通网而制定的战略性规划文件。该文件明确了综合立体交通网的总体布局、发展目标和重点任务。

该政策先对我国综合立体交通网络发展进行了总结与分析，政策中明确指出：改革开放特别是党的十八大以来，在以习近平同志为核心的党中央坚强领导下，我国交通运输发展取得了举世瞩目的成就。基础设施网络基本形成，综合交通运输体系不断完善；运输服务能力和水平大幅提升，人民群众获得感明显增强；科技创新成效显著，设施建造、运输装备技术水平大幅提升；交通运输建设现代化加快推进，安全智慧绿色发展水平持续提高；交通运输对外开放持续扩大，走出去步伐不断加快。交通运输发展有效促进国土空间开发保护、城乡区域协调发展、生产力布局优化，为经济社会发展充分发挥基础性、先导性、战略性和服务性作用，为决胜全面建成小康社会提供了有力支撑。

与此同时，我国交通运输发展还存在一些短板，不平衡不充分问题仍然突出。综合交通网络布局仍需完善，结构有待优化，互联互通和网络韧性还需增强；综合交通统筹融合亟待加强，资源集约利用水平有待提高，交通运输与相关产业协同融合尚需深化，全产业链支撑能力仍需提升；综合交通发展质量效率和服务水平不高，现代物流体系有待完善，科技创新能力、安全智慧绿色发展水平还要进一步提高；交通运输重点领域关键环节改革任务仍然艰巨。

在此基础上，《国家综合立体交通网规划纲要》提出了优化综合交通网络布局的具体要求。通过合理规划和布局公路、铁路、航空、水运等多种交通方式，构建互联互通的综合交通网络。政策中明确提出要建设国家高速铁路网、国家高速公路网、全国机场群和港口群，提升交通网络的整体连通性和协调性。这优化了交通资源配置，提高了运输效率，还促进了区域协调发展。

在这项政策中，我国政府强调了交通系统的协调发展。通过推动多种交通方式的融合发展，提升综合运输能力和服务水平。例如，政策中提出要加强公路与铁路、航空与铁路、港口与铁路等多种交通方式的衔接，发展多式联运系统，提升综合交通运输效率和服务质量。这些措施提升了交通系统的整体协调性和运行效率。

《"十四五"现代综合交通运输体系发展规划》是2021年12月发布的关于"十四五"期间交通运输发展的纲领性文件。该文件明确了未来五年交通运输体系的发展方向、目标和任务，旨在建设更加安全、高效、绿色、智能的现代综合交通运输体系。

这一政策提出了加快交通基础设施建设的具体目标和任务。政策明确规定：到2025年，综合交通运输基本实现一体化融合发展，智能化、绿色化取得实质性突破，综合能力、服务品质、运行效率和整体效益显著提升，交通运输发展向世界一流水平迈进。

设施网络更加完善。国家综合立体交通网主骨架能力利用率显著提高。以"八纵八横"高速铁路主通道为主骨架，以高速铁路区域连接线衔接，以部分兼顾干线功能的城际铁路为补充，主要采用250公里及以上时速标准的高速铁路网对50万人口以上城市覆盖率达到95%以上，普速铁路瓶颈路段基本消除。7条首都放射线、11条北南纵线、18条东西横线，以及地区环线、并行线、联络线等组成的国家高速公路网的主线基本贯通，普通公路质量进一步提高。布局完善、功能完备的现代化机场体系基本形成。港口码头专业化、现代化水平显著提升，内河高等级航道网络建设取得重要进展。综合交通枢纽换乘换装效率进一步提高。重点城市群一体化交通网络、都市圈1小时通勤网加快形成，沿边国道基本贯通。

运输服务更加高效。运输服务质量稳步提升，客运"一站式"、货运"一单制"服务更加普及，定制化、个性化、专业化运输服务产品更加丰富，城市交通拥堵和"停车难"问题持续缓解，农村和边境地区运输服务更有保障，具备条件的建制村实现快递服务全覆盖。面向全球的国际运输服务网络更加完善，中欧班列发展质量稳步提高。

技术装备更加先进。第五代移动通信（5G）、物联网、大数据、云计算、人工智能等技术与交通运输深度融合，交通运输领域新型基础设施建设取得重要进展，交通基础设施数字化率显著提高，数据开放共享和平台整合优化取得实质性突破。自主化先进技术装备加快推广应用，实现北斗系统对交通运输重点领域全面覆盖，运输装备标准化率大幅提升。

安全保障更加可靠。交通设施耐久可靠、运行安全可控、防范措施到位，安全设施完好率持续提高。跨部门、跨领域的安全风险防控体系和应急救援体系进一步健全，重特大事故发生率进一步降低。主要通道运输安全和粮食、能源、矿石等物资运输安全更有保障，国际物流供应链安全保障能力持续提升。

发展模式更可持续。交通运输领域绿色生产生活方式逐步形成，铁路、水运承担大宗货物和中长距离货物运输比例稳步上升，绿色出行比例明显提高，清洁低碳运输工具广泛应用，单位周转量能源消耗明显降低，交通基础设施绿色化建设比例显著提升，资源要素利用效率持续提高，碳排放强度稳步下降。

治理能力更加完备。各种运输方式一体融合发展、交通基础设施投融资和管理运营养护等领域法律法规和标准规范更加完善，综合交通运输一体化融合发展程度不断提高，市场化改革持续深化，多元化投融资体制更加健全，以信用为基础的新型监管机制加快形成。

展望2035年，便捷顺畅、经济高效、安全可靠、绿色集约、智能先进的现代化高质量国家综合立体交通网基本建成，"全国123出行交通圈"（都市区 1 小时通勤、城市群 2 小时通达、全国主要城市 3 小时覆盖）和"全球 123 快货物流圈"（快货国内 1 天送达、周边国家 2 天送达、全球主要城市 3 天送达）基本形成，基本建成交通强国。

《"十四五"现代综合交通运输体系发展规划》强调了智能交通系统的发展。通过引入大数据、物联网、人工智能等先进技术，提升交通管理的智能化水平。该政策还明确了推动绿色交通发展的方向。通过推广新能源交通工具、优化交通能源结构、减少交通污染排放等措施，促进交通系统的绿色低碳转型。总体而言，这一政策明确了构建现代综合交通运输体系的明确方向与举措，为全面建设社会主义现代化国家提供战略支撑。

回顾这几年我国交通的发展历程，交通运输部发布的一系列关键政策，为我国交通进步提供了科学指导，还在促进经济发展、改善居民生活、保护生态环境等方面发挥了重要作用。这些政策的实施，促进了我国交通事业的高质量发展，推动了现代化交通体系的建设，为实现交通强国目标奠定了坚实基础。

12.3.2　交通政策制定的关键因素

通过对《"十四五"现代综合交通运输体系发展规划》《国家综合立体交通网规划纲要》《交通强国建设纲要》等关键政策的分析，我们可以深刻体会到交通政策在国家发展和交通发展中的重要性和深远意义。

然而，制定真正有促进性的交通政策并不是一件简单的事情。要确保政策的科学性、合理性和有效性，需要考虑多种关键因素，进行全方位的考量。这包括对准确数据和信息的依赖、技术创新的支持、社会经济因素的综合评估，以及法律法规和标准的遵循等。只有在深入理解和把握这些关键因素的基础上，才能制定出切实可行、具有长远影响的交通政策。

下面，我们就来详细分析交通政策制定的关键因素，以便更好地理解交通政策的制定过程，明确交通政策如何有效推动交通系统的优化和提升。

1. 国家经济发展战略

国家经济发展战略是交通政策制定的首要考虑因素。交通政策作为促进经济发展的重要工具，必须与国家整体经济战略保持一致。例如，在实施国家区域协调发展战略时，交通政策可能会优先考虑加强区域间的交通基础设施建设，促进区域经济的互联互通。这种策略不仅可以改善交通状况，还能推动区域经济的一体化发展，减小区域间的经济差距。

此外，国家经济发展的不同阶段也会对交通政策提出不同的要求。在经济快速增长的时期，交通政策可能会更加注重基础设施的建设和运能的提升，以满足经济发展的需要。而在经济发展相对稳定的阶段，交通政策则可能更加注重运输效率和服务质量的提升。通过紧密结合国家经济发展战略，交通政策可以更有效地支持经济增长，促进社会进步。

2. 经济发展水平和运输业发展阶段

交通政策的制定必须充分考虑国家的经济发展水平和运输业的发展阶段。在不同的经济发展阶段，交通需求和运输业的发展特点会有所不同。在经济快速增长的时期，交通需求量大，基础设施建设需求强烈，此时交通政策应侧重于大规模的交通基础设施投资和建设，以提高交通运能，满足经济发展的需要。而在经济发展相对稳定的阶段，交通需求趋于稳定，运输业的发展重点可能转向提高运输效率和服务质量。此时，交通政策应更加注重优化交通网络，提升交通服务水平和管理效率。

3. 地理和资源条件

地理和资源条件是交通政策制定过程中不可忽视的重要因素。不同地区的地理环境和资源条件差异巨大，这直接影响到交通基础设施的选址、建设和运营成本。例如，山区和沿海地区的交通基础设施建设需要考虑地形、地质、气候等多种因素，而资源丰富的地区则可能更倾向于发展资源运输相关的交通政策。

在山区，交通基础设施建设需要克服地形和地质条件的限制，成本高，难度大。因此，交通政策在这些地区可能会侧重于投资效益高的项目，并考虑采用新技术和新材料以降低建设和维护成本。沿海地区由于地势平坦，交通基础设施建设相对容易，但需要应对海洋气候和潮汐的影响，交通政策应注重防灾减灾措施的制定和实施。

4. 社会因素

社会因素包括社会价值观、文化、习俗、道德观念等，这些因素会直接影响公众对交通政策的接受程度和参与意愿。在环保意识较强的时代，公众可能更倾向于支持绿色交通政策，政府在制定交通政策时需要考虑公众的环保需求，推广公共交通和低碳出行方式。而在一些传统观念较强的社会中，政策制定者需要考虑如何在尊重传统习俗的基础上推动交通现代化。

5. 安全和环保要求

随着社会的发展和进步，安全和环保要求已经成为影响交通政策制定的关键因素之一。交通政策需要充分考虑交通安全和环保问题，通过制定科学合理的政策措施来降低交通事故的发生率、减少交通排放对环境的污染。

在交通安全方面，政策制定者需要通过立法、标准制定、技术应用等多种手段，提高交通安全水平。例如，通过推行严格的交通安全法规，加大对交通违法行为的处罚力度，推广先进的交通安全技术和设备，提高道路和车辆的安全性能，降低交通事故的发生率。

在环保方面，政策制定者需要制定和实施一系列环保政策和措施，减少交通对环境的负面影响。例如，推广新能源车辆，减少传统燃油车辆的使用；优化交通网络，减少车辆行驶的拥堵时间和空转时间；鼓励公众选择公共交通、自行车等绿色出行方式，减少交通排放对环境的污染。

6. 技术进步和创新

技术进步和创新是推动交通政策制定的重要因素。随着科技的发展和应用，新的交通方式和运输工具不断涌现，这为交通政策的制定提供了新的思路和可能性。

智能交通系统通过应用现代信息技术，提高了交通管理和服务的效率和质量。通过实时交通信息采集和分析，优化交通信号控制，减少交通拥堵；通过推广智能公共交通系统，提高公共交通的便利性和吸引力，减少私家车的使用；通过推广车联网技术，实现车辆之间的信息共享和协同，提高交通安全性和行驶效率。

7. 国际形势和外部环境

国际形势和外部环境的变化也会对交通政策的制定产生影响。例如，国际贸易发展、国际物流需求变化等都会直接影响交通政策的制定。同时，国际交通规则的制定和变化也会对我国交通政策的制定产生一定的影响。

在全球化背景下，交通政策需要考虑如何适应国际贸易和物流的发展需求。通过建设和完善国际物流通道，提高物流效率，降低物流成本，增强国际贸易的竞争力；通过参与国际交通规则的制定，提升我国在国际交通事务中的话语权和影响力。同时，政策制定者需要关注国际交通发展的最新趋势和技术，借鉴国际先进经验，推动我国交通的现代化和国际化。

综上所述，影响交通政策制定的关键因素十分丰富。这些因素相互交织、相互作用，共同决定了交通政策的制定方向和重点。在政策制定过程中，政策制定者需要全面考虑这些因素，科学合理地制定交通政策，以促进交通事业的可持续发展，支持经济社会的全面进步。

12.3.3　脑机接口技术对交通政策制定的影响

了解了交通政策的核心价值与制定依据，我们就能够更加清楚地明确脑机接口对交通政策制定的主要影响。虽然脑机接口只是交通领域的一种科技力量，但这一技术为交通发展带来了诸多创新，其能够优化交通管理，同时为交通政策制定提供更多思路。下面，我们就来了解脑机接口技术能够为交通政策的有效制定带来哪些帮助。

1. 辅助交通安全政策的制定

脑机接口技术在提升交通安全方面具有巨大的潜力。通过实时监测驾驶员的脑电波，脑机接口系统可以检测驾驶员的疲劳状态、注意力水平和情绪变化，从而预防潜在的交通事故。政策制定者可以推广基于脑机接口技术的智能驾驶辅助系统，在检测到驾驶员疲劳或注意力不集中时，系统可以自动发出警告或接管车辆控制。这类技术的应用将显著提高交通安全水平，减少因人为因素导致的交通事故。

2. 优化交通管理政策的制定

脑机接口技术在交通管理中的应用可以显著优化交通流量和提升交通效率。通过脑电信号与交通管理系统的结合，交通管理部门可以更准确地预测交通拥堵和流量变化，实时调整交通信号灯和车道使用策略。例如，在高峰时段，基于脑机接口的交通管理系统可以通过识别驾驶员的紧张情绪和交通流量变化，动态调整信号灯时长和车道分配，提高交通流畅度。政策制定者可以推动这类智能交通管理系统的应用，以提升城市交通管理水平。

3. 促进无障碍交通政策的制定

脑机接口技术在无障碍交通方面的应用可以为残障人士提供更多便利。通过脑电波控制车辆或其他交通工具，残障人士可以实现更独立的出行。政策制定者可以制定相关政策，推广和普及这类无障碍交通工具，提高残障人士的生活质量和社会参与度。

4. 支持智能交通系统发展

脑机接口技术在智能交通系统中的应用能够进一步提升交通系统的智能化水平。通过将脑机接口技术与车联网、大数据分析、人工智能等技术相结合，交通系统可以实现更高效的运行和管理。政策制定者可以推动这类智能交通系统的发展，提升整体交通系统的智能化和服务水平。

5. 增强交通政策的公众参与

脑机接口技术还可以增强公众在交通政策制定过程中的参与度。通过脑机接口技术，政府和交通管理部门可以更好地了解公众的交通需求和偏好。政府可以利用脑机接口技术进行公众意见调查，收集公众对交通政策的真实反馈和建议。这种基于脑电信号的调查方法可以减小传统问卷调查的偏差，获取更准确和真实的公众意见，提升交通政策的科学性和公信力。

6. 推动新兴交通模式政策

脑机接口技术的应用还可以推动新兴交通模式的发展，如自动驾驶和共享出行等。基于脑机接口技术的自动驾驶系统可以实现更高水平的安全性和智能化，这也需要相关政策对这一新兴交通模式的发展进行规划与引导。

目前，我国自动驾驶车辆的政策正在逐步完善，这推动了自动驾驶技术的发展和应用。例如，在国家层面，国务院等发布了一系列政策，如《"十四五"国家信息化规划》《"十四五"数字经济发展规划》等，重点关注自动驾驶应用场景的拓展，并在基础设施建设、数据安全、重点建设方向等方面作出了指导和具体规划；在地方层面，北京市发布了《北京市自动驾驶汽车条例（征求意见稿）》，明确提出新建、改建、扩建道路为智能化路侧基础设施预留空间，并支持自动驾驶汽车数据流通利用。此外，北京市还累计为31家测试车企发放了道路测试的牌照，自动驾驶测试的里程超过2800万km，年内将实现全市600km^2智能化路侧基础设施全覆盖。在具体的政策措施层面，我国政府鼓励有条件的地方开展自动驾驶车辆共享、摆渡接驳、智能泊车等试运行及商业运营服务，强化安全风险防控，对自动驾驶技术应用衍生的运行和管理风险开展预评估研究，以及加快营造良好政策环境，完善自动驾驶道路测试管理规范，探索建立自动驾驶营运车辆运行安全监管体系。

这些政策措施共同推动了自动驾驶技术的发展和应用，为智能网联汽车产品的功能优化与创新提供了政策支持，有助于智能网联汽车产业的快速发展和产业生态建设。

综上所述，脑机接口技术对交通政策的制定具有重要影响。政策制定者可以充分利用脑机接口技术的特点及优势，积极推动其在交通领域的应用和发展，通过科学合理的政策规划制定，提升交通系统的安全性、效率和服务水平，促进交通事业的可持续发展。

第13章
未来脑机接口技术对交通领域的影响展望

13.1 脑机接口技术的发展趋势

自1973年美国科学家雅克·维达尔首次提出脑机接口这一技术概念后，到今天已过去了半个世纪。虽然脑机接口技术的诞生比较早，但其发展在很长一段时间内没有明显的进步。在2023世界人工智能大会"脑机智能与数字生命"主题论坛上，脑虎科技联合创始人兼CEO彭雷表示，脑机接口软硬件、数据、算法等方面的不统一，正在严重制约脑科学的全球协作。目前的脑机接口技术，仍然处于起步阶段，其未来对各个领域带来的改变将不可限量。

截至2024年，脑机接口技术已经成为全球科技研发的重点。例如，马斯克的脑机接口公司"神经连接"就在2024年1月完成了脑机接口设备的首例人体移植，移植者目前恢复良好。这款产品名为"心灵感应"，大脑植入设备后，只需通过意念就能控制手机、计算机，并通过它们控制几乎所有设备。哪怕是失去四肢功能的人也能够通过这款产品操作各种设备。可想而知这一技术将对人类发展带来多么巨大的改变。正如马斯克所说，超级人工智能必将实现，人类只有一个选择，就是成为AI，而脑机接口技术的中级目标就是让人类与AI融合、避免被AI超越。而AI在全球范围内的快速发展,实则有赖于一些机构、组织完成了上述领域的标准化工作。

近年来,随着全球科研人员对脑机接口技术的研究深入,这一技术的发展取得了显著的进步。当前的研究主要集中在两大方向,即侵入式和非侵入式脑机接口。侵入式脑机接口通过直接植入电极阵列到大脑皮层,实现高精度的神经信号采集和解码;非侵入式脑机接口则通过脑电图(EEG)等手段,在头皮表面进行信号采集,尽管其信号精度较低,但安全性和易用性更高。

目前,脑机接口技术已在多个领域展现出应用潜力。例如,在医疗领域,脑机接口技术已被用于帮助瘫痪患者实现肢体控制;在娱乐领域,脑机接口技术也正逐步应用于游戏和虚拟现实。在交通领域,脑机接口技术也开始在交通管理、交通工具操作、交通安全提升、交通政策制定等各个层面发挥作用,其未来潜力不容忽视。

从脑机接口技术的应用特点出发,结合脑机接口技术当前的研究成果,我们可以看到,脑机接口技术需要在以下几个方面取得突破,从而为各个领域带来深远影响。

1. 信号采集与处理技术的提升

随着材料科学和微电子技术的发展,新型传感器和电极材料将大幅提升信号采集的质量和稳定性。例如,柔性电子技术将使电极更贴合头皮,减少噪声和干扰。此外,先进的信号处理算法和人工智能技术将进一步提高信号解码的精度和效率,从而实现更可靠的脑机接口系统。

2. 非侵入式技术的发展

尽管侵入式技术在信号采集精度方面具有优势,但其手术风险和成本较高。未来,非侵入式脑机接口技术将成为主流,特别是对日常交通应用而言。包括 EEG、近红外光谱(NIRS)、超声波等在内的非侵入式技术将在信号采集精度和便捷性方面取得突破,使得脑机接口设备更加适用于日常交通工具的控制和监测。

3. 实时性与响应速度的优化

脑机接口系统的实时性和响应速度是影响其用户体验的关键因素。未来的研究将致力于降低系统的延迟，提高响应速度，使得用户能够更加自然地与设备进行交互。

4. 个性化与适应性增强

每个人的脑电信号存在个体差异，未来的脑机接口系统的发展必将会更加注重个性化和适应性设计。通过机器学习和自适应算法，系统能够自动调整参数以适应不同用户的需求，提高使用的便捷性，提升用户体验。

总体而言，脑机接口技术虽然不是近期诞生的科技，但其却是最近才得到发展的科技。其前期发展缓慢的原因在于缺少其他科技的支撑，而随着大数据、AI、云计算等技术的诞生与发展，脑机接口技术的进步得到了较大支持。随着这一技术的继续研发，相信其可以更好地服务于人类社会的进步和发展。

13.2 脑机接口在交通工具设计中的应用

想象一下，未来的交通工具不仅能听懂你的指令，还能读懂你的意图，提前感知你的需求。这并不是科幻小说的情节，而是脑机接口技术为我们打开的一扇现实之门。脑机接口技术通过解读大脑信号，实现人与机器的无缝互动，彻底颠覆了传统交通工具的设计理念。这一独具应用价值的前沿科技将变革交通工具的设计与研发，并塑造出前所未有的出行体验。下面，我们就来分析这一技术在未来交通工具中都有哪些应用场景。

1. 提升驾驶安全性的智能系统

在交通工具设计中，驾驶安全始终是首要考虑的因素之一。脑机接口技术通过实时监测驾驶员的脑电波活动，可以有效预防疲劳驾驶和注意力不集中等安全隐患。

脑机接口技术可以将脑电图（EEG）传感器植入驾驶员的头戴设备或座椅头枕中，实时分析驾驶员的注意力和警觉状态。一旦系统检测到驾驶员出现疲劳或注意力下降的迹象，便会发出警告并采取相应措施，如自动调整驾驶辅助系统或建议休息。

2. 个性化的驾驶体验

脑机接口技术还可以用于打造个性化的驾驶体验。每个驾驶员都有不同的驾驶习惯和偏好，传统的驾驶系统难以满足所有人的需求。而通过脑机接口技术，交通工具可以根据驾驶员的脑电波信号自动调整驾驶参数，如座椅位置、后视镜角度、空调温度等。此外，脑机接口系统还可以记录驾驶员的情绪变化，并根据情绪状态调整音乐播放、车内灯光等，以提升驾驶员的舒适度和愉悦感。这种个性化的驾驶体验将使驾驶员感觉车辆更加贴合自己的需求，从而增强驾驶的乐趣和舒适度。

3. 自动驾驶技术的辅助与提升

在自动驾驶技术的发展过程中，脑机接口技术也扮演着重要的角色。虽然当前的自动驾驶系统已经具备了高度的自主性，但在某些复杂或突发情况下，仍需要驾驶员的参与和决策。脑机接口技术可以实现人车之间的无缝切换，当系统检测到驾驶员需要接管时，能够迅速传递驾驶员的意图和指令。

4. 智能辅助与信息反馈

在未来的交通工具设计中，脑机接口技术将广泛应用于智能辅助系统和信息反馈机制。例如，通过脑机接口技术，车辆可以实时获取驾驶员的意图和需求，自动调整导航路线、车速、行驶模式等。这种智能辅助系统不仅能够提高行车效率，还能显著提升驾驶员的操作便捷性和安全性。此外，脑机接口技术还可以用于车载信息反馈系统，通过脑电波信号实时了解驾驶员的需求和反馈。当驾驶员需要查找特定地点或信息时，只需通过意念指令，系统便会立即响应并显示相关信息。这种直观的交互方式将使驾驶员能够更加专注于驾驶，减少对车载设备的操作干扰。

5. 新型交通工具的设计与研发

脑机接口技术的应用不仅限于传统交通工具的优化，还将催生出新型的智能交通工具。相信未来的发展中，智能汽车、智能自行车、智能摩托车，甚至智能飞行器会大幅普及，同时集成脑机接口技术。这些交通工具可以通过脑电波信号控制，实现精准的方向控制、速度调节和自动避障功能。

另外，脑机接口技术还可以用于研发新型的共享交通工具，通过个性化的使用体验吸引更多用户，从而推动共享经济的发展。

脑机接口技术的不断进步和应用范围的扩大，使得其在交通工具设计中的影响将越来越深远。未来，脑机接口技术有望成为智能交通工具的重要组成部分，为驾驶员提供更加安全、舒适和智能的驾驶体验。随着技术的成熟和普及，脑机接口技术将推动交通工具设计的革新，开创更加便捷、高效和环保的交通出行方式。

13.3 脑机接口与可穿戴设备的结合

今天，当我们谈论到未来智能生活的话题时，我们能够从当前科技趋势，甚至科幻电影中联想到各种场景，这些轻松、便捷、高度智能化的场景大多和可穿戴设备有关，而这些可穿戴设备提供的细致化服务，往往需要脑机接口技术实现。

例如，一个轻便的头戴设备不仅能监测你的健康状况，还能读取你的思维，实时调动各种设备提供及时的服务。而这种科幻般的场景正在逐渐成为现实。脑机接口技术与可穿戴设备的结合，将为生活带来前所未有的智能化和个性化变革，打造出真正"读懂"你的服务设施。下面，我们就来畅想一下，在未来交通领域，脑机接口技术与可穿戴设备结合，能够带来哪些惊喜。

1. 智能头戴设备与驾驶辅助

智能头戴设备作为可穿戴设备的代表之一，已经在很多领域中得到了应用。如现代的 AI 游戏眼镜、头盔,都属于智能头戴设备,这些设备可以让用户在数字世界感受到难以想象的速度与激情。

在与脑机接口技术结合的过程中,这些设备还能成为交通工具的驾驶装置。通过脑电图(EEG)传感器,头戴设备可以监测驾驶员驾车状态,确保行车安全。此外,同时还可以通过脑波控制导航、接听电话、播放音乐等,实现完全的免手动操作,提升驾驶体验。

2. 健康监测与驾驶优化

现代可穿戴设备如智能手表、健身手环等,已经具备了基本的健康监测功能。将脑机接口技术集成到这些设备中,可以进一步提升其功能和应用范围。如通过监测驾驶员的心率、脑电波和皮肤电反应,脑机接口设备可以实时评估驾驶员的压力水平和情绪状态。当检测到驾驶员处于高压力或情绪波动较大的状态时,系统可以建议驾驶员休息或进行放松训练,甚至自动调整车辆的空调和音乐,以帮助驾驶员放松心情,保持最佳的驾驶状态。

3. 无缝人机交互与个性化定制

脑机接口技术与可穿戴设备的结合,将实现前所未有的人机交互体验。通过读取用户的脑电波信号,交通工具可以实时感知用户的需求和意图,并做出相应的调整。这种无缝的交互方式不仅提高了操作的便捷性,还极大增强了用户的体验感。此外,基于用户脑电波数据的个性化定制功能,将使每一辆交通工具都能为其主人提供量身定制的服务。

4. 远程控制

脑机接口技术与可穿戴设备的结合,还可以应用于远程控制和协同工作。如利用脑机接口技术远程控制无人机或无人驾驶车辆,打破距离限制,跨越空间操作各种设备完成各种工作,这将彻底颠覆很多行业的工作模式与发展。

同时,脑机接口技术还可以用于团队协同工作,通过脑波信号实现团队成员之间的无缝沟通和协作,提升工作效率和协同效果。这种技术在物流、紧急救援和军事等领域具有广泛的应用前景。

可以说，当脑机接口技术遇上可穿戴设备，一场全新的科技革命正在悄然展开。二者的结合不仅赋予了交通工具前所未有的智能化能力，更让生活发生天翻地覆的变化。我们可以在两者结合的过程中预见未来生活，想象一个全新的纪元。

13.4　脑机接口在远程驾驶中的应用

科技发展的目标一定是为人类提供更高端、更贴心的服务，这一逻辑在交通领域也不例外。随着交通科技发展，交通工具的驾驶技术从最初的手动化逐渐被自动化替代，而自动化正在向着无人化进步，那么无人驾驶技术之上，又会出现怎样的转变呢？按照科技发展的方向与逻辑，无人驾驶技术的升级会沿着远程驾驶的方向迈进，因为这一方向可以为我们的生活带来更多便利。

想象一下，当我们早晨起床准备上班时，只需要带上头戴设备，产生驾车的想法，我们的车辆就会自动起动，并行驶到指定区域等待我们上车，这将是多么轻松的场景；又或者当我们早晨起床准备上班时，只需要带上头戴设备，公共交通车辆便会按照我们预计的出门时间，准时停在小区门口等待上车，这将是多么惬意的场景；再或者当我们在办公室忙得不可开交时，我们无须起身，只需要通过远程设备操作便可以操控车辆去学校接送孩子，这将是多么舒心的场景。

事实上，这样的未来离我们并不远，因为远程驾控技术目前已经取得了突出的成果，这一技术在 5G 时代来临时，便已经在工业、农业等多个领域得到了真实应用。只不过在交通领域无人驾驶依然是科技发展的主流，所以远程驾驶技术在交通领域的应用并不丰富。不过当脑机接口技术与交通科技融合之后，远程驾驶技术便可以展现更大价值，如上述我们畅想的场景，都可以在脑机接口和远程驾驶技术的相互作用下实现。

通过直接读取和解码大脑信号，脑机接口技术使得驾驶员可以在远程操控车辆的过程中实现更高的精准度和响应速度。这种技术的应用不仅限于提升驾驶体验，还在工作、生活、娱乐等领域展现出了巨大的潜力。

从技术层面分析，未来脑机接口技术可以为远程驾驶技术可以带来以下改变，进而丰富远程驾驶技术的应用场景。

1. 提升远程驾驶的精准度和响应速度

脑机接口技术能够显著提升远程驾驶的精准度和响应速度。高灵敏度的脑电图（EEG）传感器和先进的信号处理算法将使系统能够实时捕捉和解码驾驶员的脑电波信号，几乎无延迟地传递至远程驾驶系统。这将大幅减少操作延迟，确保驾驶员的意图能够快速、准确地转换为实际操作。

此外，随着无线传输技术的进步，特别是5G和未来6G网络的广泛应用，脑电波信号的传输速度和稳定性将得到显著提升。这将进一步提高远程驾驶的实时性和可靠性，使驾驶员能够在复杂的驾驶环境中实现更加精准和灵活的操控。

2. 远程驾驶的可操作性和灵活性

脑机接口技术的进步将极大增强远程驾驶的可操作性和灵活性。在未来，驾驶员无须依赖传统的物理控制装置，而是通过脑电波信号直接操控远程车辆。这种操作方式不仅提高了控制的直观性和精准度，还使驾驶员能够更灵活地应对各种复杂路况和突发情况。

随着脑机接口技术发展，其能够根据驾驶员的脑电波信号实时调整控制策略，进而增强远程驾驶系统的自适应能力。例如，在城市交通中，脑机接口系统可以根据驾驶员的意图智能调节车速、变道和停车；在高速公路上，系统可以自动识别和避让障碍物，提高行车安全性和效率。这种高度灵活的操作方式将显著提升远程驾驶的应用范围和实用性。

3. 远程驾驶中的虚拟培训与模拟

脑机接口技术将为远程驾驶员提供更加先进和全面的虚拟培训与模拟系

统。未来的驾驶培训不仅限于现实环境中的操作练习，还将通过虚拟现实（VR）技术和脑机接口系统结合，为驾驶员提供高度沉浸式的培训体验。

在虚拟培训中，驾驶员可以通过脑机接口系统直接参与各种复杂路况和突发事件的模拟训练。这种高度仿真的训练环境不仅能够提高驾驶员的操作技能，还能增强他们在紧急情况下的应对能力。通过不断模拟练习，驾驶员可以更好地掌握远程驾驶技术，提高实际操作中的安全性和效率。

4. 远程驾驶中的群体控制

相信在脑机接口技术和远程驾驶技术的融合下，未来一人同时操作多个交通工具将成为可能，且多个交通工具间可以协同控制。在一些复杂的任务中，如大型物流运输、紧急救援和军事行动，单一交通工具操作可能无法满足需求，而脑机接口技术的群体控制功能将提供有效的解决方案。

另外，通过脑机接口系统，还能够实现多个驾驶员的协同操作。例如，多个驾驶员可以通过脑电波信号共同控制一辆或多辆远程车辆，协调完成复杂的操作任务。这种群体控制与协作的方式将显著提升远程驾驶系统的功能，扩大其应用范围。

5. 提升社会与经济影响

随着脑机接口技术在远程驾驶中的广泛应用，社会和经济方面也将发生深远的变化。首先，脑机接口技术将显著提高交通安全性，减少交通事故的发生，降低社会和经济成本。其次，脑机接口技术将推动交通行业的智能化转型，催生出大量新兴产业和就业机会，促进经济发展。

在社会层面，脑机接口技术将提升人们的出行体验，特别是为老年人和残障人士提供更多出行便利。通过脑电波控制轮椅和辅助设备，残障人士可以实现更加自主和自由的出行，提升他们的生活质量和社会参与度。

总之，未来驾驶技术的发展中，远程驾驶将成为一大重点，在脑机接口技术的推动下，这一驾驶模式也将在交通领域发挥越来越重要的作用，引领交通行业向着高度智慧化的方向转变。

13.5 脑机接口技术对交通行业和社会的影响

当我们站在科技前沿，展望未来的交通发展时，很难不为脑机接口技术所带来的无限可能感到振奋。我们可以清晰地预见，在不远的未来，我们不仅能够通过智能手机控制家中的一切，还可以通过大脑的意念来驾驭我们的交通工具。这一切，不再是科幻电影中的虚幻情节，而是在脑机接口技术的推动下，正在成为触手可及的现实。

脑机接口技术通过读取和解码大脑信号，实现人与机器的无缝互动，将彻底改变我们对交通工具、交通管理乃至整个交通系统的理解和操作方式。这项技术正在提升交通工具的智能化和安全性，还将带来前所未有的经济效益和社会福祉。它将推动交通行业的全面转型与升级，使我们的出行更加便捷、高效和环保，同时为社会带来更广泛的福祉。

在这个充满机遇和挑战的时代，脑机接口技术为我们描绘了一幅未来交通的宏伟蓝图。下面，我们就来一起分析，脑机接口技术将为交通行业，以及整个社会带来哪些改变。

1. 技术进步与交通行业变革

脑机接口技术的应用正在推动交通行业发生深刻的变革。传统交通工具依赖于物理操控和复杂的机械系统，而脑机接口技术通过神经信号实现对交通工具的直接控制，使得交通工具的设计和操作方式发生了根本性的变化。

脑机接口技术使交通工具能够实现更加智能化的操作。通过脑电波信号控制，驾驶员可以更加精准地操控车辆，减少了对机械控制装置的依赖。这种智能化的操作方式不仅提高了驾驶效率，还减少了人为操作失误的风险。脑机接口技术还为自动驾驶提供了新的解决方案。在自动驾驶系统中，脑机接口技术可以帮助系统快速识别驾驶员的意图，做出相应的操作，提高了自动驾驶的安全性和可靠性。

2. 经济效益与行业发展

脑机接口技术的广泛应用不仅推动了交通行业的技术进步，还带来了显著的经济效益。通过提升交通工具的智能化水平，脑机接口技术为交通行业创造了新的市场机会和商业模式。

目前，脑机接口技术的应用就已经催生了大量创新产品和服务。例如，智能头盔、智能座椅等脑电波控制设备，且这些新型产品的需求还在不断增长，它们为技术与经济发展带来了新的增长点。

另外，脑机接口技术的快速发展还带动了相关产业的兴起。脑电波传感器、信号处理芯片、智能控制系统等核心技术的研发和生产，为相关企业创造了新的商业机会。同时，脑机接口技术的应用还推动了培训和服务行业的发展，例如，专业驾驶培训、智能交通咨询等服务需求的增加，为行业提供了更多的发展空间。

3. 社会福祉与生活质量提升

脑机接口技术在交通行业的应用，不仅带来了技术和经济上的变革，还对社会福祉和生活质量产生了积极影响。

脑机接口技术使交通工具的操作更加简便和智能，特别是对老年人和残障人士而言，脑机接口技术提供了更多出行便利。

在环境保护方面，这一技术也促进了社会可持续发展。通过优化交通流量和减少交通事故，降低车辆的燃油消耗和碳排放，脑机接口技术可以提升交通发展、减少对环境的污染。同时这一技术还可以与新能源技术、智能驾驶技术结合，促进绿色交通和可持续发展的实现。

脑机接口技术作为交通行业的创新驱动力，正在深刻改变我们的出行方式和社会生活。通过提升交通工具的智能化水平，脑机接口技术为交通行业带来了技术进步、安全保障和经济效益，同时也提高了社会福祉和生活质量。未来，我们期待看到更多创新和突破，使交通行业迈向更加智能、高效和可持续的发展道路。

参考文献

[1] 秦长森，刘舒婷.脑机接口对情报活动的赋能、现实风险与合规保护［J］.科技导报，2024.DOI：10.3981/i.issn.1000-7857.2024.01.00044.

[2] 刘诗萌.中国脑机接口标准建设提速［N］.华夏时报，2024-07-15（6）.

[3] 杨光.脑机接口产业有望获得更多"政策催化"［N］.中国信息化周报，2024-07-08（15）.

[4] 张渺."脑机接口"频频上新离日常生活还有多远［N］.中国青年报，2024-07-05（3）.

[5] 陀艳，张文鑫."脑机接口"蓄势待发［N］.广东科技报，2024-07-05（2）.

[6] 钱童心.中国脑机接口技术发展加速从实验室走向市场［N］.第一财经日报，2024-07-03（A01）.

[7] 黄颖，卞心怡，高鹏，等.脑机接口技术对缺血性脑卒中患者平衡功能及血清IL-6、TNF-α水平的影响［J］.安徽医科大学学报，2024，59（7）：1263-1268.

[8] 续耕有.脑机接口中运动想象脑电信号分类识别研究［D］.西安：西安工业大学，2024.

[9] 厦门理工学院携手知名企业举办可穿戴脑机接口设备学术论坛［J］.厦门理工学院学报，2024，32（3）：80.

[10] 张思玮.赵继宗：脑机接口人体试验研究须审慎推进［N］.医学科学报，2024-06-28（2）.

[11] 甘苤豪.脑机接口技术如何重塑人类交流［N］.社会科学报，2024-06-27（6）.

[12] 于钦雯，周王成，戴亚康，等.嵌入式系统中运动想象脑-机接口编解码算法综述［J］.计算机工程与应用，2024.DOI：10.3778/j.issn.1002-8331.2401-0199.

[13] 吴巧君.布局脑机接口新赛道力争占据国际地位［N］.天津日报，2024-06-21（7）.

[14] 张梦然.新技术增强非侵入式脑机接口功能［N］.科技日报，2024-06-20（4）.

[15] 黄小龙, 陈欣雨, 李学峰. 脑机接口技术侦查适用的法律规制前瞻 [J]. 浙江警察学院学报, 2024 (3): 113-124.

[16] 马斯克脑机接口实验再现进展 (192) [J]. 临床心电学杂志, 2024, 33 (3): 234.

[17] 陈韬. 国内脑机接口发展思考与方向建议 [J]. 上海信息化, 2024 (6): 14-17.

[18] 李筱永. 脑机接口技术背景下精神完整权的逻辑证成和制度构想 [J]. 政法论丛, 2024 (3): 45-57.

[19] 宋晶. 神奇的脑机接口 [J]. 人人健康, 2024 (16): 18.

[20] 马俊. 脑机接口距离"人机共生"有多远 [N]. 环球时报, 2024-06-04 (8).

[21] 杨庆峰. 脑机接口、生命形式与同一性 [J]. 东华大学学报 (社会科学版), 2024, 24 (2): 26-31.DOI: 10.19883/j.1009-9034.2024.0096.

[22] 黄鸣奋. 从新媒体、科幻创意到通用人工智能: 脑机接口的艺术革命 [J]. 中国海洋大学学报 (社会科学版), 2024 (4): 109-118.

[23] 秦伟利. 脑机接口正加速"接入"健康 [J]. 山西老年, 2024 (6): 10-12.

[24] 何静. 脑机接口不构成对具身认知的挑战 [J]. 上海师范大学学报 (哲学社会科学版), 2024, 53 (3): 41-48.

[25] 白睿钰, 王炫棋, 张梓墨, 等. 皮层微创脑机接口传感器发展现状与趋势 [J]. 信息通信技术与政策, 2024, 50 (5): 18-25.

[26] 徐明. 脑机接口技术的伦理挑战及其理性规制研究 [J]. 信息通信技术与政策, 2024, 50 (5): 54-59.

[27] 高小榕, 李文宇. 专题导读 脑机接口 [J]. 信息通信技术与政策, 2024, 50 (5): 1.

[28] 成芳委, 张倩, 梁栗炎, 等. 面向脑机接口的高速通信需求及相关应用场景 [J]. 信息通信技术与政策, 2024, 50 (5): 12-17.

[29] 董越, 刘可, 王涛. 基于混合模态的脑机接口技术应用: 神经康复新方向 [J]. 信息通信技术与政策, 2024, 50 (5): 41-46.

[30] 查玮, 杨雨潇, 胡胜蓉. 浙江省脑机接口产业发展趋势研究 [J]. 信息通信技术与政策, 2024, 50 (5): 47-53.

[31] 梁栗炎, 孔姝懿, 张倩, 等. 脑机接口的范式、算法与编解码概念探讨与研究

[J].信息通信技术与政策，2024，50（5）：61-70.

[32] 钟哲，吴雅楠.让"脑机接口"走进生活[N].南方日报，2024-05-24（A07）.

[33] 脑机接口技术[J].中学生阅读（初中版），2024（Z2）：74-75.

[34] 洪恒飞，江耘.脑机接口技术让截瘫患者心想"字"成[N].科技日报，2024-05-23（6）.

[35] 姜彦丽，刘新玉.课堂教学中脑机接口实证调查[J].互联网周刊，2024（10）：50-53.

[36] 朱鹏锦，黄南翔，汪灏.脑机接口技术在军事情报领域的应用前景及挑战[C]//中国指挥与控制学会.第十二届中国指挥控制大会论文集（上册）.北京：兵器工业出版社，2024：5.

[37] 鲁晓彬，李治军.脑机接口技术引领智能化战争新路向[C]//中国指挥与控制学会.第十二届中国指挥控制大会论文集（上册）.北京：兵器工业出版社，2024.DOI：10.26914/c.cnkihy.2024.006488.

[38] 袁继平，和渊，常青.在初中开展脑机接口跨学科课程初探——以脑机接口原理课为例[J].教学管理与教育研究，2024，9（9）：14-18.

[39] 孙庭阳，贾璇.脑机接口、量子计算、商业航天……读懂未来产业，看清美妙未来[J].中国经济周刊，2024（9）：50-56.

[40] 黄哲.脑机接口改变生活[N].中国计算机报，2024-05-13（10）.

[41] 之昂.脑机接口技术爆发前期，"北脑二号"价值几何[N].电脑报，2024-05-13（20）.

[42] 王硕，石思诗.什么是脑机接口[J].发明与创新（小学生），2024（5）：35.

[43] 刘光明.脑机接口替代身体"限度"的哲学审视[J].医学与哲学，2024，45（9）：11-15.

[44] 魏梦佳，宋晨.脑机接口，接通未来多少可能？[N].新华每日电讯，2024-04-30（6）.

[45] 徐扬，刘海燕，刘慧敏.大学生社交焦虑和手机成瘾的关系：科技侵扰和负面评价恐惧的并行中介作用[J].中国健康心理学杂志，2024，32（6）：926-933.

[46] 马骦，张玉芳，秦荣臻，等.大学生负面评价恐惧的研究进展[J].职业与健康，2024，40（7）：1000-1004.

[47] 张奕雯.AI风暴席卷汽车业[N].中国汽车报,2024-03-04(40).

[48] 于贵芳,王海芸,李骁健,等.基于文献计量和专利分析的中美脑机接口领域技术竞争态势比较研究[J].科技管理研究,2024,44(3):153-162.

[49] 刘思宇,张德雨,明致远,等.基于脑机接口与人机闭环的远程脑控无人机系统[J].兵工学报,2024,45(9):3191-3203.

[50] 兰珍,李子杏,闫超,等.基于脑机接口的无人机控制系统研究综述[J].控制理论与应用,2023,40(12):2142-2159.

[51] 郑峻彤,陈慧欣,杨双,等.正面评价恐惧对社交焦虑的影响:负面评价恐惧的中介作用[J].心理月刊,2023,18(23):38-40.

[52] 刘亚东,李明,周宗潭.脑机接口技术的军事应用前景及其挑战[J/OL].控制理论与应用,1-12[2024-11-26].http://kns.cnki.net/kcms/detail/44.1240.TP:20231214.0016.004.html.

[53] 张芷瑶,王雪艳.心理学与非心理学专业大学生社交外表焦虑差异研究:负面评价恐惧的中介作用[J].校园心理,2023,21(6):449-452.

[54] 天津日报.新一代脑机接口专用采集国产芯片,在津研发成功![J].信息系统工程,2023(11):2.

[55] 周俊宇,刘亚群,章学良,等.多特征融合的无人机控制系统设计与实现[J].电子设计工程,2023,31(16):1-5.

[56] 李家伟.基于脑机接口的无人机编队控制系统的仿真与实现[D].北京:北京邮电大学,2023.

[57] 夏妙芸,王颖,杨谦梓,等.脑机接口在脑科学中的应用[J].上海医学,2023,46(5):278-281.

[58] 武晨阳.负面评价恐惧对社交焦虑的影响:认知重评的调节作用及干预研究[D].南昌:江西师范大学,2023.

[59] 李家伟,张洪欣,徐瑞林.基于脑机接口的无人机编队控制系统设计[J].航空科学技术,2023,34(2):104-110.

[60] 张晴晴,陈婷婷,刘姗姗,等.负面评价恐惧对抑郁的影响:认知重评、表达抑制和社交焦虑的多重序列中介作用[J].中国临床心理学杂志,2022,30(6):1292-1296.

[61] 刘坤杰.负面评价恐惧对初中生社交焦虑的影响及干预研究[D].淮北:淮北

师范大学，2022.

[62] 刘致宏，张野，赵芷铭，等.负面评价恐惧与大学生网络过度使用的关系：社交焦虑和自我补偿动机的序列中介作用［C］//中国心理学会.第二十四届全国心理学学术会议摘要集.新乡：［出版者不详］，2022.DOI：10.26914/c.cnkihy.2022.071490.

[63] 庹安写，梁含雨，周惠玲，等.福建省某校大学生网络受欺负和负面评价恐惧及社交焦虑的关系［J］.贵州医科大学学报，2022，47（9）：1052-1056.

[64] 张莹，张柏雯.医疗康复中的脑机接口技术现状及发展——采访北京航空航天大学樊瑜波教授［J］.微纳电子与智能制造，2022，4（3）：2-4.

[65] 张越.同伴拒绝与初中生社交焦虑的关系：负面评价恐惧和自我同情的作用及教育启示［D］.郑州：河南大学，2022.

[66] 李解放.基于脑机接口的嵌入式RSVP系统研究［D］.北京：北京交通大学，2022.

[67] 陈嘉曦.负面评价恐惧对员工建言行为的影响：社交焦虑和组织认同的作用［D］.北京：中央财经大学，2022.

[68] 张睿隆.复杂环境中多无人机类脑智能任务决策与运动规划方法研究［D］.天津：天津大学，2022.

[69] 杜文韬.基于脑机接口的汽车座舱声振体验研究［D］.成都：西南交通大学，2022.

[70] 徐思雨.初中生负面评价恐惧、应对方式和社交焦虑的关系及干预研究［D］.武汉：华中师范大学，2022.

[71] 钟英珠.融合脑机接口与虚拟无人机的空间认知训练系统及其脑电分析［D］.秦皇岛：燕山大学，2022.

[72] 杨艳凤.生活事件对留守高中生社交焦虑的影响：负面评价恐惧的中介和朋友支持的调节作用［D］.信阳：信阳师范学院，2022.

[73] 曹呈旭，七十三，金童林.社会自我效能感与大学生社交焦虑的关系：负面评价恐惧的中介作用［J］.内江师范学院学报，2021，36（12）：21-24.

[74] 王冰，李莎，王文婕，等.大学生自我认同感对社交回避及苦恼的影响：负面评价恐惧的中介效应［J］.中国医科大学学报，2021，50（12）：1107-1111.

[75] 刘胜杰.基于立体脑电的脑机接口解码算法研究［D］.上海：上海交通大学，

2021.

［76］胡凌. 理解技术规制的一般模式：以脑机接口为例［J］. 东方法学，2021（4）：38-48.

［77］何柳诗，谢俊，于鸿伟，等. 融合眼动追踪和目标动态可调的稳态视觉诱发电位脑机接口系统设计［J］. 西安交通大学学报，2021，55（10）：87-95.

［78］周淳，杨朝旭，荣海军. 四轴无人机飞行控制的多模态脑机接口技术［J］. 飞行力学，2021，39（4）：81-87.

［79］杨树. 负面评价恐惧对大学生手机依赖的影响：孤独感和积极自我呈现的中介作用［D］. 曲阜：曲阜师范大学，2021.

［80］李雁. 基于迁移学习的运动想象脑机接口研究［D］. 南昌：南昌大学，2021.

［81］陈乐斌. 基于迁移学习的频率调制视觉脑机接口研究［D］. 南昌：南昌大学，2021.

［82］丁凌崧. 基于便携式眼电采集装置和混合脑机接口的无人机控制系统研究［D］. 广州：华南理工大学，2021.

［83］王伟华. 基于机器学习的植入式脑机接口神经信号解码研究［D］. 武汉：华中科技大学，2021.

［84］魏士松. 基于脑-机接口的飞行器虚拟现实模拟驾驶系统研究［D］. 南京：南京航空航天大学，2021.

［85］刘伟清. 基于EEG-NIRS脑机接口的联合采集系统研究［D］. 南京：南京航空航天大学，2021.

［86］刘畅. 面向实用化脑机接口的稳态视觉诱发电位识别算法研究［D］. 厦门：厦门大学，2021.

［87］吕游. 人工智能背景下的脑-机接口技术应用的刑事风险分析［J］. 犯罪研究，2020（4）：90-96.

［88］李玉. 基于fNIRS脑机接口系统研究［D］. 昆明：昆明理工大学，2020.

［89］刘兆军. 面向智能辅助驾驶的迁移学习脑机接口［D］. 秦皇岛：燕山大学，2020.

［90］方诚. 基于脑机接口的相位偏移值优化策略研究［D］. 西安：西安电子科技大学，2020.

［91］赵秀娟. 基于脑机接口的无人机控制研究及应用［D］. 曲阜：曲阜师范大学，

2020.

[92] 于淑月，李想，于功敬，等．脑机接口技术的发展与展望［J］．计算机测量与控制，2019，27（10）：5-12.

[93] 龙晟．基于脑机接口的车辆静态功能操控技术［D］．长沙：国防科技大学，2019.

[94] 杜硕．面向智能辅助驾驶的运动想象脑机接口研究［D］．秦皇岛：燕山大学，2019.

[95] 杨帮华．一种基于 VC++ 和 Matlab 混合编程的 Emotiv 脑控无人机系统及方法［D］．上海：上海大学，2018.

[96] 刘坤佳．视觉相关电位脑机操控优化算法及其应用［D］．长沙：国防科技大学，2018.

[97] 安嘉琳，张岫，王玲，等．功能近红外光谱与功能核磁共振运动想象脑机接口双模态比较研究［J］．生物医学工程研究，2018，37（3）：265-270.

[98] 郭毅．基于 ROS 和脑电的无人机远程控制与实现［D］．西安：西安电子科技大学，2018.

[99] 于扬．移动平台异步脑机操控技术研究［D］．长沙：国防科技大学，2017.

[100] 潘鑫．基于脑机接口的虚拟驾驶系统［D］．广州：华南理工大学，2017.

[101] 王惊君．体感 P300 脑机接口范式研究［D］．长沙：国防科学技术大学，2016.

[102] 刘亚茹．基于脑机接口的多移动目标选择技术研究［D］．长沙：国防科学技术大学，2016.

[103] 王宁，孙广金，刘学文．一种基于脑机接口的头盔显示／瞄准系统设计［J］．电子技术应用，2015，41（5）：149-151+155.

[104] 唐景昇．基于脑机接口的协调控制技术研究［D］．长沙：国防科学技术大学，2013.

[105] 孟霏．脑机接口中运动想象脑电信号的识别方法和应用［D］．大连：大连交通大学，2013.

[106] 张璐琳．基于脑机接口的控制及虚拟场景应用研究［D］．哈尔滨：哈尔滨工程大学，2013.

[107] 孟丽霞，陶霖密，孙富春，等．基于脑机接口与双激光雷达的移动车导航系

统［J］.机器人，2012，34（4）：449-454+459.

［108］杨鑫，吴边，陈卫东，等.脑机接口技术在航天领域的潜在应用［J］.载人航天，2012，18（3）：87-92.

［109］梁静坤.基于想象驾驶行为的脑电信号分析与脑机接口研究［D］.天津：河北工业大学，2012.

［110］王宇丁.实时脑-机接口设计与研究［D］.重庆：重庆大学，2012.

［111］姜俊.自适应脑机接口控制系统研究［D］.长沙：国防科学技术大学，2011.

［112］徐江.基于实时脑机接口的无线遥控车系统［D］.重庆：重庆大学，2010.

［113］王三强.脑电信号采集系统设计及在脑-机接口中的应用研究［D］.重庆：重庆大学，2006.

［114］何庆华.基于视觉诱发电位的脑机接口实验研究［D］.重庆：重庆大学，2003.

［115］伏云发，王帆，丁鹏，等.脑-计算机接口［M］.北京：国防工业出版社，2023：631-646.

［116］伏云发，郭衍龙，张夏冰，等.脑-机接口——革命性的人机交互［M］.北京：国防工业出版社，2020：52-56.

［117］WILLETT F R，AVANSINO D T，HOCHBERG L R，et al.High-performance brain-to-text communication via handwriting［J］.Nature，2021，593（7858）：249-254.

［118］WILLETT F R，KUNZ E M，FAN C，et al.A high-performance speech neuroprosthesis［J］.Nature，2023，620（7976）：1031-1036.

［119］METZGER S L，LITTLEJOHN K T，SILVA A B，et al.A high-performance neuroprosthesis for speech decoding and avatar control［J］.Nature，2023，620（7976）：1037-1046.

［120］CERVERA M A，SOEKADAR S R，USHIBA J，et al.Brain-computer interfaces for post-stroke motor rehabilitation：a meta-analysis［J］.Annals of Clinical and Translational Neurology，2018，5（5）：651-663.

［121］伏云发，杨秋红，徐保磊，等.脑-机接口原理与实践［M］.北京：国防工业出版社，2017：5-6.

［122］HRAMOV A E，MAKSIMENKO V A，PISARCHIK A N.Physical principles of brain–computer interfaces and their applications for rehabilitation, robotics and control of human brain states [J].Physics Reports, 2021, 918 (1): 1–133.

[123] ALMARZOUKI H Z, ALSULAMI H, RIZWAN A, et al.An internet of medical things-based model for real-time monitoring and averting stroke sensors [J]. Journal of Healthcare Engineering, 2021.DOI: 10.1155/2021/1233166.

[124] MATARASSO A K, RIEKE J D, WHITE K, et al.Combined real-time fMRI and real time fNIRS brain computer interface (BCI): Training of volitional wrist extension after stroke, a case series pilot study [J].PLoS One, 2021, 16 (5): e0250431.

[125] PAIS VIEIRA C, GASPAR P, MATOS D, et al.Embodiment comfort levels during motor imagery training combined with immersive virtual reality in a spinal cord injury patient [J].Frontiers in Human Neuroscience, 2022, 16: 909112.

[126] AURUCCI G V, PREATONI G, DAMIANI A, et al.Brain-computer interface to deliver individualized multisensory intervention for neuropathic pain [J]. Neurotherapeutics, 2023.DOI: 10.1007/s13311–023–01396–y.

[127] NENADIC Z.Brain–computer interfaces for human gait restoration [J].Control Theory and Technology, 2021.DOI: 10.1007/s11768–021–00070–y.

[128] COLUCCI A, VERMEHREN M, CAVALLO A, et al.Brain–computer interface-controlled exoskeletons in clinical neurorehabilitation: Ready or not? [J]. Neurorehabilitation and Neural Repair, 2022, 36 (12): 747–756.

[129] KLEIN E.Ethics and the emergence of brain-computer interface medicine [J]. Handbook of clinical neurology, 2020, 168: 329–339.

[130] 张喆, 赵旭, 马艺昕, 等.脑机接口技术伦理规范考量 [J]. 生物医学工程学杂志, 2023, 40 (2): 358–364.

[131] MA Y, GONG A, NAN W, etal.Personalized brain–computer interface and its applications [J].Journal of Personalized Medicine, 2022, 13 (1): 46.

[132] 伏云发, 龚安民, 南文雅.神经反馈原理与实践 [M].北京: 电子工业出版社, 2021: 33–34.

[133] ANDERSEN R A, AFLALO T.Preserved cortical somatotopic and motor representations in tetraplegic humans [J].Current Opinion in Neurobiology,

2022, 74: 102547.

[134] JOVANOVIC L I, KAPADIA N, ZIVANOVIC V, et al.Brain-computer interface-triggered functional electrical stimulation therapy for rehabilitation of reaching and grasping after spinal cord injury: a feasibility study [J].Spinal Cord Series and Cases, 2021, 7(1): 24.DOI: 10.1038/s41394-020-00380-4.

[135] MCGEADY C, VUČKOVIĆ A, SINGH T N, et al.Brain-computer interface priming for cervical transcutaneous spinal cord stimulation therapy: An exploratory case study [J].Frontiers in Rehabilitation Sciences, 2022, 3: 896766.

[136] BANACH K, MAŁECKI M, ROSÓŁ M, et al.Brain-computer interface for electric wheelchair based on alpha waves of EEG signal [J].Bio-Algorithms and Med-Systems, 2021, 17(3): 165-172.

[137] ZHU M, CHEN J, LI H, et al.Vehicle driver drowsiness detection method using wearable EEG based on convolution neural network [J].Neural Computing and Applications, 2021, 33(20): 13965-13980.

[138] FLESHER S N, DOWNEY J E, WEISS J M, et al.A brain-computer interface that evokes tactile sensations improves robotic arm control [J].Science, 2021, 372(6544): 831-836.

[139] 艾利森, 邓恩, 莱布, 等.面向实用的脑-机接口: 缩小研究与实际应用之间的差距[M].伏云发, 龚安民, 陈超, 等译.北京: 电子工业出版社, 2022: 45-47.

[140] 吕晓彤, 丁鹏, 李思语, 等.脑机接口人因工程及应用: 以人为中心的脑机接口设计和评价方法.生物医学工程学杂志, 2021, 38(2): 210-223.

[141] LYU X, DING P, LI S, et al.Human factors engineering of BCI: An evaluation for satisfaction of BCI based on motor imagery [J].Cognitive Neurodynamics, 2023, 17(1): 105-118.

[142] 人工智能医疗器械创新合作平台.脑机接口技术在医疗健康领域应用白皮书[R].北京: 人工智能医疗器械创新合作平台, 2023.

[143] VANSTEENSEL M J, KLEIN E, VAN THIEL G, et al.Towards clinical application of implantable brain-computer interfaces for people with late-stage

ALS: Medical and ethical considerations [J].Journal of Neurology, 2023, 270 (3): 1323-1336.

[144] MERK T, PETERSON V, LIPSKI W J, et al.Electrocorticography is superior to subthalamic local field potentials for movement decoding in Parkinson's disease [J].Elife, 2022, 11: e75126.

[145] BERGERON D, IORIO M C, BONIZZATO M, et al.Use of invasive brain-computer interfaces in pediatric neurosurgery: Technical and ethical considerations [J].Journal of Child Neurology, 2023, 38 (3-4): 223-238.

[146] KLEIN E, OJEMANN J.Informed consent in implantable BCI research: Identification of research risks and recommendations for development of best practices [J].Journal of Neural Engineering, 2016, 13 (4): 043001.

[147] KLEIN E, BROWN T, SAMPLE M, et al.Engineering the brain: Ethical issues and the introduction of neural devices [J].Hastings Center Report, 2015, 45 (6): 26-35.

[148] VANSTEENSEL M J, BRANCO M P, LEINDERS S, et al.Methodological recommendations for studies on the daily life implementation of implantable communication-brain-computer interfaces for individuals with locked-in syndrome [J].Neurorehabilitation and Neural Repair, 2022, 36 (10-11): 666-677.

[149] XUE H, WANG D, JIN M, et al.Hydrogel electrodes with conductive and substrate-adhesive layers for noninvasive long-term EEG acquisition [J].Microsystems & Nanoengineering, 2023, 9 (1): 79.

[150] WANG Z, SHI N, ZHANG Y, et al.Conformal in-ear bioelectronics for visual and auditory brain-computer interfaces [J].Nature Communications, 2023, 14 (1): 4213.